放送大学叢書　056

# 増補　自己を見つめる

増補　自己を見つめる　目次

## まえがき

ここに、『自己を見つめる』と題する小著を世に送る。本書で私が目指したのは、現代という激動の時代の波に揉まれつつ、それぞれの人生の途上でさまざまな困難とぶつかりながら、それでもなお、崩れ落ちそうになる気持ちを一生懸命に引き締めて、なんとか、しっかりと生きてゆこうとしている、悩みの多い、真面目な人々と一緒になって、人生の諸問題について哲学的に考えてみるということであった。できるならば、そうした人の心の支えになるような哲学的ないし倫理学的な考え方を打ち立ててみたいと思ったが、それがうまく成功したかどうかは、よく分からない。ただ、私自身としては、少なくとも、自分自身を叱咤激励するようなつもりで、本書を書き著したことだけはたしかである。

私は、以前に、『人生の哲学』という書物を著したことがある。比較的多くの方々が、関心をもってお読みくださり、なにほどか反響を得られたことは、たいへん有り難いことだったと思っている。そこでは、やや厳密すぎるくらいに諸文献を援用しながら、私は、人生の根本問題について、私なりの考察を展開してみた。本書『自己を見つめる』は、いわばその姉妹編である。けれども、本書では、私は、煩瑣にわたる文献的な討論は当面差し控えて、もっぱら私なりの問題考察を提示してみることに主眼を置いた。しかもその場合に、私は、いくつかの重要な問題点に関しては、その間にいくらか思索を深めることができたので、前著では述べられていなかったような新たな考え方を、本書では提示することができたと思っている。親切な読者が、それらの点についても関心をもたれて、著者と一緒に、哲学的な問題探究を企ててくださるならば、著者の幸いこれに過ぎるものはないのである。

私が、人生に関する哲学的ないし倫理学的な思索に関心をもつゆえんは、現代があまりにも、この世に生きる人間の主体的なあり方や態度決定の問題に無頓着に過ぎるという点に、不満をもつからである。現代は、あまりにも科学技術の開発による経済的発展ばかりに心を奪われている。科学技術を活用しながらこの世を生きているのは、当の私たち人間なのである。この人間の生きるという根本事態をよく見つめないで、ただ空騒ぎしても、砂上に楼閣を築くに等しい本末転倒に陥ってしまうことは明らかである。私たちは、自己自身をよく見つめねばならない。この世で人生行路を歩んでいるのは、まさに私たち自身だからである。「汝自身を知れ」という哲学の格言は、ここでも妥当する。

哲学とは、人間はいかに生きるべきかという人生観・世界観上の根本問題を、できるだけ原理的全体的に考察しようとする自己省察の試みである。それは、自己の存在経験を精錬する努力である。そのときには、過去の優れた思索の成果に学びつつ、自己の置かれた現実を直視しながら、人間と世界のあり方について熟慮をめぐらし、よりよく生きる道を尋ねて、人生への覚悟を定めることが、課題となってくる。

哲学は、この世に生きる人間にとって、最も重要な、また、あらゆる人に関わってくる、最も身近な問題である。哲学することなしに、私たちは、この世で生きてゆくことはできない。哲学は、人間であるということと同義だからである。というのも、いかに生きるべきかということを考えない人間は、存在しないからである。日常茶飯のすべて、行住坐臥《ぎょうじゅうざが》のすべてが、いかに生きるべきかという根本問題と直結している。たとえば、今晩の食事は何にするのか、明日は何の仕事を片付けるべきなのか、自分の人生設計の全体はいかに描いたらいいのか、等々、私たちの日々の営為のすべてが、こうした自己決定と自己決断の連続だからである。

私たちの人生は、生まれてから死ぬまで、こうした態度決定の連続のうちで形成される。それは、せんじ詰めれば、生老病死の人生と、この世における人間の生存の意味への問いへと収斂する。こうして、人間と世界の存在の意義いかんに向けた態度決定こそが、人間の生存の核心をなす根本問題となる。

この世に生きる誰もが、実は、心の奥底で、こうした深刻な問いに悩まされているのである。けれども、誰も、この世の公共的な世俗の言説の場では、そのことを表立って議論したりはしない。というのも、その問いは、公共的な世俗の言説の場で問題にされるには、あまりにも繊細で内面的な問題意識でありすぎるからである。したがって、人は、多くの場合、無言のまま、誰にも相談することのできない、こうした人生の重大問題を抱えて、悩みながら生きている。

私が、本書『自己を見つめる』において、語りかけたいと思っている読者は、そうした優しく敏感で、傷つきやすい、心豊かな人、慰めもなく、苦しみながら、しかし立派に生きる務めを果たそうとしている人である。哲学や倫理学は、迷路に突き当たって、思い惑うそうした心ある人同士の対話の場なのである。対話し、問題意識を分かち合い、生きている現実を見つめ合い、ともに思索の輪を広げることが、哲学や倫理学の課題である。

哲学や倫理学は、そうした公共的な世俗の言説の場で無視されやすい人生の根本問題を、この世を生きる人間的主体の生存の根底を掘り下げることによって、誠実に見つめ直そうとする学問的努力とその営為の全体である。それは、人間の生きているところにはどこにでも芽生えてくる精神的な営みである。それは、永い精神史的伝承を背負った、広範な学問的分野を形成している。

しかし、私はここでは、そうした学問的分野における文献的討論に立ち入ることは差し控えた。そうはいっても、私はここで、学問的探究の問題意識を、けっして捨てたのではない。むしろ、私は、ここでは文献的討論よりも、もっと率直に、私の哲学的倫理学的な考え方の基本の方向を提示することにもっぱら主眼を置いた。心ある読者が、その点を、どうかお汲み取りくださり、少しでも私とともに、問題意識を深めてくださることを冀《こいねが》いたいと思う。熱心な読者が、人生観・世界観上の問題探究に、その基本的考究の深化の点でも、また文献的検討の広範な立証の面でも、著者である私とともに、さらになお研鑽《けんさん》の努力を傾注してくださるならば、まことに望外の幸せであると考えている。ここに、読者諸氏のいっそうの御精進を衷心から祈念する次第である。

平成十三年十月

著者　渡邊二郎　識

◉第一章　経験

## 1　自己と人生

私たちは、いま、世の中の激しい動きのなかに身を置き、これまでの歩みをもとに、今後の道を模索しながら、ほかならぬ自分自身の人生行路の途上にある。その現実の人生の場のなかにあるとき、私たちは、それぞれの状況に応じて、できるかぎり、努力や精進を重ね、活路を切り開こうとし、また、それに伴って、さまざまな喜怒哀楽の感情の起伏を経験しながら、容易ではない人生の坂道を登ってゆく。そうしたさなか、私たちは、ひとごとならぬ自分自身の人生を、もはや引き返すことのできない、かけがえのないその厳粛さにおいて受け止め、自分自身の宿命と責務を覚悟し、そうであるほかにはない人生の現場を痛切な思いをこめて見据えながら、人生行路を突き進んでゆく。そのとき、多くの場合、私たちは、心の奥底で、思い込みとは違った人生の厳しい姿を実感している。けれども、そうした現実の重み、ないしは人生の真実のなかに立って、欺瞞なしに自己自身をよく見つめ、直視して生きるよりほかに、どこにも自分自身の人生の行程のないことを、私たちはよく心得ている。生きるとは、こうした厳しい人生の現場のなかに立って、自己自身であることを引き受け、自分の人生を全うすることを措いて、それ以外のどこにもないことを、私たちはつとに承知していると言ってよい。

しかし、それにしても、こうした自己自身を見つめるとき、そこには、どのような人生の真実が映し出されてくるのであろうか。私たちの現実の人生とは、どのような構造を秘めて成り立ち、そこには、いかなる仕組みが隠されているのであろうか。私たちは、しばらく、この人生の現場のなかに立つ自己自身の姿を、ありのままに見つめ直してみなければならない。

## 2　経験と自己

さて、自己自身の人生を見つめ返したとき、まず言えるのは、私たちの人生の現実が、経験を介して初めて、私たちに知られてくるということ、言い換えれば、人生の真実は、経験してみなければ分からないということ、このことであるように思われる。つまり、人生の実態は、経験に即して初めてほんとうに会得され、経験のうちでこそようやくその真相を顕わにしてき、経験とともにその変えることのできない峻厳さ、その広さと深みを増して、示されてくるのである。そして、それ以外に、人生とは何であるかを、私たちは知ることができないように察せられるのである。すなわち、人生とは経験であり、経験のなかに人生の秘義は凝縮しており、この経験のうちに人生の意味のすべてが結晶しているように考えられるのである。したがって、自己自身とは、当の自己自身の経験の全体であるよりほかにはないことになる。

たとえば、私たちが、折に触れて、自分自身の来し方と行く末を省みるとき、将来が、漠とした不安や約束や課題や希望のなかで、定かならぬ浮動のうちで拡散することがしばしばであるのに対して、過去の追憶が、ときに、なんという愛しさ、なんという名状しがたい懐かしさにおいて、その経験の甘美な充溢のなかで、私たちに迫ってくることがあるかという点を、痛感することのなかった人はいないはずである。子供の頃に初めて味わった雪合戦の経験、いまは亡き母に甘えて過ごした幼い頃の経験、厳しかった父の経験、優しかった友達との無邪気な遊びの経験、小学校や中学校でのさまざまな初経験、それらは、誰にとっても、自分の人生の懐かしく無垢な経験の純真な思い出である。それは、人を郷愁と懐古に誘わずにはいない、遠くて遙かな、切ない感傷の泉、無限の涙と感謝の源泉である。むろん、誰にとっても、厭なこと、不快だったこと、苦しかったこと、そうした困難や失敗や挫折などの、恥多い人生の過去が、たくさん私たちの背後には横たわっている。けれども、時折、ある種の過去の経験が、なんと愛しく、切なく、そして、もはや帰ってこないそれらの過去の想起が、なんと多くの涙を私たちに呼び起こすものであるのかを、経験しなかった人はいないはずである。

それというのも、誰にとっても、自己自身の人生は、そうしたさまざまな過去の経験の追憶を反芻し暖め直すことを措いては、事実上どこにも存在しないことを、私たちはよく心得ているからである。私たちの自己自身とは、誰にも言えない、無限に豊かな、汲み尽くすことのできない、そうした秘められた大切な経験の想い出の蓄積、それらの追憶で充溢した桃源郷の全体である。自己の人生とは、公共の言語空間には載せられない、私秘的な、恥ずかしく、また切ない、数々の秘め事を深く沈殿させた、諸経験の連続する全体である。そうした諸経験の連続のなかで体得された実在する世界の真実と、人に知られずに秘め隠されているそれらの諸経験の全連鎖、しかも、そうした過去のすべての出来事の反芻ないし反復に基礎を置きながら、再び新たに将来に向けて展開される果てしない可能な諸経験のありうべき軌跡の全体とその展望、そうしたものが、赤裸々な自己自身の人生そのものであると言わねばならない。

もしもそのように考えられるとすれば、経験こそが、自己と世界の真相が会得され、わが物とされ、実在と触れうる唯一の場であり、経験のうちでこそ、私たち各自の自己が、個性豊かに築き上げられうる真の源泉であるということになるであろう。実際、自己自身の歴史とは、私たち各自の経験された来歴の全体にほかならず、また、経験豊かな熟練した人物こそは、幅と奥行きをもち、世の中の多様な仕組みに精通した、信頼するに足る人材であることを、私たちがよく承知しているのも、おそらくここに由来する。

## 3　経験の能動性と受動性

けれども、経験の大切さということを言ったとき、その経験を、いわゆる哲学的な経験論と称される主義主張が唱えたような狭い意味のものと受け取ることは、控えなければばならない。そのことは、いくつかの論点に即して確認することができる。

まず、経験論は、物事を知るという知識の場面において、しばしば、私たちの心が、最初はまったく白紙のようなものであり、そこに、内外のさまざまな新鮮な感覚や印象が刻み込まれてゆくことによって初めて、私たちの現実に関する知識の基礎が成立してくると考えた。もちろん、感覚や印象だけでは、あまりにも素朴であるから、より高次の抽象的な知識が成り立つためには、そうした感覚や印象から、さらに種々の観念が造り出され、しかもそれらの観念が、いわば自動的に観念連合によって、離合集散を繰り返して、組織化され、一般化されることが必要であると、この派の人々は考えた。この点は、イギリス経験論と言われる近代の哲学思潮全体に共通して見られる基本的な考え方となっている。

けれども、それに対して、ヨーロッパ大陸の合理論の哲学思潮に属するドイツのライプニッツが鋭く指摘したように、私たちの心は、元来はけっして白紙ではなく、感覚や印象を受け取るときすでに、それらを受容して、やがてそこからさまざまな一般的な知識を展開しうる表象能力や欲求能力などの知性の働きを、私たちは、つとに最初から、先天的に具えもっており、そのような生得的な理性能力を具備するものとして、私たちは、この世に生み落とされたのだとライプニッツは考えた。さもなければ、私たちは、内外から押し寄せてくる感覚や印象を、ひとつの統合された知識へとまとめ上げることもできず、混乱のなかで戸惑うだけだからである。そうなれば、私たちは、せいぜい、そうした内外の刺激の刻印されたたんなる印画紙、もしくは、それらの離合集散によって成り立つたんなる自動機械や操り人形に堕してしまう。けれども、およそ、たんなる機械的な観念連合によって、高度な知識が自動的に成り立つなどということはありえない。むしろ、そこには、私たちの自由な知性による自発的な活動やその創意工夫が存分に発揮されていると考えなければならない。そうした知性は、おそらく、潜在的に微妙な形で、すでに感覚や印象を受容するときも働いていると見なければならない。

のちにフッサールなどの現代現象学が指摘したように、私たちが、たとえば、ある街路を、ただなんとなく散歩して、周囲の印象をたんに受容するだけであるような場合であっても、人によって、おのずと注意の働きが違っているために、その通りがどんな様子であったのかをあとで問い質すと、千差万別の答えが返ってくるのも、周囲の物事に向けられる私たちの意識の志向性が、すでに潜在的に、個性的差異性を具えながら、諸印象に対して取捨選択のおぼろな能動的作用を及ぼし始めていたからであると言える。

つまり、私たちの経験内容は、表面上は受動的であるかのように見える場合であっても、深い部分では自発性を潜在させており、私たちの人格の広く深い知情意全体の意識の志向的諸作用と相関的に成立していたのである。

しかしながら、そのように意識の志向性の働きが私たちに先天的にあらかじめ具備されているからといって、実在と触れ合うなんらの経験もせずに、ただ机の前にじっと座って、意識の志向性を空虚に働かせ、想像をめぐらし、思考を凝らせば、それによって世界の秘密をすべて解き明かすことができるかのように、かつての独断的合理論者が過信したように振る舞うことも、もちろん、現代の私たちには許されないことである。それでは、空虚な思弁、根拠のない妄想に陥ってしまうことは確実だからである。実在の真相は、やはり、それに密着した経験を介してのみ、初めて把握することができるのであり、そうしてこそ、私たちは、存在の真相に接近することが可能になる。

したがって、かつてカントが言ったように、経験論と合理論は総合されねばならないのである。経験の深みに飛び込み、そこに湯浴みして、豊かな実在に触れながら、それに対して鋭い思考を加えてこそ初めて、私たちは、広く大きな現実理解を形成することができる。また逆に、そうした存在の広範な領域に対する知性豊かな飛翔が成り立っためには、どうしても私たちは、経験の低地に密着した実在的な探索を、着実に行うことを必要とするのである。カントが言ったように、「内容なき思想は空虚であり、概念なき直観は盲目である」。

現代のアメリカのプラグマティズムの創始者の一人であるウィリアム・ジェームズが言ったように、私たちは、傷つきやすい「優しい心」をもつからこそ、世界の合理的秩序を構想せずには安堵することができないのだが、しかし反面、私たちは、「強靭な心」をもって、予断なしに、経験の現場のなかに飛び込んで、実在の真相を、経験そのものから、たえず新鮮に学び取る率直さと、剛毅さと、柔軟さを具えていなければならないのである。

## 4　経験の含蓄の広さと深さ

しかし、経験から学ぶと言った場合、さらに大事なのは、その経験ということを、実在との広範な接触という意味合いにおいて、大きな射程をもったものとして考えることが必要だという点である。というのも、残念ながら、しばしば経験というものは、感覚や印象や知覚といった感性的な次元で理解されることが多いからである。イギリス経験論や、現代の実証主義的諸思想は、多かれ少なかれ、そうした傾向をもっている。なかんずく二十世紀前半に出て、大きな影響を及ぼしたウィーン学団の論理実証主義は、そうした感覚経験を唯一の知識の源泉として、それによって検証することのできない知識を、すべて、無意味の命題の集まりとして排除しようとした。とくに旧来の哲学のほとんどすべては、検証の手段を欠くそうした無意味の命題でありながら、それでいて、みずからはそのことを認めようとしない「にせの無意味の命題」の巣窟であるとして、論理実証主義は、伝統的哲学を批判した。しかし、その後、そうした感覚経験による検証という原則そのものが独断的な主張として批判され、加えて、その感覚経験の曖昧さや私秘性という問題点が暴露され、また、経験や言語のあり方全般への考察が深められていって、ついに偏狭固陋な論理実証主義は崩壊していった。

翻って考え直してみれば、およそ、理論的知識や認識の場合に、たんに感覚や知覚といった感性的な所与ばかりでなく、概念や判断や推理などの、悟性や理性の高度な諸作用をも、私たちの行う意識の経験的諸作用のなかに入れて考えなければ、私たちは、人間的認識の実状を見誤ることになるであろう。なぜなら、思考や判断の複雑な絡み合い抜きの、たんなる感覚や知覚とか、そうした孤立した感覚所与などは、抽象の産物にすぎないからである。ハイデッガーが指摘したように、私たちは、たとえば、ガタガタという純粋な物理的音を聞くことはなく、日常、そうした音を聞いたときすでに、それは街を行くオートバイの音であるというように、物事を、たえず私たちが住んで暮らすこの世界の道具や事象の意味的諸連関のうちに位置づけながら、物音を聞き取り、理解し、それに態度を採って生きているからである。

あるいは、アメリカのクワインが、論理実証主義から出発しながらも、のちにそれを批判して指摘したように、私たちの知識は、けっしてたんなる感覚与件から成り立っているのではなく、むしろそこには、さまざまな概念的組織が組み込まれているのである。たとえば、私たちは、実際には見たこともない原子や電子、あるいは種々の理論的な概念や観念を当然自明のものとして、すでに受け容れて暮らしている。この意味で、私たちは、私たちの関与以前に、すでに出来上がった文化や文明の広範な知識のネットワークに絡め取られながら暮らしている。そのために、私たちは、場合によっては、世間に通用している常識や、その真偽も定かでない伝来の知見や、あるいは偏見や流言蜚語《りゅうげんひご》の虜《とりこ》になって生きている恐れさえある。したがって、誰かが、自分の感覚経験に固執して、自分は絶対に幽霊を見たと、かりに言い張ったとしても、現代の科学的常識を信ずる友人たちから、それは君の錯覚だ、と言われて、反駁されるのが落ちである。それほどまでに、個々人の経験よりも、世間の常識が幅を利かせているのが通例である。しかし、だからといって、世間で流通している知見が、すべて正しいわけでもない。まことしやかな俗説に騙されて、思わぬ被害を蒙ることも、私たちの日常的経験に属しているからである。

それであるから、私たちは、自分自身の個々の経験と、世間に広く通用している知見とを、たえず突き合わせて、真に確かな経験的世界の意味連関を構築する努力を怠ってはならない。ガタガタという音を聞けば、たえず私たちは、それが実際にオートバイの音であるのかどうかを、確認し直すことが必要である。こうして、さまざまな形で、感性的所与と、それを総合統一する知的な意味連関との関係を、怠りなく吟味し直して、私たちは、たえず、現実の全体に立ち帰り、その全体的現実そのものによって根拠づけられながら、認識や把握の諸作用を吟味修正し、展開してゆかねばならない。さもなければ、私たちは、誤った妄想と速断に陥り、現実の真相を見失う恐れがある。したがって、概念は、たえず直観的所与に戻ってその意味を験《ため》されねばならず、判断や推理は、それを根拠づける実在的所与によって裏づけられねばならず、言葉や観念は、存在する対象や客観や現実との広範な照合ないし対比のなかで、その意義を確認され直されねばならないわけである。

## 5　行為と情念

しかし、それればかりではない。私たちは、たんに理論的認識や知識をもって生きるだけではなく、さらには実践的な活動をも行って、この世の中を生きている。私たちは、いついかなるときも、たんに物事を傍観し、眺めているだけではなく、みずから、現実のなかに立って行為し、しかも、たえず既存の状態にとどまることなく、つねに将来に向けて、新たな可能性を追求し、その現実化に努力して生きている。そのことによって初めて、私たちは、人生の現場のなかに立つと言える。そして、そのときにこそ、その可能性から現実性に向けた格闘のなかで、抗いがたい必然性をもって、厳しい現実の全体が、そこに厳然と存在し、私たちの前に立ちはだかる大きな障壁として、容易ならぬ姿において実在することを、私たちは実感する。だからこそ、私たちは、苦しんだり、悩んだりして生きることになる。しかし、それでもなお、私たちは、理想を求め、期待に胸躍らせ、希望に支えられ、祈りをこめて、困難と闘い、理念に向けて、努力と精進の道を進むのである。そのような人生の修羅場における実践的格闘のうちでこそ、この世における私たちの人間的経験の真の内実が形成されてくると言える。

しかも、そうした人間的経験には、さまざまな感情や情念の葛藤が絡みついている。私たちの人生経験のなかには、喜びと悲しみが入り乱れる。私たちは、美を求め、美による救いに憧れ、ときに美に酔いしれつつ、しかし、また虚無感に襲われることもある。こうした憂愁の色調に彩られた、メランコリックな人生のなかで、愛執と憎悪、羨望と怨念、野心と名誉欲、欲望と貪婪《どんらん》、悔恨と罪責などの情念の坩堝《るつぼ》に巻き込まれながら、さまざまに苦しみつつ、私たちは、この世における人生の喜悲劇を生きているのである。そうしたなかで、死という終わりを予感して、救いと絶望の狭間で、悩みとおしつつ生きるということが、私たち死ぬべき人間の、人生経験の実相をなすと言ってよいであろう。

## 6　血の通った経験

したがって、人間的経験には、人間の知情意の生きた全体が関わってくる。かつてカントは、哲学の課題を、「人間は何を知ることができるか」、「人間は何をなすべきであるか」、「人間は何を望むことを許されるか」という三つの問いに集約し、それらは結局、「人間とは何か」を問うことにほかならないと言った。そこに、科学的認識の構造や限界を明らかにする理論哲学、人間の道徳的行為を解明する倫理学ないし実践哲学、美的享受や創造に関わり、自然と道徳との統合に思いを馳せる美学や歴史哲学や目的論的世界観、さらには神と向き合う宗教哲学の世界が、それらを可能ならしめる原理への超越論的な反省を通じて、切り開かれていった。

実際、ヘーゲルが『精神の現象学』で示したように、人間の意識経験は、広範な射程をもち、感覚、知覚、悟性、自己意識、理性、精神のすべての場面に関係をもっている。したがって、そうした人間の意識経験の学的考察は、当然、卑近な事象の認識から始まって、自己意識を介して、自然の真相の把握にも向かい、また、人間が他者とともに活動する共同社会の精神的歴史的な世界経験の原理にまで及び、さらには、芸術や宗教や哲学における究極的な存在経験にも向かって進むといったように、広大な内容を含蓄することになる。そこでは、人間の思い込みの挫折を通じて、存在の真相が見えてくるという意識の逆転、そうした弁証法的な深化、すなわち否定性の経験を潜り抜けて、経験内容が展開されていった。

フッサールも、その現象学的な哲学の理念において、世界のなかで、たえず、さまざまな対象に、それの意味的把握を介して、理論的、実践的、情動的に関わる人間の意識の志向性の構造を反省的に捉え直し、人間と世界のあり方の全体を照らし出そうと努力して、生涯にわたって、現象学的還元と本質直観という方法態度において、厳密な思索を精錬し、学問的探究に倦《う》むことがなかった。

ディルタイは、その生の哲学の構想に当たって、なによりも、私たち人間が、その生きた、血潮の通った、その諸力の全体において、意欲と感情を具えつつ表象する全人であることを力説した。したがって、彼は、そうした心的生の全体性においてある私たち人間が、さまざまな体験に揺さぶられ、いろいろな形でそれを表現し、こうして人間が創り上げた文化や社会の客体的な精神的歴史的世界を、たんにその外側から説明するのではなく、深くその内側から、それが生み出されたゆえんの生そのものの構造連関を追体験し、了解して、解釈学的に、私たち自身の生を捉え直すことを、みずからの思索の終生の課題とした。そこに、生を生そのものから了解しようとするディルタイの生の哲学が成立した。

こうした生きた血潮の通った、知情意すべてを統合した人間的経験の場において、その最も重要な本質的構造とは、いったい、どういうところにあると考えるべきであろうか。これに関して、ガダマーは、人間の世界経験の解釈学を展開したその主著の『真理と方法』において、経験ということについて、きわめて有益な、次の三つの点を指摘した。

まず第一に、経験において大事なのは、それが、いつも、誰にも予測できず、見通せない仕方において生じてくるという点である。したがって、経験はつねに新しさを含んでおり、およそ人間は、経験がもたらすであろう内実を、まったく予測しきることができないという点が肝腎である、とガダマーは言う。

次に第二に、そうした経験の過程は、いつも否定的な過程であって、私たちは、経験によって、それを実際に経験するまでは、当の事柄をよく知っていなかったことを痛感させられるわけである。つまり、経験によって、それまでの安易な思い込みが崩れ去り、私たちは、徹底的に、浅見や独断を捨て去らねばならないことを教えられる、とガダマーは言う。

さらに第三に、それゆえに、経験とは、本質的に、辛い不快なもの、期待の幻滅を伴うものである。かつてギリシアの悲劇作家アイスキュロスが語ったように、人間は、「苦しみをとおして学ぶ（パティ・マトス）」のである。それが経験ということであり、こうして初めて人間は、真の洞察と自己認識を獲得するのだ、とガダマーは言っている。

要するに、経験をとおして、私たちは、あらゆる予見の限界と、すべての計画の不確かさと、人間の非力さと有限性を、徹底的に思い知らされるわけである。実際、こうした労苦にみちた経験を介して、私たちは、ほかならぬ自己自身の人生の実相のただなかに立つことになる。そしてそれ以外に、どこにも人生というものはない。私たちは、経験において初めて、自己自身と宿命的に向き合うことになる。経験のなかにこそ、自己自身があると言いうるゆえんである。

# ◉第二章　時間

## 1　自己と時間

私たちの自己が、経験のなかで熟成し、経験とともに自己理解や世界理解が実ってくるということを考えるとき、自己の人生が、深く時間の流れと結びついているということを、誰もが実感している。

すでに前章の最初のところでも言及したように、私たちは、たえず、自分自身を省み、来し方や行く末を慮《おもんぱか》り、過去の追憶や、見通せない将来を予感しながら、いまという現在の場を生きている。私たちは、自分自身の経験的な来歴や、今後の課題と責務にも思いを馳せながら、目下の状況のなかで、さまざまに道を切り開くことに努力を傾注して、現在を生きている。そうしたときに、時折、ある懐かしい過去の追憶が甦り、もはや引き返せない、痛切な流離の感概とともに、宿命的な自己自身を生きる覚悟において、過去を反芻し暖め返しながら、あるべき自己白身への生成に向けて、私たちは、人生の途上を歩み続ける。自己の人生は、そうした自己自身の経験の歴史であり、自己における時間と歴史の展開の実相にほかならない。この世に生まれて、死に至るまでの時間の歩みのなかで、自己の経験が刻まれてゆくというこの根源的事実は、いかなる人も否定することのできない自己の人生の真実であろう。時間は、深く、自己の存在に食い入っている。

しかし、そうした時間とはいったい何であるのかを問うたとき、かつてアウグスティヌスが述べたように、時間というものがきわめて熟知のものであるかのようでいて、しかし、その実態がはなはだ捉えがたいものであることもまた、私たちに痛感されてくる。加えて、これまでに、すでに、さまざまな優れた時間論が、哲学的にも展開されてきており、私たちに多くの示唆を与えるとともに、時間の難問の前に私たちをいっそう深く引き込むことも否定することができない。けれども、ここでは、できるだけ、私たちの自己の経験の場に関わってくる時間と歴史の原点を、少しでも身近な問題点として体得する幾つかの手懸かりを摑み、問題接近への糸口を見出すということに焦点を絞りたい。

## 2 空間と時間

まず、自己の人生の時間的存在ということをよく見つめるために、いささか迂路のように見えるかもしれないが、まず初めに、私自身のいない世界というものを考えてみよう。

というのも、私たち各自は、自分が存在する以前からすでにあったこの世の中へと生み落とされ、そこで、自分の死に至るまでの人生を生きるのであってみれば、初めに、むしろ逆に、私たちがそのなかに生み落とされた世界というものを考え、その世界の時間と歴史ということに思いを馳せるのは、しごく当然のことのように思われるからである。つまり、私たちに先んじてすでに存在し、また、私たちが死んだあとも、おそらくは、なんの変哲もなく存在し続けるであろうと思われる世界、そうした私のいない世界というものを考え、そうした私抜きの実在する世界の時間や歴史というものを考えてみるのである。それは、やや非情あるいは無情の世界の観を呈するかもしれないが、しかし、それこそが、客観的な世界の姿であると言えるかもしれないからである。

もちろん、そのとき同時に、そうした世界の延び広がりとしての空間ということも、その問題に結びついてくる。しかし、いまは時間や歴史を中心に考えてみることにする。というのも、時間と空間という二つのものを考えたとき、時間的な前後関係が、空間的な延び広がりよりも、私たちの世界認識にとっては、より根源的な制約ないし条件であることが明らかだからである。

というのも、空間的に延び広がったもの、たとえば、山や街並みや家屋などを、その空間的に延び広がった大きさや内実において捉えようとすれば、その山をいろいろな角度から眺めたり、その街並みを実際にあれこれさまざまに歩いて知覚してみたり、その家屋をその正面や側面や背後などから多様に見て回ってみたりして、その結果獲られた雑多な部分的かつ断片的な知見や情報や認識を、総合して初めて、私たちは、それらのものの全体的な姿に関する知的把握に到達することができるであろう。ところが、こうした知的な全体把握は、それらの部分的かつ断片的な知見を、時間的な前後関係に従って、正しく位置づけ、整理し直すことによってのみ、達成可能だからである。

つまり、「あのときの過去の時点」でこう見えたものは、「いまの現在の時点」ではこう見え、「しばらく経ったあとの将来の時点」では、こう見えてくるはずだ、というように、それらの知覚内容を、時間的な前後関係のなかに正しく位置づけ直さなければ、当のものの空間的大きさや内実を、私たちは、実際には総合して把握することができないのである。カントが言ったように、時間と空間とは、たしかに、諸現象を受容して、それを経験的認識として構成してゆく際に、ともに必須の感性的直観の純粋形式なのであるが、しかし、そのとき、空間という外官の直観形式よりも、時間という内官の直観形式のほうが、経験内容の構成にとって、より根源的な制約ないし条件となっていることは明らかなのである。

## 3　私抜きの世界理解

ところで、こうした時間の前後関係は、さきにも触れたように、私のいない世界についても語られうる。否、それどころか、私のいない世界に関する時間や歴史の語り方のほうが、一般的には、より実在的ないし客観的なものとして、多くの場合、私たちの世界経験に対して、当然で自明の規定力を発揮している。その基準にもとづいて、私たちは、普通、日常的には、事象を整理して秩序づけ、また認識の面でも、行為の面でも、自己理解や世界理解を造り上げていることは、否定することができないのである。

たとえば、私がこの世に生まれてくる以前から、ずっと世界ないし宇宙はあったし、また、私が死んでからのちも、世界や宇宙はあり続けるであろうと、普通、私たちは考えている。実際、現代の常識では、宇宙は百四十億年前にビッグバンによって始まり、四十六億年前に天体や銀河系が成立し、三十五億年前に生命が誕生し、数百万年前にヒトが現れ、約十万年前に現生人類の祖先が出現した、と語られる。もちろん、宇宙はいまも膨張し続けていて、その結果、最後に宇宙がどのようになるのかは、まだ分からない。また、ビッグバン以前には、そもそも、いったい宇宙はどのようになっていたのかということも、やはり、よく分からない。けれども、少なくとも私自身よりも、ずっと長い年月の間、宇宙が存在し続けており、また今後も存在し続けてゆくであろうことは、現代人の私たちが、自明のこととして想定している事柄だと言って間違いないであろう。

しかも、その宇宙の進化という自然の歩みのなかで、やがてずっと遅れて、日本列島の上に、縄文式や弥生式と言われる生活形態や文化の発祥を経て、固有の意味での日本と呼ばれる社会や国家の形成が、西暦七世紀末に開始したのである。ここに、私たちの日本という国土ないし国家の自覚的な展開としての、いわゆる日本の歴史が始まって、今日に至るまで、それが連綿として続き、私などのまったく存在しない日本という国家と社会の、波乱にみちた歴史が存在していたこともまた、誰一人として疑うことはできない。そこには当然、私はいなかったとしても、他の多くの歴史的人物たちが、そして、また、名もない無数の人々が、大きな活躍をなしていた。その名もない無数の人々のなかのごく微少な血を引いて、あるとき、突然、芥子粒のような私が、この世に生み落とされて、ただいま現世に生を享け、ある時間的持続のなかを生きているわけである。しかし、その私が死に、消え去ったとしても、何事もなかったかのように、さらに今後も、日本の国や地球上の人類の営為や、また太陽系の変わることのない運動が、ずっと存在し続けるであろうことを、誰もが信じている。

私の存在しない自然や歴史の大きな実在のほうが、当たり前であって、小さな私などの生存は、大きな砂浜のなかの一粒の砂にも足りないくらいの意味しかもたないと思っている人のほうが、普通であろう。死ねば私にとって世界は無となると見て、自己の生存に固執している執念深い人よりも、そうした人のほうが、健全な常識の持ち主であると、多くの人々の考えていることも否定することができないであろう。

それればかりか、そうした大きな世界のなかには、変えることのできない法則が支配している。宇宙の発生には、現代の素粒子理論が解明のメスを揮い、宇宙の初めには、四つの力の働きがあったというようなことが語られている。また、天体や物体の運動には、マクロには万有引力の法則が、ミクロには相対性理論や量子力学の理論が妥当するということが知られている。さらに、生物に関しては、DNAの塩基の配列の構造と機能によって、その共通した生命の設計図が造られていることが、明らかにされている。加えて、数や空間図形に関しては、数学によってその普遍的法則が確認され、また、人間の思考の構造についても、同一律や矛盾律や排中律や理由律が、絶対の条件として成り立つことが知られている。そうしたものが欠けては、私たちの思考が不可能になってしまうことも周知の事実である。

してみれば、この世界が、変えることのできない、恒常不変の、永遠の真理をもったものとして、あたかも神によって創造されたものであるかのように、実際、ある時代の人々によって確信されたことも、けっしてあなどることができないように思われるのである。時間的な生成の背後に、時間を超えた永遠の存在さえもが、かいま見られているわけである。

## 4　時間とその公共的規定

いま、永遠の存在という途方もない着想はさて措くとしても、少なくとも、一個人を越えて、広大無辺の無窮の宇宙や世界が、自然や歴史の発展や展開や進化という過程として姿を顕わし、そうした実在的世界が、過去、現在、将来を通じて、厳然存在することは、たしかに拒否することができない事柄である。

けれども、そのように語られる事柄は、私が現実に経験している直接的出来事であるというよりは、それらを包んで果てしなく広がる遠大な実在全般に関する、一般的客観的な、推論を含む記述的知識である。私たち自身は、宇宙のビッグバンに立ち会ったこともないし、縄文式や弥生式の時代はおろか、徳川家康という人物にも実際は会ったこともないのである。ラッセルが言ったように、私たちが直接実際に熟知しているものと、それと関係しながらも記述によってしか知らないものとの間には、大きな差異がある。私が存在していなかった世界の物語は、やはりあくまでも記述された知識による世界像にすぎない。

ただし、それは、その記述された世界像が虚妄であるという意味ではない。それは、さまざまな仕方で学問的に検証され、吟味され、公共的に確認されつつ、学問的発展の結果、到達された実在的真実である。しかし、それらの真相が、現に生きているこの私たち自身の生と存在に関わり、そこへと結び合わされ、関連づけられて、私たち自身の将来に向けた生存の努力のなかに融合され、活用されることがなければ、それらの真理は、ほんとうには生きて働くものとはならない。その意味で、それらの記述的世界像は、現実に自己として生きる私たち自身の生の問題群と脈絡づけられねばならない。言い換えれば、そうした客観的世界の時間と歴史は、私たち自身の自己の時間と歴史と連関づけられねばならないのである。

さて、そうした記述的世界像において、ある実在的過程がなんらかの時間過程のうちで展開したとき、その時間的規定は、なるほど実在する現象に関係するとはいえ、しかしあくまでも、私たち人間が造った一つの人為的尺度による数値であることは明らかである。たとえば、百四十億年前にビッグバンが起こったとか、西暦の七世紀末に日本という国名が正式に成立したという言明、もしくはそこにおける時間的規定は、私たち人間が、現代において、学問的探究の結果、ようやくそれらの出来事に与えるに至った時間的規定、つまり人間的あるいは主観的な規定であることは、明瞭だからである。

むろん、自然や歴史の実在的運動やその経過を離れて、時間的規定だけが、空虚な尺度ないし数値として宙に浮いているのではない。しかし、時間は、それらのさまざまな自然と歴史のすべての出来事に共通して語られうる形式的な枠組みとして、それらとは別個の存在性格をもっていることも、これまた明らかであろう。

したがって、アリストテレスがかつて指摘したように、時間は、なんらかの運動を、その運動の前と後ろの今において知覚したときに、その二つの今によって限定された運動の数として成立すると言える。したがって、時間とは、「前と後ろに関しての運動の数」であると、アリストテレスは規定したのであった。それゆえに、時間は、「今」によって連続するとともに、また分割される。そして、それらの「今」が、果てしなく広がっている。しかも、それらを数えることによって時間が可能になると考えられる以上は、今を数える「心」がなければ、時間が存在しない、とアリストテレスが考えたのも当然であった。

こうして、時間は、一方で、客観的に実在する運動と密着して知覚されるものでありながらも、しかし他方では、心という人間的主観のあり方を離れては存在しえないものであることが、すでにアリストテレスにおいて自覚されたわけである。

実際、百四十億年とか何億光年といった宇宙に関する時間規定は、天文学に携わる人々が考え出した基準による人間的数値である。あるいは、歴史学的な時間規定や時代区分としての西暦も、紀元後六世紀のローマで案出された見方にすぎず、それ以外にも、帝王や天災や事変に準拠した元号による時代区分が、過去に存在したことは付言するまでもない。時刻の区切り方や年月日の数え方に関しても、太陰暦や太陽暦、明け六つや暮れ六つといった区分、日時計や砂時計による測定、現代的なグリニッジ子午線による標準時間設定など、これまでにもさまざまなものがあったことは周知のとおりである。

それらは、時代や文化とともに変化しながらも、しかし、そのときどきの社会や人々にとって、いわば公共的な時間規定の尺度、ないしは世界理解の大きな共通の枠組みとして受け容れられ、機能してきたと言ってよいであろう。その際には、今という点が、果てしなく無限に流れるものとしての時間という共通理解が暗黙裡に前提され、その理解のもとで、その流れのうちで少なくとも二つの限定された今が、その前後の順序関係において切り出されたとき、そこに、なんらかの数えられた時間経過が、自然や歴史の出来事の固有の運動と結びつけられながら、そのつどいろいろに採択された公共的な時間尺度にもとづいて確定されたのである。そうした時間規定は、ある時代の文化と相関的な時間規定として、いわば共同主観的な生存の場のなかで、公共的に確認された時間尺度に立脚して成立したものである。

## 5 実在的過程と時間的意識

その場合に、繰り返すようだが、実在する事象の時間的な運動ないし展開そのものと、その時間の経過を測る尺度や規定とは、密接に絡み合いながらも、やはり区別されうる。ベルクソンが言ったように、コーヒーに入れた砂糖が溶けるまでには時間がかかるのである。しかし、砂糖の溶解という実在の過程と、それを何分間かとして認識する時間規定もしくはその数値とは、やはり互いに別物である。

たしかに、事実上は、花が咲くまで、あるいは、稲が実るまで、または、子供が大人に成長するまで、あるいは、仕事が完成するまで、さらには、ビッグバンから太陽系の成立まで、そして、戦国時代から徳川時代を経て明治維新に至るまでには、それぞれ異なった実質的内容における実在の展開と発展があったのである。しかしながら、その実在の時間的展開過程を測定し、規定するためには、公共的に定められた一定の尺度が存在しなければならない。それがなくては、事象の運動を互いに理解し合うための公共的尺度が欠如してしまい、私たちは、時間に関する相互理解を達成することができなくなってしまう。

したがって、私たちは、多くの場合、すでに私なしに造られた既成の公共的な時間尺度と、それによる時間規定とを、いつのまにか、もう受け容れてしまい、それによって時間過程を測るように教育されてしまっているのである。したがって、また、私たちは、それにもとづく自然と歴史の実在的な発展過程の時間的図式を、すでに早くからさまざまに学習してきてしまっており、それを当然のこととして受け容れ、こうして、公共的な世界理解の時間的枠組みと、その自然と歴史における具体的内容とを、自分自身のうちに受容してしまっているのである。そのいわば大きな客観的な時間過程のなかに、あとになってようやく、私たちは、自分自身を位置づけてゆく。

言い換えれば、第三人称的に形成された客観的な時間の枠組みのなかに、あとになって私たちは、第一人称の、しかも、単数の私という主観的な自己自身を、位置づけてゆくのである。つまり、あるとき、あるところで、この世に生み落とされ、いま生存のただなかにあり、やがて平均寿命に従えば、ある一定のときにこの世を去ってゆく者として、自分自身を位置づけてゆくのである。そのとき、多くの場合、当の自己自身は、なきにも等しい小さな存在として意識されることは否定することができない。

こうした大きな公共的時間枠に関して、それを、どこからも、どこへも分からぬ、果てしない、ときには堂々巡りの、回帰的な円環運動において考えるか、あるいは、一定の初めと終わりをもったものと見なし、出来事の連鎖を、目的論的に考えるかは、哲学や宗教とも絡む、むずかしい問題点をなす。また、出来事の時間的系列を、自然の発展に即して、単純に過去の原因から将来の結果へと順次展開してゆくという機械論的な因果関係のモデルにおいて考えるか、あるいは、人間的な歴史の展開に即して、過去の経験に照らされながらも、将来の目的実現を中心として、そこから現在の場での努力の方向を引き出すという仕方で、目的実現のモデルにおいて時間系列を考えるかによって、時間意識も異なってくる。加えて、池に石を投げれば、波が広がり、それは一定の仕方で拡散してもとには戻らないように、また、人の一生も、もはや引き返すことのできない歩みとして実感されるように、時間と歴史の過程を、一回限りの不可逆なものとして見て取る考え方も出てくると同時に、逆に、自然も歴史も、多くの面で、ある種の規則性や法則性や普遍の構造を秘めているから、それらの時間的過程を、反復性と規則性において把握しようとする考え方も出てくることが可能である。これらのいずれを採るかによって、時間意識の性格も大きく影響されてくるであろう。

## 6　時間意識の根源

しかし、そうした問題点は措くとしても、大事なのは、こうした公共的な時間意識とそれに即した自然と歴史のさまざまな出来事の連鎖の位置づけは、公共的な心、ないしはそうした共同主観性のなかで、私たちによって、構成され、造り出されたものであり、あくまでも記述的な世界像に関係しているという点である。私たちは、たしかに、そうした公共的な時間意識を受容して、これを一般的な世界理解の枠組みとして活用している。けれども、それだけではなく、私たちはむしろ、さらに、それらの記述的知識をほんとうに生かすゆえんの、自己自身の生誕から死に至るまでの固有の時間と歴史を現に生きており、この自己の時間と歴史を自己理解の最終根拠として、自己の根源において抱懐しつつ、いま、まさに、みずからの人生の道を歩んでいるのである。そのことを考えるとき、私たちは、どうしても、公共的時間意識とは別に、ほかならぬ自己自身の生存の根源的な時間意識の問題に逢着するのである。

すでにアリストテレスが言ったように、なんらかの運動をその前後の今において知覚し、その経過を測るためには、数える心というものがなければならず、さもなければ、時間というものは、存在しないのであった。私のいない、いわば第三人称的な、しかも公共的な世界においては、共同主観性という公共的な心が、そうした時間規定の尺度を構成していたのである。けれども、そうした公共的な心は、なぜ生じるのであろうか、また、どうしてそれは、時間を構成するのであろうか。そうしたことを明らかにするためには、およそまず、私たち自身の心の働きそのものを振り返ってみなければならない。

実は、私たちの心は、アウグスティヌスが言ったように、たえず、なんらかの出来事を記憶し、知覚し、期待するという働きを、本質的に具有している。記憶は、過去の出来事に関わり、知覚は、現在の出来事に関係し、期待は、将来の出来事に向けられる。しかも、それら三つのものが別々にあるのではなく、むしろ、私たちの現在の心のなかに、それら三つのものがすべて取り集められている。

したがって、「過去のものの現在が、記憶であり、現在のものの現在が、直観であり、将来のものの現在が、期待である」と、アウグスティヌスは言った。いわば心という大きな現在のなかに、過去の追憶と、現在の印象と、将来の予期とが、すべて取り集められているわけである。たえず現存し続けるその大きな心が、うしろを振り返って追憶に浸るときに、過去が浮かび上がり、いま周囲を注意深く見回すときに、現在が印象深く迫ってき、行く末を慮って期待や予期に心を震わせるときに、将来が思い描かれるのである。

時間とは、このように、振り返ったり、見回したり、行く末を思ったりする心の働き、すなわち記憶や追憶、知覚や直観、期待や予期といった心の作用に由来するわけである。逆に言えば、大きく静かで揺らぐことのない「立ち止まる今」という現在の心の場、いわばそうした明鏡止水の心眼という現在の鏡のなかに、さまざまな過去と現在と将来の出来事が映し出されてきて、それらが追憶され、知覚され、予期されるとき、そこに、それらの出来事が、過ぎ去り、現れ、到来する時間の諸相において意識されてくると言えるであろう。

## 7 自己自身の生存の時間と歴史

してみれば、公共的な時間意識も、もとはこうした心の時間意識そのものにもとづいて成立したのである。しかも、この心の時間意識は、第三人称的な世界に向かう場合もあるが、第一人称的な自己自身に向かう場合があり、そして後者こそは根源的な時間意識の発出点である。

というのも、第一人称の自己の時間意識は、当の自己自身のあり方を記憶し、覚知し、予期する働きとなって現れるが、それこそは、自己自身の存在ないし生存の意識そのものであり、こうした自己の存在の時間意識なしには、生きた世界を成立させる根本の原点が失われてしまうからである。言い換えれば、自己とは、当の自分自身のこれまであったあり方を引き受け、記憶し、それを現在の覚知と統合し、生かし直して、さらには、それらを将来の自分のあり方の期待や予期と結びつけて、自己の一貫した全体化を打ち立ててゆくという活動そのものであり、それは、みずからの時間と歴史を生きることと同じである。こうした自己の時間意識と歴史意識があって初めて、大きな記述的世界像の物語も真に活性化してゆくことができるのである。

こうした自己の時間性は、どこまでも主体的に引き受けられ、生きられているところの、量化されることのできない、質的密度をもって充溢した、自己の生きる営為そのものを内面的に構成している持続である。ベルクソンが言ったように、それは、空間化されない純粋持続という内面的根底的な自我の時間である。

フッサールが指摘したように、そこでは、現在という今は、原印象の受容から始まりながらも、たえず過ぎ去ってゆくものを引きとどめようとする過去把持《はじ》と、やがて到来するものを受容すべく身構えている未来予持《よじ》とを、ともにそのうちに含んで、幅をもって広がっている持続であり、流動である。そこには、さらに、現在とは直接関係しないような、遠い第二次的な記憶や期待も絡んできている。このように大きな射程を広げながら、想起と期待と印象からなる緊密な連関のありさまで、私たちの時間的な意識体験流の全体は、生き生きとした持続において流動しており、またその根底に深い沈殿層を宿している。そうした体験流の時間的構造が、自己のあらゆる世界経験の根底に潜んでいて、すべての志向的な意味的形成体を生み出すゆえんの源泉をなしている。そこに、人間と世界の有意義性が湧出するゆえんの根源的地盤があると言える。

しかも、この自己自身の存在の時間意識は、とりわけハイデッガーが明らかにしたように、生誕と死との間という有限性の刻印を、決定的に具備している。なるほど、ある意味で自己の生誕と死は、第三人称的な時間規定によって、記述的世界像のなかに位置づけられて、大きな公共的世界時間の流れのなかの一部を形成するものとして記述されうる。しかしながら、およそ心がなければ、時間も存在しないのであってみれば、自己ないし人間の想起と印象と予期という心の働きがなければ、公共的世界時間も構成されなかったのである。構成する自己がなければ、構成される世界もまたなかったのである。実際、世界の公共的な時間や歴史は、公共的な心によって生み出された記述の枠組みにもとづく知にすぎず、およそそれは、公共的な私たちというものをみずからのうちに構成しうる一人一人の自己自身がなければ、存在しえなかったものなのである。言い換えれば、それぞれ各自の自己自身の生存と結びつけられ、脈絡づけられなければ、すべてのものは、その生きた有意義性の連関を構成することはできないのである。自己の生存と結合されないとき、そうした公共的世界時間や歴史、つまり記述的世界像は、空虚な絵巻物であり、たんに果てしない、自己とは無関係の、退屈な物語に堕することは明らかであろう。

世界経験の原点は、ほかでもない、いまここに生きている、ひとごとならぬ、第一人称の私自身にある。このかけがえのない自己自身の生存の努力と、その有意義性の樹立に向けた格闘のなかでのみ、過去も将来も現在も、初めて意味をもつ。公共的客体的な世界の時間と歴史も、それが、自己自身という生きる主体との関わりのなかで、その意味と有意義性において読み解かれ、査定され、批判され、断罪され、継承され、発展させられるのでなければ、なんの意味ももたず、たんなる空疎な図式になりさがるであろう。それらが生き生きと甦ってくるのは、ほかならぬ、かけがえのない自己自身の生存の意味に向けた努力のうちにおいてのみなのである。

しかも、こうした自己自身の生存の時間は、すでにハイデッガーが鋭く指摘したように、その存在論的根源において、死に差し掛けられた有限性の刻印を帯びたものである。死を自覚し、ひとごとならぬ自己自身に目覚めた者は、たえず、自己自身のこれまでのあり方を、本質的であり続けるものとして引き受けながらも、死という非存在にさらされた、ほかならぬ自己自身の生存の可能性を、非力ながらも、十全に生き抜いて、自己自身であるべく、自己の存在のうちに潜む本来性を達成し、成就しようとして格闘し、つねに不安の覚悟のなかで、自己の本来のあり方を取り返しながら、そのつどの状況のうちへと炯々《けいけい》たる眼差しをもって突き入り、関わり込み、共同社会のなかで、活路を切り開こうと精進するであろう。こうした自己自身の本来的全体的な覚悟にもとづく、真剣な格闘と努力と精進を措いて、どこにも人生はなく、また世界もないのである。ここにこそ、真に現実的な、人生の時間と歴史が刻まれてゆく。

そうした自己自身の根源的な時間の熟成は、それぞれの自己の人生の根底で生起する。ところで、そうした自己の主体的な時間意識と歴史意識とを、相互に付き合わせて、共通の尺度のもとにもたらし、その内実を交流させ合う枠組みとして、私たちは、共同社会のなかで、古くから、公共的な時間規定の方法として、日時計や砂時計、そして機械的な時計、あるいは歴史的出来事を位置づける暦法、さらには理論的な天文学や物理学における時間規定の種々相を、案出してきたのである。その結果、たんに私一個のものにとどまらない公共的な私たち全体の心といったようなものが構成され、その結果、もはや一個人としての私の存在しないような世界理解や、客観的で公共的な時間や歴史の図式ないし認識構図が、構成されてきたのであった。

むろん、そうした図式のもとで理解されるべき自然や歴史の出来事は、それなりの重い実在的な展開と過程において、血と汗の結晶として、出現し、過ぎ去り、また痕跡と影響を残し続け、ただいまの現実の自己自身とその共同存在のなかに働き続けている。

しかし、そのことの意味を生かし、将来の自己自身と共同世界のために、その世界理解をいかに活性化するかということは、ひとえに、それぞれ一人一人の自己自身の生き方のいかんに関わる事柄である。したがって、死に至る、かけがえのない自己自身の存在と時間を、いかに生きるかということに、すべての問題は帰着するのである。そこからこそ、公共的な世界の歴史や時間、その発展のあり方は、意味づけられ、生き直されるのである。

この意味で、自己の時間的生存とそのなかでの精進と努力が、世界全体の意味の湧出する根元源泉であると言わねばならない。

## ◉第三章　境遇

### 1　自己の根底

私たちは、この世の中に生み落とされ、気づいたときには、どこからも、どこへも分からないまま、すでにこの世の中で存在してきてしまっている。私たちは、そうした自分自身を背負って今後も生きてゆかねばならず、やがてその果てに死が控えていることを、骨身に徹して覚悟しながら、いま人生の途上にある。

私たちは、ハイデッガーの述べたとおり、徹頭徹尾、なんらかの世の中に投げ出された「被投的《ひとう》」存在であり、その「現事実性」を引き受けて、この世の中を生きてゆかねばならない。そこには、すでに一定の境遇のなかに置き入れられた自分自身の宿命を、それとして承認し、その自分の現事実性を自分に背負わされた定めとして引き受け、それを担いながら、生きてゆかねばならないという辛い気分が、深く染み渡っている。私たちは、そうした重苦しい気分を、自己の生存の根底に抱え込みながら、この世の中を生きている。自分が、ほかのようであればよかったのにと思っても、それは詮無いことである。それだけに、いっそう、私たちは、ときには、しばしの間、憂いを取り払い、重荷を忘却させてくれるような気晴らしや慰めを求め、無邪気な明朗さや愉悦を、好んで迎え入れて喜ぶ傾向にある。パスカルが言ったように、人は、一部屋に閉じこもって、じっと静かに休んでいることができず、自分自身と向き合った重苦しさを逃れるべく、外に向かって気晴らしを求め、そのために、そこにさまざまな禍が生ずるとも言える。だから、ニーチェが言ったように、苦しい境遇を生きる人間にとっては、ときに、忘れることは、いいことなのである。

けれども、私たちは、そうした気晴らしが、瞬時の儚《はかな》いものであることをも、やはり骨身に徹して心得ている。また、実際、私たちは、そうした逃避や気散じに打ち興じてばかりいるわけにはいかないことも承知している。人生の課題や仕事、さまざまな責務や約束が、私たちを、人生の現場のなかへと引き戻す。なによりも、やがて襲ってくる死の厳粛さが、自己の生存の根底へと、私たちの眼を向け変えさせる。そのようにして、自己の生存の根底を見つめるとき、そこに私たちは、底知れぬ深淵を予感して戦慄せざるをえない。

## 2　存在という深淵

というのも、私たちは、測り知れない深淵のなかから、気づいたときには、もう変えようのない境遇のなかに生み落とされ、投げ入れられて、理由の分からないまま、一定の境遇のなかを生きるべく定められていたからである。加えて、私たちは、そうした生存の果てには、その先の見えない無のような死と直面すべく、いままさに、うたかたの憂き世のまっただなかを生きているからである。こうした深淵にさらされた、自分自身の不条理な姿が、そのとき、誰の眼にも見えてくるのである。

ヘーゲルが言ったように、どんな存在もみな、その「背後と前方」に、悟性では規定しきれないような「無限定的」な「二つの闇夜」に囲まれ、その間に「支えもなく」横たわっており、「存在の多様は、無の上に成り立っている」、とも言える。私たちの生存は、それ自身のうちに、たえざる崩壊の危険を孕んだ、儚く、脆い、束の間の存在であることは、仏教の無常観を引き合いに出すまでもなく、私たちが、つとに、心眼に徹して、熟知している事柄である。

実際、考え直してみると、自己の存在の根底は、無根拠であり、底なしであるように思われる。およそ、存在するということ自体が、そうしたものである、とも言える。

十七世紀の神秘主義者アンゲルス・ジレジウスは、

薔薇の咲くのに理由はない。それは咲くから咲く、
それは自分のことなど意識しない、人が見ようが見まいが、そんなことは問題にしない、

と、歌った。薔薇の存在は、それに関する科学的な「理由」づけを越えて、ただひたすら、咲くが「ゆえに」咲くという、無理由で、無根拠の、端的な存在の事実、その存続の赤裸々な事態として、そこに立ち現れている。その存在は、それを根拠づけるものをもたず、それ以上にそれ自身を根拠づける基礎を欠いた、無理由の存在、その底をもたない深淵である。その深淵としての存在の奥には、もはやそれ以上に突き進むことはできない。それは、底なしの根底である。

十九世紀初頭のドイツ観念論の哲学者シェリングは、万物の根底に、「没根拠ないし無底」という「根元根拠」を見た。その絶対的な無差別もしくは「無」のなかから、万物は、生み出された。そこに、「存在」という暗い根拠が成立した。しかし、その「存在」は、それだけではまだ「無」にも等しい暗闇であり、そこに光が点ぜられて、そこから形ある明るい「存在者」の姿が花開いたときにこそ、そこにようやく、自然と、さらには歴史の王国とが、成立してくる。しかも、私たちの目撃するそうした世界のうちでは、たしかに、「規則と秩序と形式」が支配的である。けれども、シェリングによれば、そうした世界の根底には、いぜんとして「無規則的なもの」が潜んでいて、それが、他日再び突如として現れ出ることが可能であるかのようであり、「どこにおいても秩序や形式が根源的なものであるようには見えず、逆に、最初無規則的であったものが秩序へともたらされたかのように見える」と、シェリングは語っている。たしかに、私たちも、たえず起こる自然のなかの地震や噴火、災害や異常現象、また、歴史や社会のなかの戦乱や革命、破壊や激動などを目撃するにつけても、私たちの生存の根底が、不安と動揺を秘め、恐ろしい深淵を宿すところの、底なしのものであることを実感していると言うべきであろう。

考え直してみれば、私たちの毎日の生存が、睡眠と覚醒、暗闇と白昼との、たえざる交替において成り立ち、こうして私たちは、日々新たに、目覚めては生き返り、また再び忘却の深い淵に沈み込み、混沌と秩序の不断の交錯のなかを、危うい足取りで、歩みゆきながら、どこからも、どこへも見通せない迷路のような人生行路を、薄氷の上を踏む思いを抱いて、綱渡りをする冒険者のように、模索しつつ、踏み進んでいる。

実際、仏教が教えるように、この世は、諸行無常《しょぎょうむじょう》であり、有為転変《ういてんぺん》こそは世の習い、現世の出来事は、須臾《しゅゆ》としてとどまらず、何一つとして、恒常不変《こうじょうふへん》の自性をもたず、空であり、縁起にあやなされて生ずる、うたかたの幻であるとも言える。そうしたなかで、生老病死《しょうろうびょうし》の定めをもった一切皆苦《いっさいかいく》の憂き世を、私たちは、いま耐え忍びながら、生きている。私たちの生存の根底は、その由来と行くえにおいて、虚無の巣くう、空の存在、底なしの深淵、定めない混沌、無に貫通された暗い実在そのものであると言っても過言ではない。生存の根底には、暗い闇が潜んでいると言わなければならない。

## 3　宿命的な定め

そうした不確かな暗い存在の根底から生み出されて、私たちは、いま、変えることのできない定めを帯びた宿命的な境遇のなかへと投げ出され、置き入れられて、人生の途上にある。その私たちの無に貫通された現世における存在のうちには、宿命的な境遇のもつ変えることのできない定めが刻印されている。ヤスパースが指摘するように、私たちの生存のうちには、どうしようもない「限界状況」が巣くっていると言える。

限界状況とは、それに突き当たっては、私たちは挫折し、崩れ去るほかにはないような、乗り越えることの不可能な壁に直面した状況のことを言う。そうした限界状況に面座して、私たちは、途方に暮れた困惑のなかで、解決しようのない自己の人生の不条理の根源的事実に突き当たる。しかし、そのときにこそ、私たち自身の、ほんとうの「実存」が目覚めてくる。実存とは、私たち各自の生存の、赤裸々な真実、その拒否できない現実のあり方のことである。自己の実存を自覚し、それにもとづいて生きるよりほかに、この世を生きる生の根拠を、私たちはもたない。

私たちがそうした限界状況のなかに立たされて生きていることは、次のことを考えれば明らかである。まず第一に、私たちは、一定の変えることのできない時と所において生まれ出た。二十一世紀ではなく平安時代に、また日本ではなくフランスに生まれてもよかったはずなのに、私たちは、この現代の日本の特定の地域に、しかも一定の両親のもと、限定された社会的境遇において生きるべく、生み落とされた。およそ人は自分の両親を選ぶことができない。平安時代の貴族、あるいはルイ王朝時代の権力者の娘に生まれてもよかったかもしれないのに、そうはならなかった。加えて、自分の心身の条件や美醜、家庭環境や社会的階層、貧富や職業、肉親の繋がりや人間関係など、すべての点において、私たちは、変えることのできない限定を帯びた境遇のなかで、ほとんど宿命的とも思われる歴史的規定性を刻印された環境のうちで、その定めを自分の運命として引き受けながら、自分なりの活路を開く努力をして生きるよりほかにはないのである。こうした自己自身の宿命的境遇を欺瞞なく直視して生きるということが、私たちが限界状況のなかを生きるよりほかにはないということの、根本的意義を構成する。

しかし、それればかりではない。さらに第二に、私たちの生存は、一寸先は闇であり、禍福はあざなえる縄のように、たえず変転して、私たちに襲いかかってくる。病気や事故、災害や不運、失敗や挫折は、私たちを見舞うべく、物陰に隠れて、いつも隙を窺っているかのようである。自然と歴史の出来事は、私たちにはとうてい見通しえないその非情の生々流転において、たえず不安と恐怖の種を宿した魔物の様相を呈している。私たちの生存の根底は、けっして盤石の安泰ではなく、定めなさと頼りなさを含み、揺れ動く危険と危機を孕んだ、不確かさ、不確実性そのものである。そうした、いつ壊れるかもしれない、危うい崩壊を宿した存在が、私たちの生存の実態である。こうした不確かさという限界状況を、有限で非力の存在者である私たち人間は、けっして脱出することができない。

その上、第三に、ヤスパースは、私たち人間には、四つの個別的限界状況が不可避的につきまとうことを指摘した。すなわち、死と、争いと、悩みと、罪責という四つのものが、それにほかならない。というのも、まず、私たちは、死という、乗り越えることの不可能な非存在へとさらされた有限的存在者であり、愛する者との離別に見舞われ、死ぬような辛い経験を潜り抜け、ときには死の深みを予感しつつ、終わりある人生を生きねばならない限界状況を根本的に背負っている。また、私たちは、この世においては、根本的に、食うか食われるかの、生死を賭けた生存競争の戦いを課せられた存在者であり、かりに、そうした力ずくの闘争のない場合でも、互いに本心を確かめ合う、腹蔵のない公明正大さを要求される、厳しい、愛しながらの争いの場のうちで共同存在する宿命を担っている。さらに、私たちは、生涯を通じて、さまざまな形で、心身のあらゆる苦悩に見舞われるのがつねであるばかりか、他者に対しては、償いきれない責めある咎《とが》を犯す可能性を含んだ存在者であり、そうした悩み苦しむ、罪ある存在者として、現世を生きる定めを免れがたいわけである。こうした個別的限界状況が、私たちの生存に貫通していることをヤスパースは指摘するが、それはまったくそのとおりであると言わねばならない。

十九世紀前半に活躍したショーペンハウアーは、若い頃から、父親に連れられて、欧米各地を見て回り、いかに当時の一般大衆が、苦しい生活を耐え忍び、悩み多い暮らしを過ごしていたかを実感したと言われる。貧窮のなか、陋屋《ろうおく》に甘んじ、望みのない、暗い生活を強いられた当時の一般大衆が、それにもかかわらず、挫けずに生き抜くことができたのは、みずからの境遇のいっさいを、そうであるよりほかにはない必然性と見定めて、それと和解し、それを自分の運命として受け容れ、陋屋も住めば都と心得つつ、また厳しい人間関係を、ありのままに認めながら、人生の宿業《しゆくごう》を生きる覚悟を定めたからだと見た。むろん、そうしたことから、たんに諦めの受動的宿命論のみを帰結するのは正しくない。むしろ、だからこそ、ショーペンハウアーは、互いの苦しみを分かち合う共苦と共感を大切だと見なした。けれども、不可避の限界状況を、宿命的な境遇として引き受け、その上に立って人生の活路を切り開く努力をしなければならないところに、人間の生存の真実が存することは、認めなければならないように思う。

かつて古代ギリシアでは、健康と、眉目秀麗《びもくしゅうれい》と、財宝と、活力を、人生の幸福の条件と見なす俗説が流布したと言われる。しかし、そのことは、逆に、いかに多くの人間が、それらの天与に与ることが少なく、病魔に取り憑かれたり、醜怪と貧困と老残の生涯を生きねばならなかったりしたか、ということを、証拠立てているように思われる。それほどまでに、人間の背負った宿命は、非情なまでに厳しく、それは、ときに人間を打ちのめすほどの圧力を私たちに及ぼした。それだからこそ、人間は、達せられない望みに憧れ、完全さを讃美し、逆にまた、天を恨み、不運をかこち、底知れない悲嘆を心の奥底に秘め隠しながら、憂き世を耐え忍んで生きたと考えられる。むろん、こうした状況のなかで、剛毅と勇猛さの気概をもつ者は、この世の不条理をものともせず、自己の道に邁進して、生き甲斐を見出し、人生を肯定して、この世を去ったように、察せられる。

それにしても、深淵からの叫びと、憂悶と、悲願と、底なしの絶望とから生ずる強靭な生命力こそは、人間の存在の奥深くに巣くう激情の坩堝だと言える。

## 4　運命愛

私たちは、このような限界状況を秘めた不可避の境遇を、みずからの必然的な宿命として、ニーチェが教えたように、運命愛の精神をもって引き受け、そこに、みずからの人生の、孤立無援ながらも、誇りにみちた有意義性を樹立すべく、挑戦して、生きてゆかねばならない。

ニーチェによれば、自己の人生の必然性とは、人生の途上において出会われてくるさまざまな困苦を、転換したあかつきにのみ生ずる。困苦にぶつかって、崩れ去るだけでは、ほんとうの人生は構築されはしない。むしろ、この世の人生が、予期せぬ困難を課してくるからこそ、この人生を尊敬し、その前に謙虚に立って、現実を直視して生きねばならない。人間は、不条理の人生の境遇を、みずからの生存の地盤とし、そこに根ざして、憂き世の活路を開拓しなければならない。そのときには、自分に足りないもの、自分の欠陥こそが、むしろ自分の誇りであると、開き直るくらいの強さが必要である。自分自身に恥じないことこそが、自己の自由の境涯である。そうした強い野生において、みずからの人生を大切にし、その厭な面ともよく付き合い、それを自分のなかに溶かし込み、自分自身の運命を愛して、みずからの不条理の人生を、強さのペシミズム、絶望を見据えた強靭な生命力をもって、生きねばならない。もちろん、そのときには、多くの苦しみもまた人生行路にはつきまとう。しかし、苦しみこそは、人生の大きな振幅を感受しうる、人間性豊かな人格であることの証拠である。憂い多いことが、人間の宿命である。動物ならば、悩みもなく、瞬間ごとの本能的充足だけで、与えられた生命の時を過ごして終わる。けれども、人間にとっては、気苦労と愁い、来し方と行く末を思う心慮は、その生存の根源にまで食い入っている不可避の宿命である。それどころか、どんなに深く悩むかが、その人の人格としての高さと深さを決定する。人生においては、ときには、自殺を思ってこそ、ようやく乗り越えることのできた苦しい夜な夜なも数多くあった、とニーチェは言う。けれども、「これが、生きるということだったのか。よし、それならば、もう一度」と、勇気を奮い起こし、自分自身となってゆく人生行路に挑戦して、みずからの宿命と境遇を、自己の必然的道程として自己自身のうちに取り入れながら、かけがえのない自己の人生の有意義性に向けて、情熱を奮い立たせることによってしか、人生の有意義性は築かれえないのである。そして、その努力は、死の果てに至るまで続くであろう。それが、人間の生きるという事実にほかならないからである。

## 5　他者との連帯の根拠

私たちが、そのように、生存の運命を肯定して、その上に立って、自分なりの人生を築こうとするとき、そこに、その人なりの個性ある人生行路が形成される。その結果として、共同社会のなかで、それなりに、そうした人間の独自な生き方の軌跡が、伝記的にさまざまに跡づけられえ、さらに、場合によっては、そうした個性的な生き方の地盤になっている生存の土着性や故郷性が認識されて、そこに絡んでくる固有な文化や社会の諸形態、さらには、その個別の歴史的諸相や民族的伝承が学問的に探究されて、種々の調査研究が成り立ってくることがある。けれども、ここで大切なのは、そうした客体的な調査や研究ではなく、そうした学問的研究によっても明らかにされうる人間の生存の種々相の根底にあって、それらの根拠にもなっている、自己としての人間の変わることのない普遍の生き方そのものを、その本質において洞察し、それを、自己自身の生き方と結びつけて把握することである。そこで肝要なのは、自己の生存の根底を見つめることを通じて会得される、自己自身であることの使命と課題に、誰もが覚醒することである。そのときには、文化の異質性や多様性にもかかわらず、この世に生きる人間としての、普遍の共通的使命と課題、その意義と役割に、人は目覚めてゆくと考えられる。

このようにして、民族的な差異性を越え、むしろ、自由精神をもって、あらゆる地上の人々との相互理解の達成に向けて、世界市民的な立場で、自己自身を省みることが、現代においては、ぜひとも遂行されねばならない。なぜなら、自己の根底を見つめることによってのみ、あらゆる人々との連帯を可能ならしめる世界市民ないしコスモポリタンの心境が、初めて育成されうるからである。

自己自身の境遇は、ある意味では、たしかに狭さをもつ。それは、一定の限界状況を背負ったものだからである。けれども、その狭隘な境遇を生きることのうちにこそ、それぞれの人生を生きる人間の経験の深さが、凝縮し、圧縮されている。そして、その狭さに徹底することが、かえって、広く他者との共同存在を可能にし、人間と世界に関する相互の意志疎通と共通理解を培う根拠になりうると考えられる。いたずらに広く浅い知は、ときに、人間の生存の根底を見誤って、誤解や邪推、偏見や短見に堕することがありうる。ほんとうに深く悩み、人間であることに苦しみつつ自己を見つめた者こそが、真の他者と出会いうる地平を築くことができるのである。

たしかに、人間は、たとえばディルタイが言ったように、さまざまな社会の外的組織のしがらみに拘束され、多様な文化の諸体系のなかに位置づけられ、そうした複雑な文化的社会的な網目の交差点であるとも言える。その点を強調すれば、人間が、社会的諸関係の外的条件に分断され、もはや自立した自由と個性をもたない人格喪失の操り人形であるかのような錯覚すら生じてくる。けれども、ディルタイは、けっしてそうは考えず、個々人のうちには、そうした社会的諸関係に還元されず、むしろ神のうちにのみある尊い人格性が宿っていると考えた。そうした自己自身は、たんなる環境や境遇などの外的諸因子の関数に還元されはしないのである。そうした自己は、限界状況を背負ったなかで、かえって、それだけいっそう、自己の人生の有意義性に向けた奮起と格闘に目覚めるのである。そうした自己の人生における精進のうちでこそ、境遇のもつ人格形成のための機縁としての意義さえも成立してくると考えられる。そして、あらゆる人々が、環境との生きた媒介のなかで、それぞれの人生の有意義性の樹立に向けた努力においてあることを知れば、そこにこそ、人間同士のほんとうの相互理解が打ち立てられるはずである。

自己自身を見つめることは、それをとおしてのみ、真に他者との連帯の基盤が形成されうる唯一の根拠であると考えられる。

# ◉第四章　遍歴

## 1　内部と外部

人生においては、私たちは、それぞれの境遇のなかで、さまざまな経験を経巡りながら、自己自身の人生の有意義性を目指して、日々努力を重ね、永い人生行路の過程を歩み進んでいる。そこに、自己自身の生きた時間的な軌跡が形成され、その人なりの自己の歴史が築かれてゆく。人生とは、そうした各自の時間的歴史的な行程であり、多様な諸経験を経巡ってゆく遍歴の旅路である。人生は、しばしば、旅だと言われ、西洋でも、人間とは「ホモ・ヴィアトール（旅する人）」だと語られる。

しかし、そのような遍歴の旅とは、いったい何であろうか。とりわけ、多様な諸経験を経巡ってゆくということのなかに籠められている大事な眼目は、いったいどこにあるのであろうか。

この場合、まず重要なのは、やはり、第三人称と第一人称との視点の相違、もしくは外部と内部、外面的事実と内面的体験との落差を、摑んでおくことであろう。

たとえば、ある人物の人生経験の遍歴過程は、たしかに、いわばその人の履歴書の事実のうちに刻印されている、と言えなくもない。実際、本人自身が記した経歴の事実のうちに、その人の来歴が確認され、それが真実であることが立証されるかぎりにおいて、そこに、その人の人生遍歴の実態がなにほどか示されていることはたしかである。それどころか、そうした事実をさらに詳細に跡づけ直したときに、そこに、その人の伝記が、自叙伝であれ、他者の記述によるものであれ、なんらかの形で成立することは疑うことができない。

けれども、そうした諸事実は、あくまでも外面的に再構成された第三人称的な提示にすぎず、当の本人自身の第一人称における人生の真に内面的な諸体験の、複雑で、容易には語り明かせない、私秘的で奥深い内実を含んだ、実際に過ぎゆく真実の姿そのものであるわけでないことは、明らかであろう。なぜなら、自己自身の人生のすべてが、一枚の履歴書に尽くされるとは、誰も考えないであろう。また、いかに詳細な伝記の試みも、それなりの解釈を含んで再構成されたものであることは、誰もが心得ていることである。さらに、なによりも、現実の人生の経験と体験は、刻一刻と過ぎ去ってゆき、もはや帰らず、わずかに記憶のうちに保存されているにすぎない。かつての経験と体験はもはや現存せず、その生々しかった現実と、それについて記録され言い述べられた事柄との間には、大きな落差のあることは誰もが痛感していることだからである。

言い換えれば、外面的に列挙された事実は、そのすべてが誤りではないにしても、人生遍歴の内面的な時間的経過の全部と同一ではなく、また、その現実のあるがままのかつての実在の姿そのものでもないわけである。

## 2 取り返しえない過去

いま、現実に体験された過去の実在の姿というものを、思い浮かべてみよう。たとえば、かつて自分が青春時代を送った町が懐かしくなり、もう一度そこを訪ねて、その時代を反復してみようと、誰かが思い立ったとしてみよう。しかし、その人が、その場所に出かけて行ったとしても、たいていの場合、町の様子は変わり果て、もはや自分の暮らしたかつての町は存在せず、自分の青春は永遠に失われてしまったことを、誰もが痛感するのが当然であるように思われる。実際、キルケゴールは、『反復』という書物の冒頭で、人生の諸経験が、文字通りには、もはや繰り返せず、反復することのできないものであることを語っている。

実際、私たちは、永い人生経験の旅路において、さまざまなことを体験して生きてきたが、それらのすべては、いまはもう、どこにも存在せず、もはや取り戻すことのできないありさまで、永遠の過去のなかに葬り去られたことを、たえず私たちは、悲しく切ない思いをもって実感し、ときにはそのことに涙することがあるはずである。だからこそ、人生は、かけがえのない、もはや引き返すことの不可能なものとして、身を切るような哀切感とともに、その遍歴の跡が、たえず想起され、追憶され、暖められ、反芻され、ときに感傷の涙の源泉ともなる。

しかし、いかに嘆き悲しもうとも、過ぎ去ったものは帰らないというこの時間の本質は、変えることが不可能である。神ならば、無限の永遠不滅の存在において、いっさいのものを一挙に同時に直観し、すべてのものは、そこで永遠の相のもとに、不滅の存在性格を得て、恒常性を保つであろうが、有限で非力な人間においては、万物は、時間の定めのなかで、現れては過ぎゆくという、可滅性の刻印を帯びて、生起するにすぎない。

　してみれば、人生の遍歴という事実のうちには、取り返すことの不可能な、時間の過ぎ去ってゆくという事態が、大きな問題として、潜むことが明らかである。だからこそニーチェは、この過ぎ去ってゆくという時間の取り返しの不可能な性格を、すべては「かくあった」という過去の事実へと化してゆく宿命として、人間にとって、乗り越えがたい大きな障碍と見なした。しかも、そこには、たえず暖められる甘美な追憶だけが蓄積されているわけではなく、ときには、忌まわしく不快な、憤懣と切歯扼腕《せっしやくわん》の種であるような、吐き気を催すような記憶も充満している。こうして、善きにつけ悪しきにつけ、過去へと転化してゆく時間は、「止まれ、汝はあまりにも美しい」と言って引きとどめようとしても、けっして停止せずに、儚く過ぎ去りゆくものとして、また逆に、「消え去れ、汝はあまりにもおぞましい」と叫んでその抹殺を望んでも、けっして消去することのできない、抹消不可能な汚点として、人間にとっては、つねに、あらゆる意味での苦悩の源泉である。

## 3 生き続ける過去

しかしながら、過去の存在が、たんにその可滅的な儚さにおいてだけ捉えられるのは、誤りである。人間においては、過ぎ去ってゆくものは、過ぎ去りながらも、引きとどめられる。だからこそ、甘美な過去は、たえず、懐かしく切ない追憶の対象として、暖められ、反芻され、もう一度取り返されようとし、逆に、辛苦にみちた諸体験は、絶望や苦悩の思いとともに、深い傷跡として、心底に残り続け、さまざまな煩悶や心的葛藤の源泉となる。

たとえば、フッサールがその時間論において示したように、一曲の哀切なピアノ・ソナタに聴き入るときでも、私たちは、どんどん消え去ってゆく音の調べを、過ぎ去るままに聞き流しながら、しかし、その本質的な刻印を、むしろかえって、過ぎ去らぬようにと引きとどめ、保持しながら、そして、すぐそのあとに響いてくる新しい音調をたえず自分のうちに受け容れながら、ある幅をもった、持続する時間過程における甘美な音楽体験を、痛切に、印象深く享受するのである。たんに過去が過ぎ去ってゆくだけのものであるのならば、もはや一曲の音楽を聴くという体験そのものが成り立たなくなってしまう。過去は、けっして単純に過ぎ去ってゆくのではない。むしろ、それは、現在の自分の体験のなかに取り容れられ、そこでその本質的な意味を具えて沈殿し、自己の体験の深層に堆積し続け、自己の経験の奥深い地盤となって、働き続けていると考えねばならない。

さもなければ、およそ人間が、何事かを学習し、経験や知見を深め、自己の人格を形成するという営みが成り立たなくなってしまう。ハイデッガーが、人間の世界内存在の意味を時間性に求め、とりわけその際に、過去のあり方を、「既在しつつある（gewesend）」ものという、破格の語法で言い表したとき（というのも、その語は、過去分詞を現在分詞化したものであるからだが）、そこに籠められている意味はまさに、自己のこれまでの来歴のあり方が、その「本質（Wesen）」において、たえず「生き生きとあり続ける（wesen）」ものとして、過ぎ去りながらも現存しているというその二重性格において、彼が過去を捉えたところにあったと言える。そして実際、過去というものは、そうした二重性をもったものとしてある、と言わねばならない。それだからこそ、ハイデッガーは、自己が本来的に生きようとするときには、本質的であり続けている既在を、たえず、生き生きと「取り返す」働きが肝要であると見た。

言い換えれば、過去における自己の経験は、けっして消滅せずに、引き続きずっと、持続的に、現在の自分のうちに、生き生きと働き続けている。また、まさに、それを活性化し、取り返しながら、私たちは、あるべき将来の自分を見据えつつ、いま現在の状況のなかで、真の自己自身として存在しようと努力するのである。言い換えれば、過去の経験は、けっして消失せずに、むしろ、現在の自己自身を造り上げる基底となって働いているのである。だからこそ、多くの場合、私たちは、自己の本質を、当の本人の来歴と遍歴のうちに顕在化しているものと見なして、その履歴と歴史を大切にするわけである。

## 4　過去の存在と追憶

しかしながら、自己の本質が宿るそうした過去の大事な諸経験は、いったいどこに存在しているのであろうか。

たとえば、レンブラントは、周知のように、たくさんの自画像を残した。しかも、レンブラントはその際に、かつてジンメルが指摘したように、そのときどきの被自身の顔の皺や表情、その体つきや立ち姿のうちに、抗いがたい年輪と人生経験の積み重ねを表現すべく、独特の明暗の技法を用いて、自画像を描いた。つまり、絵画という二次元の平面のうちに、人生遍歴の痕跡の厚みと奥行きを見事に浮かび上がらせようとして、レンブラントは、独特の明暗の技法を駆使して、その画筆を走らせ、名作を多数残した。

けれども、自画像という、その身体に関する絵画的な表現のうちに、彼の労苦にみちた生涯の軌跡が、そのすべてにおいて、表現し尽くされ、残存しているわけでないことは明らかである。妻と死別し、破産に近い労苦を経験し、波乱にみちた人生行路のなかで、後世に残る大作を次々と完成させていった画家としてのレンブラントの格闘の一生は、なるほど、とりわけ彼の晩年の自画像のうちで、その額の皺や、憂愁を湛えたその目つきのうちで、なにほどか影をとどめているではあろう。しかし、それが、その身体的人物像の絵画的表現のうちに、そのまますべて現存しているわけでないことは言うまでもない。ましてや、彼の一生は、およそ、現在はもはやどこにも残存しない、過去の十七世紀の出来事なのであった。

そうだとすれば、レンブラント自身の、あるいは私たち各自の、かけがえのない人生経験とその多様な人生遍歴そのものの現実存在は、いったい、どこに現存し、刻印され、消えることのない存在の痕跡をとどめているのであろうか。それが、身体的表現のうちに存在しないことは明らかであろう。してみれば、それは、私たちの魂もしくは心のうちに刻み込まれているのであろうか。おそらくは、多分、そうなのであろう。だからこそ、実際、私たちは、自分の魂もしくは心の奥底に、過去の経験の大切なものを、深く、じっと抱き締め、それを追憶してやまず、そこに自己の本質があると見て、甘美さと苦しみの、尽きることのない、ありとあらゆる究極の源泉であるその追憶の世界に、ことあるごとに浸りきり、沈潜して、自分自身を愛おしむのである。

追憶ほど、美しく、切なく、言うに言われぬ秘密を宿した、自己の大海、宇宙の秘義、永遠の生命の横溢する源泉であるものは、ほかにはない。「甘美さよ、汝の名は、追憶である」と、そのように私たちは言わねばならない。

昔から、魂もしくは心こそが、宇宙の真実と一つであり、それこそは不滅のものであると信じられてきたのも、そこからくるように思われる。想起のなかでこそ真実が立ち現れ出ると見て、その永遠の面影を愛惜し、それと一体化して、不滅に与ろうとする考え方が、そこから出てくるのも当然であったように思われる。そうした思想の大きな源泉が、プラトンである。プラトンの対話篇『パイドン』は、そのことを明示している。

いずれにしても、私たちの魂もしくは心は、そのうちでこそ、私たちの経験が刻み込まれ、人生の出来事のすべてが保存され、その本質において浄化されて、消え去ることのない恒存性を獲得する場所である、と言わねばならない。そうした魂もしくは心こそが、私たちのほかならぬ人格性の存立する場所であると言ってもよい。諸経験を取り集め、それを消え去らぬ本質性において保存し、それぞれの人にその固有の人生と個体性を形成するゆえんの根拠は、この人格性のうちに存するのである。

## 5　不滅性について

けれども、そうした諸経験とそれらが保たれる魂もしくは心、あるいは人格性は、ほんとうに不滅の恒存性をもって、永遠に存在するものなのであろうか。というのも、私たちの過ぎ去りゆく諸経験は、たとえ、いかにその本質において保存されようとも、しかし、そのあるがままの姿では、たえず過去へと沈下して、忘却の淵に陥り、暗く定かならぬ暗黒のうちに消え去ってゆくからである。そうした諸経験を担った魂もしくは心もしくは人格性も、それらを保存し、記憶する力を失うとき、解体の危機に瀕する。とりわけ、そうした人格的作用を担う身体は、やがて必ず朽ち果ててゆく。いかに強靭な人物といえども、死滅の運命を免れがたく、人間の生存は、不断に死にさらされている。もちろん、その人格の存在を記憶する他の人々が残存するかぎりは、死者の人格性も、たえず想起されて、偲ばれ、また、故人自身も、草場の蔭から、現世を見守るという思いをもって、この世を去るであろう。けれども、やがて、個々の人格の存在さえもが忘却され、消え去り、すべては、うたかたの夢と消え去るとしたならば、どうであろうか。いっさいは、茫々として、定かならぬ無に帰し、この世は、荒涼とした無縁仏の墓場となることは必定である。不世出の英雄、豊臣秀吉も、死に臨んで、「つゆ（露）とを（落）ち、つゆ（露）ときへ（消え）にしわかみ（我が身）かな、なにわ（浪速）のこともゆめ（夢）のまたゆめ（夢）」という辞世の句を残して、この世を去った。松尾芭蕉も、藤原三代の栄華を偲んで、「夏草や、兵共《つわものども》が、ゆめの跡」と、その廃墟を歌った。この世では、すべてが滅び去り、荒寥無人の曠野だけが無情のまま残り続けるとも言える。

しかし、そのように考えることは、人間の営為の虚無性のみを顕わにすることになるであろう。したがって、もしもそれに耐えきれずに、どうしても別様に考えねばならないとしたならば、どのように私たちは考えるべきであろうか。それには、次のように考えるほかはないように思われる。すなわち、もしも、絶対的な神が存在して、現世におけるすべての人間の諸経験を取り集め、永遠不滅の仕方で、それらを保持するとしたならば、どうであろうか。したがって、その神の大いなる御霊《みたま》と御心《みこころ》、その抱擁する広大無辺の精神、その慈愛と恩寵《おんちょう》にあふれた腕《かいな》と懐と胸のなかに、私たちの存在のすべてが、救い上げられるとしたならば、どうであろうか。そのときには、おそらく無常かつ非情なこの世界は、その姿を一変して、憂き世の儚い存在は、その善き美しい有意義性において、ことごとく保存され、永遠に救出されて、高貴な光を発し、そのあった姿のままで、神の生きた人格性を形作る要素として、不滅の存在をかちえることになるであろう。

実際、哲学者のシェリングは、万物の生成の果てに、被造物のいっさいが、そうした神の愛のなかに救い出されて、新しい大地となって移ろわぬ存在を獲得するという救済史的な直観を語り、そこにおける創造の完成という希望を、ほのかに告白していた。あるいは、東洋の仏教においては、南無阿弥陀仏と念仏を唱え、仏の慈悲に縋って、浄土に救われたいと望む悲願と欣求《ごんぐ》を、虚心坦懐《きょしんたんかい》に表明するとき、そこに、仏による永遠の救済への確信の境地が実り、また多くの人々にも受容され、こうして宗教的信仰の世界が開かれていったことは、たしかである。

けれども、そうした神の存在や新しい大地、浄土における救済という信仰は、哲学の限界を越えて、むしろ、宗教の問題に繋がり、神への愛と希望と信仰、ないしは念仏と浄土への、個人的な宗教的決断の問題に帰着すると言わねばならない。現実直視に徹する哲学の立場において言いうることは、結局は、次の点の認識にのみとどまるであろう。すなわち、もしも、この憂き世での人間生活が無意味と化さず、人生遍歴を通じたその努力の一生が、うたかたのごとく消失せずに、有意義性を保つとすれば、それは、最終的には、そうした営為が、永遠不滅の人格神、あるいは仏の霊性のうちに、忘却されることなく、刻み残され、保持され、恩寵と慈悲によって、赦《ゆる》され、永遠性を獲得するに至るということを確信する宗教的信仰によってのみ可能となり、その宗教的信仰が存在しないかぎりは、この世が、救いがたい虚無に化すことは必定であるということ、このことであるように思われる。なぜなら、出来事の本質と有意義性とを担い、保持するものが、魂ないし心以外にはなく、そして、人間的人格も、可滅性の運命を免れがたい以上は、神もしくは仏という、大いなる人格の御霊と御心の存在を信じないならば、この世の中で過ぎ去りゆくすべての出来事の本質的意義を恒久的に保持するものは、どこにも存在しないことは明らかだからである。

そして、私たち人類が、みな心を合わせて行っている最も大事なことも、おそらくは、人間に許されるかぎりで、あらゆる人々の労苦にみちた人生行路を、その内側から理解し、共感し、その意義を救い上げて保存し、人類の存在の意味と価値とを、共に築き上げながら、同時に、心を込めて捉え直し、把握し直す、自己理解と世界理解のたえざる更新、その共同認識の終わりない努力にこそあると言ってよいであろう。私たちは、あらゆる言説と行為、情念と意志の活動において、そうした人間的理解を深め、相互理解を達成する努力において、人生を歩んでいると思う。私たちが日頃、互いに語り合い、相互理解に努め、愛の心をもって支え合うとき、そこに顕現しているものは、神と仏の心にも似た、いっさいを救い、保持し、それをそのいのちにおいてかき抱くところの、裏切ることのない、誠実な追憶の精神にある、と言ってよいであろう。

## 6　経験の多様性と全体性と同一性

私たちは、残されたもう一つの問題を、簡単に考え直しておかねばならない。それは、私たちの経験が、その遍歴の過程で、多様を含んで、果てしなく生起し、過ぎ去ってゆくとすれば、それらのすべてを、そのあったままの多様性と全体性において考えるとき、どうしてもそこに、それらの経験の人格的同一性をどのように考えるか、という問題が浮上するからである。

私たちが、さまざまな経験をして、この世を生きるとき、次第に私たち自身もそれなりに変容し、発展し、高められ、あるいは愚かで空しいあり方のなかに転落し、愚行と邪悪の迷路に絡め取られ、しかも再びそこから立ち直りながら、みずからのうちに、多様な契機を含んだ、酸いも甘いも味わい尽くした、複雑で大きな人格へと徐々に成長してゆくものであることは否定することができない。そこに、教育や学習の意味もあるし、また、悔恨や慚愧《ざんき》の念にみちた人生行路も成り立ち、さらには、世間の裏と表をも心得た、熟練した人間ができ上がることもまた、たしかであろう。いずれにしても、私たちは、人間における、柔軟な変化や、豊かな多様性にみちた発展の可能性を、人生行路においては、当然のこととして予想している。

したがって、人生遍歴の途上で、ある人が、幼少の頃とはまったく異なった人格へと変貌し、みずからも、遠く遙かな境涯にまでさすらってきたものだと、折に触れ、みずからの人生遍歴を回顧して、感興に耽り、胸詰まる思いに捕らわれることも稀ではないように察せられる。もっとも、そうした変化は、けっして偶然ではなく、むしろ、その萌芽は、初めからその人のうちに宿っていたと見なければならないかもしれない。

いずれにしても、こうした人生遍歴の多様性と全体性を考えるとき、その人格の同一性はどこにあるのかという疑問が、ときに湧き上がってくることもたしかである。ましてや、現代のように複雑で多様な社会的組織のなかに置き入れられた私たちは、そのさまざまな役割関係や対人関係、公的な活動場面と私的な生活空間との曲がりくねった絡み合いのなかで、ほとんど二重人格、否、多重人格として、仮面と本音との間に引き裂かれながら、自己のいわゆるアイデンティティをも場合によっては見失いかねない、危うい人格喪失にさらされつつ、みずからの生き甲斐を必死に求めて生きているとも言える。こうした状況を考えるとき、ますます、人格の同一性という問題が、緊張性を帯びた課題として迫ってくることは否めない。

人間のうちには、たしかに、一方で、そのときどきの多様な外的刺激に攪乱されて、自己の人格が、異常なまでに、周辺的部分の個別の出来事へと固着化されて、それらに振り回され、四分五裂のありさまで、自己による統率の利かないまま、拡散し、崩壊して、ほとんど自己喪失的あるいは自己分裂的な、尋常ならざる狂躁状態に陥る場合がある。ユングふうのタイプ分けに従って言えば、外向的な人間は、多かれ少なかれ、外的規律に照準を合わせて生活する習慣をもつから、どうしても、自分を抑え、殺して、外側の社会的要求に応えるべく無理をするために、そうした遠心的な拡散のなかに自己解体してしまいやすい。だからこそ、また、そうした自己を取り戻そうとして、かえって、その反動として、たとえば、そうした人は、自宅に帰ってからは、暴君となって君臨し、妻子にきつく当たって、鬱憤晴らしをすることにもなりやすい。

けれども、他方ではまた、人間は、自分なりの中心をもち、そのなかに狭く閉じこもって、他を顧みず、ときには自己中心的に、あるいは確信にみち、また信念に燃えて、すべての外的なものを排除し、敵視し、圧殺しようとする傾向にさえ陥る。ユングふうに言えば、内向的人間は、自己確信にみちて、他を寄せつけず、いわば求心的に、人間と世界を理論的に捉え尽くしたいという信念のもと、一貫した歩みをしようとするが、しかし、そのためにかえって、ときには敵や反対に出会って苦しみを味わうことが多くなる。そのために、そうした人は、摩擦の多いその生活経験のせいで、外界に対して密かに、疑問や恐怖や不安を抱いて、たえず世間の動向をも心慮の種にするという結果を招く。

いずれにしても、他律性と自立性とは、ともに人間の心の奥深くに宿っている二重性である。だからユングも、この二つの契機の均衡と調和を、大切であると見た。哲学的に言っても、人間を他律的な要因の絡み合いから捉えようとする経験論的実証的な見方と、逆に、自立的な人格の自発的能動的な統合力を強調する合理論的精神的な見方とは、たえず、人間観として争い合ってきている。

大事なのは、私たちが、時間的な遍歴の過程で、さまざまな経験を積み重ね、その遠心的な多様な展開の歩みのなかに拡散しがちであるにもかかわらず、やがて、年輪とともに、また体験の深まりに応じて、求心的な人格性をも失わずに、そこへと諸経験の多様を取り集めながら、否定的経験の辛苦を潜り抜けて、そこに、見事な人格の全体的同一性を樹立すべく努力するところに、人間のほんとうの大きく豊かな人格性が成り立つと見なさなければならないという点にあると思う。

遍歴の労苦を通じてのみ、私たちの人格の花は、大きく咲き出るのである。格言に言われるように、可愛い子供には旅をさせねばならず、異境に出て、他流試合に揉まれ、異他的なものとの交流もしくは対決を経巡ってのみ初めて、私たちの人格は、大きく実るのである。そうした切磋琢磨と、人格的遍歴の過程を、すべての人が、互いに、愛の思いと暖かい心とを込めて見守らねばならない。

こうして、人間的振幅や試行錯誤のすべてを受け容れ、また赦すところの、裏切ることのない、誠実な追憶の魂もしくは心のなかに、それらの歩みのすべてを銘記し、それらを、過ぎ去りゆくことのない、不滅で、貴重な人間的経験の全体として、共同でいたわり、保持しようとすることこそが、あらゆる人間にとっての、最も崇高な、道徳的かつ人格的な相互的責務であると思う。

# ◉第五章　自己

## 1　自己への問い

私たちは、この人生を、ほかならぬそれぞれ自身の人生、すなわち自己自身の人生として、生きている。しかし、この自己とは、いったい、どこに成り立ち、どこに存立し、いかなる仕方であるものなのであろうか。

すでに、これまでの考察において、私たちは、自己が、現実の経験をとおして、ある不可避的な境遇のうちで、当の自分の時間的な遍歴過程を生きるところに、かけがえのないその固有のあり方が成り立つことを見てきた。しかし、この自己自身とは、さらには、いったい、いかなるものであるのか、ということについて、どうしても看過しえないその基本性格の点で、私たちは、なおも立ち入って、その本質を直視してみなければならない。

その場合、まずなによりも、確認しておかねばならないのは、これまでにもすでに示唆されていたように、第三人称的に眺められた人間の本質規定と、第一人称的に人生を現実に生きている自己自身とを、峻別することである。自己自身とは、なによりもまず、ひとごとではない現実の、いまここにおける、一回限りの人生を生きている、ほかならぬ私自身のことである。それは、宙に浮いた形で、なにか人間一般という姿で、どこにでもあり、誰にでも当てはまるような人間像とは、まったく成立の次元を異にしたものなのである。

もちろん、自己自身も、考え直せば、人間の一人であるから、自己自身のうちに、人間一般のあり方が染み通っていることは、否定することができない。第一人称の私自身のうちには、第三人称的に確認される人間の諸規定が妥当性をもって浸透してくることは、避けがたい。けれども、私自身の自己は、そうした第三人称的に確認される諸事実や諸規定のうちには存在しない。

## 2　理性的動物としての人間観

たとえば、人間とは理性的動物であるということが、人間の本質規定として、永い間、世界中に通用してきた。ギリシア哲学において、人間は、考える能力をもった動物とされ、その能力によって、宇宙の秩序と理法を捉え、それを言葉のうちに確保する存在者として、優れた位置づけを与えられてきた。換言すれば、理性的なロゴス的動物である点に人間の本質が認められ、心身の統合にもとづいて存在しつつ、とりわけ神的でさえある魂の能力を有するところに、人間の眼目が看取された。こうした考え方が、キリスト教的な中世世界にも受容され、人間は神の似姿として、被造物のなかで高い位置を占めるものとされた。近代以降になっても、デカルトに顕著なように、「われ考える、ゆえにわれ在り」といった思考する自己意識的な自我が、延長する物体世界に相対峙して、その理性的な存在性格を証示してゆくところに、人間の本質が認められた。いかに、幾何学的な精神よりも繊細な魂のほうを重んじてデカルトに反対したパスカルでさえも、人間の特質を、「考える葦」である点に見た。近代においては、それ以降も引き続き、悟性、理性、知性、精神、人格性等に、人間の本質が見出された。つまり、たんなる動物ではない自己意識的な理性的精神的なあり方に、人間の特質が考えられてきた。

さらに、現代では、人間のこうした理性的性格が、言語活動のうちに結晶して現れるとする見方が、ビューラーやシェーラーやポパーなどによって採られ、広範に流布している。その場合に、人間特有の言語活動とは、自分の状態表現としての言語活動や、仲間への情報伝達としての言語活動にとどまらずに、むしろ、自分の周囲の諸事象にいろいろと名前をつけて、その事象の真のありさまを記述するという、命名作用と記述作用としての言語活動のことが主に含意されたものとして考えられている。というのも、自分の状態を表現したり、仲間に情報を伝達したりする言語活動ならば、動物も、鳴き声などを出すことによって、これを行っているとも言えるが、出来事に対して命名し記述するという理論的認識作用としての言語活動や、それにもとづいて知識や学術や技術や社会制度を世代を通じて伝承し発展させてゆくという文化活動は、人間にのみ固有なことだからである。現代では、このように、人間を、思考し、言語活動を行い、文化を形成する動物として捉える見方が有力である。

もちろん、そうした人間把握の傾向への反発として、とりわけ十九世紀以降に、人間の特質を、むしろ、意志や情念、さらには本能や肉体の働きのうちに見るという人間観も、強力に出現してきた。その場合には、人間の本質を、生きた身体性や、知情意の活力ある力動性のうちに求めて、そうした生命感情や行動力の発揮のうちに、機械化された現代文明に対する橋頭堡を見出すという趨勢が、強まってくる。

こうしたことは、西洋に限らず、東洋思想のうちにも、古くから認められてきた考え方であった。たとえば、近代儒教において、一方で、とりわけ朱子学などが、人間を、理気二元論の立場から捉えて、微妙な気の働きによって生ずる心の動揺を抑制して、理による自制や修養を力説したとすれば、他方で、陸王学が、心即理を唱えて、みずからの心の発露のまま、天衣無縫に生きる情動の解放のうちに、むしろ、生命感あふれる人間生活の可能性を看取って、これを擁護したからである。

## 3　自己の自己性

いまここで、肝要なのは、こうした種々様々な人間観を、たんに列挙することにあるのではなく、また、それらの妥当性を吟味することにあるのでもない。人間とは何かに関するそうした客観的把握は、ほかにもいろいろありうるし、また、それらはそれなりの妥当性ももっていると思われる。しかし、それにもかかわらず、重要なのは、そのようにして確認された人間の本質ならば、考えてみれば、誰もがみな、なにほどかずつそれを所有しており、そうしたものは、人間の存在するところにはどこにでも、客観的に見出され、適用している事柄であるという点である。したがって、それによっては、ほかならぬ、かけがえのない当の自己自身の、固有に自己たるゆえんが、浮かび上がってこないのである。

たとえば、人間が、心身の結合から成るということだけならば、誰もがみなそうである。理性や、思考や、言語活動や、精神や、あるいは、意志や、感情や、さらには本能や肉体に至るまで、そうした諸要素の活動において人間の本質が成り立っているということならば、それは誰にでも、多かれ少なかれ、当てはまる、客観的、一般的、普遍的な仕組みにほかならないであろう。実際、そうした普遍妥当的な規定であるべく、そうした人間本質論は構築されてきたわけであるから、それが、万人に当てはまるのは当然である。それが当てはまらなくなったら、むしろ、かえって、おかしなことになる。

ところが、自己とは、そうした一般的なものではなく、かけがえのない、ひとごとならぬ、一回限りの、個別的なあり方において成立するものだと理解されている。そうだとすれば、そうした個体性をもった自己自身とは、上述のような、客観的、一般的な人間本質論では尽きずに、それによっては捉えられないところに、その特有性をもつと考えねばならない。むろん、自己自身も、人間の一人である以上は、如上《じょじょう》の人間本質論によって規定される諸側面や諸要素を、みなそのうちに内蔵している。けれども、それでは尽きないところに、自己が、自己として成り立つゆえんがあると考えねばならない。

ただし、そうした自己の個体性といった場合に、それをなにか、世俗的な意味で際立った独創性、傑出性、卓越性、優秀性、天才性、顕著性、有名性といったことと結びつけて考えるのは誤りである。むしろ、名もなき庶民、平凡な暮らしを営む万人がみな、それぞれ、かけがえのない、ひとごとならぬ、それぞれの尊い人生とその一回限りの人格的生涯を生き抜いているのである。そうしたすべての人を、それ固有の自己たらしめている決定的な要因を、私たちはしっかりと見つめなければならない。

では、そうした自己は、どこに存立するのであろうか。それは、すでにキルケゴールが鋭く指摘したように、与えられた心身の結合、もしくは誰にでも等しく認められる心身の諸要素の全体としてのみずからの既存の総合的な関係へと関わって、それをどのように自分らしく形成するかという、自己の自己自身への関係、もしくは自己の自己自身への態度決定のうちに、ほんとうの自己自身が成立する、ということにほかならない。言い換えれば、みずからの所与の心身の資質、すなわち、その知情意や身体の諸条件、その理性や精神の働き、情動や意志の活動、言語や気分や行動や生命感の発露などといった自分自身の所与の生存条件を、自分としては、いったい、どのような方向に向けてこれを活性化させ、いかなる人生行路を自分のものとして築こうとするのか、という決意と覚悟、こうした自己の人生の自己決定という根本態度のうちに、そして、そのことのうちにのみ、自己の自己たるゆえんがあるということにほかならない。

たとえば、ベートーベンは、晩年に、耳が聞こえなくなるという宿痾《しゅくあ》と闘いながらも、作曲家としてのみずからの天職の完遂に向けて、精進の生涯を貫いた。カントは、質朴な境遇から身を起こし、いろいろな困難を乗り越えながら、規則正しい生活を守って、思索者としての一生を見事に生き抜き、大きな思想の殿堂を後世に残したあと、最後に「これでよい」という言葉を残して、天寿を全うし、八十歳の人生を閉じた。およそ、あらゆる芸術家、学者、政治家、実業家などの、人類社会に貢献した人々はみな、その生涯において、自己決定の稀な瞬間を生きとおして、それぞれ個性ある一生を築いて、この世を去った。もちろん、そうした際立った、選り抜きの人々以外でも、考え直してみれば、あらゆる人間がみな、それぞれなりに、自己の人生と運命を生き抜き、そのかけがえのない人生の軌跡を描いて、自己の人生を全うしようとして、一生を走りとおしたと見なければならない。

むろん、この世の人生においては、不運や事故、挫折や失敗が付き物であり、多くの人々は、志半ばで、不幸のうちで倒れ、意に満たない、悲運のなかで一生を終えた。けれども、人間はすべて、最後には、自分らしい生き方を、運命として肯定しながら、この世に別れを告げる覚悟で人生を生きるものである。そこに、ほかならぬ、かけがえのない当の自己自身の人生が、一回限りの形で生起し、代置不可能な、それなりの個性と必然性をもったものとして刻まれ、こうして、永遠の闇から闇へかき消え、あるいは不滅の魂のなかに久遠の記憶として残され、少なくとも、この世で、そうした自己として瞬時の光芒を放って輝いたのである。

いずれにしても、自己とは、心身やさらには境遇などの所与の条件のすべてを、その本質的な機構を含む自己構成の普遍的な要因として、したがって、それらのすべてを、みずからのものとして、自分自身のうちに取り入れながらも、さらには、それを基盤として、その上に自己の自己性を刻み込み、樹立し、確立しようとする、自己意識的な努力と営為、その自己決定の軌跡、その時間と歴史のうちで初めて、存在するに至るものである。

したがって、自己の自己性は、たんなる第三人称的な、客観的に確認されて列挙される諸事実のうちにあるのではない。むしろ、そうした諸事実の根底にあって、見えない仕方で、それらの外面的諸事実を貫いて自己貫徹してゆく、内面的で、主体的な、自己自身となろうとする精進と努力のうちにのみ、自己の自己たるゆえんは存する。自己とは、誰のうちにも宿っている、こうした志と操《みさお》、その気骨と忍耐、その弛むことのない真摯な意欲と持久力のうちに、その基礎をもつ。

こうした自己は、キルケゴールが言ったように、自己たろうとする努力のなかで、やがては、自分を越えた大きな運命もしくは他者、言い換えれば、神の前に立って決断して生きるものだとも言える。神の前に立ち、たった一人の単独者として、全責任を負って決断してこそ初めて、自己の人生は築かれる。みずからの非力さを自覚しながら、神によって置かれたみずからの全存在を賭けて、震えるような真剣さで、みずからの道を選び取るとき、そこに初めて、自己の人生への第一歩が踏み出される。ヤスパースは、このように自己自身へと態度を採り、それを通じて超越者へと態度を採ることを、人間の実存と呼んだ。自己の自己性は、そうした実存に存すると言ってよい。

## 4　必要条件と十分条件

しかし、このように言うと、以上のような自己決定ないし決断という構造は、なるほど、たんに客体の構造ではないにしても、やはり、自己という主体性の普遍的構造であって、それは、真に一回限りの固有の自己自身そのものではないのではないかと、反論する人があるかもしれない。これに対しては、たしかに、決断ということは、一般的な事柄ではあるが、しかし、大事なのは、あくまでも、個々の状況のなかで、そうした決断を介して初めて、それぞれなりに固有の自己自身とその人生が、実際に、かけがえのない、引き返すことの不可能な、一回限りのものとして、成立するという点にあると、答えるよりほかにはない。そして、各自の個別的決断の具体的内容は、各自自身の問題であり、ここで扱うことはできないと、答えるよりほかにはない。

けれども、そのように言うと、さらに、そうした決断という熟慮や精神的行為は、あくまでも自分の人間としての生活のうちの、かなり高度に自覚的な振る舞いであって、もしかしたら、稀にしか起こらず、たいていの場合には、人間は、むしろ無意識的に、また習慣的に、生の営みを行い、衣食住の自然的欲求を満たし、自然の本能や衝動に従って生きているのが普通であって、少なくとも、そうした自然のあり方に基礎を置かなくては、決断という精神的行為も成り立ちえないのではないかと、反駁する人があるかもしれない。実際、植物状態や脳死状態になった人は、もはや決断や判断をすることがほとんど不可能になるし、そもそも胎児や幼児や子供は、決断や判断の力をもたないのが普通である、と人は言うであろう。したがって、身体や生物としての機能が、やはり自己の存在の基礎であるのではないか、と人は言いたくなるであろう。これを拡大すれば、さらに、人間的自己は、歴史的社会的な環境や境遇の網目のなかに、雁字搦《がんじがら》めに絡め取られていて、責任ある自由な決断などをすることはおろか、たいていの場合、世の中のしがらみに引きずられて、屈辱と隷従の境涯に置かれた、哀れで不自由な身の上であるのがほとんどなのだ、と世故に長けた人は、自嘲し、嘲笑するであろう。

実際、これらの指摘は、ある種の正しさをもつ。けれども、これに対しては、次のように答えるよりほかにはない。すなわち、大切なのは、人間の存在の必要条件と十分条件とを峻別することにある、と。人間が生物としての機能を果たして生きるということは、人間の存在の必要条件を満たして生きるということにほかならない。また、人間が社会的存在として、なんらかの環境や境遇のなかに置かれて生存を営むということも、人間の存在の必要条件を満たして生きるということのうちに入る。けれども、それだけでは、真に人間的な自己自身として生きるということの十分条件が満たされたということにはならない。衣食住の欲求を満たし、胃腸や呼吸が正常に機能し、なんらかの社会的環境のなかに置かれて生きるということならば、誰もがやっていることである。むろん、そこに、胃腸の丈夫な人とそうでない人、あるいは比較的恵まれた環境に生きる人とそうでない人との差異はあるであろう。けれども、そうした所与の心身の資質や社会的環境のなかにただ置き入れられて、それにまったく受動的となり、なんら奮起することがないのならば、その人は、ほんとうには、まだ自己自身に目覚めてはいないと言わなければならない。

人間が、たんなる自動的な操り人形でないためには、その人が、みずからの所与の条件のなかに立って、いかなる道を自己の人生の道として選び、岐路に立って選択し、自己の歩むべき道筋を決断するかにある。そのためには、自由において、状況を思慮し、決断する、その自由と責任、およびその主体としての人格性が要請される。むろん、私たちは、四六時中、いつも厳しい選択と決断のうちに立っているわけではない。けれども、潜在的には、つねに、人間は、おぼろには幼児のときから、最後の時期に至るまで、日常茶飯の事柄においても、また、意識的な危機的な状況に面座したときにも、みずからの人生の全体を予想しながら、それぞれ自分なりに振る舞ってゆき、そこに、次第次第に、それぞれ自身の人生の軌道が描き出されてゆく、と言える。

たとえば、たしかに人間も生物の一種ではある。生物とは、一般に、外から物質を取り入れ、それをエネルギーに転換し、自分の複製を造って子孫を増やしてゆくという営みを行うものとされる。したがって、そのためには、たとえば、脳や、呼吸器や、循環器や、生殖器が、正常に機能していなければならない。あるいは、二〇〇〇年六月にその解読が世界中に宣言されたように、人間が生きるためには、ヒトゲノムの三十億対の塩基の配列の構造が、生命の設計図として成り立ち、さらには、そこに働く四万種類くらいの遺伝子の機能が正常に活動して、いろいろな個人差はあるものの、生物として人間が生きるために必要なタンパク質が、きちんと合成されてゆかねばならない。それが異常になったり、攪乱されたりすれば、ガンが発生したりして、たちまち生命体はその存立を脅かされる。むろん、現在の段階で、ヒトゲノムの配列の完全に精密な構造や、ましてやタンパク質合成にかかわる遺伝子の発現の複雑な機能のすべてが解明し尽くされているわけではない。それの解明のためには、まだ、かなりの永い年月が必要とされる。けれども、やがては、個人差をも含んだ遺伝子の解明をもとに、個々人の生物としての機構のすべてが解明し尽くされるといったような、ほとんど決定論的な生物学的人間像が、いま世の中に流布している。あるいはまた、人間の活動の中枢は脳にあるとされて、脳科学によって決定的に人間が解明し尽くされるといった予想が、大手を振って罷《まか》り通っている。およそ、現代の生物学が、生き物も物質と見なして、その原子や分子からなる構造と機能の解析に努力を傾注していることは言うまでもない。

けれども、それらは、人間の生物としての、その存在の必要条件の解明にとどまる。それによって、人間がすべて解明し尽くされたと称するのは、いささか不遜である。ただし、それは、そうした必要条件の解明が、重要でないという意味ではない。生物学は、人間の生存の必須の基盤の解明として、重要な意味をもつ。生態系との共生のためにも、また、人間の自然性やその健全さの保全のためにも、さらには、自然のなかで生まれ、また自然のなかに帰るという人間のあり方の自然的本源性のためにも、現代生物学の知見とその摂取は、今日において、万人にとっての急務であると言える。

しかし、人間の自己としての本質を考えたとき、生物としての人間のあり方は、人間の存在の必要条件であるという位置づけをけっして忘却してはならない。なぜなら、生物としての機能の上に、さらに社会を造り、文化を形成し、共同存在のなかで、自己としての生き方を考え、歴史と宇宙のすべてに考慮を払いながら、人間としての自由と責任と人格において、今後の地球上での人類のあり方をも熟慮しつつ、自己の人生の最善の道を選び、決断して生きるというところに、人間の、また、それぞれの自己自身の存在意義が、懸かっているからである。自己自身を見つめるということは、そうした人類と自然と歴史と宇宙のすべてにわたった思索を要求し、それにもとづく自己決定を呼び起こすものなのである。

食べて、飲んで、着て、住んで、生殖して、ただ、地球上に蔓延《はびこ》って生き、なんとしてでも自分の種族の保存だけを考え、場合によっては他者排除をも辞さないという、利己的遺伝子の立脚点を謳歌するだけでは、それは、人間であることの十分条件を満たして生きるということではありえないと言わねばならない。たんに延命を図り、生物としての繁殖だけを考え、自然的本能と欲求のみを追求することは、人間であることの必要条件にのみ眼が眩《くら》んで、それですべてを割り切ろうとする、はなはだ狭隘な考え方である。それは、人間であることの十分条件への思慮を見失った、一面的な固陋な考え方であると見なければならない。

そうした意味で、自然主義的な還元主義の考え方は、現代の人間観としては、偏狭さを免れがたい。私たちは、人間であることの十分条件を熟慮し、人間であることの証を立てるべく生きねばならない。真の人間的自己は、そうした自由と責任と人格の確立の上に、それぞれの自己の決断を介して花咲き、やがて、それぞれの運命的な人生の軌跡として描き出されてくるのである。

## 5 自然と精神

かつてシェリングという哲学者は、自然哲学と同時に、精神哲学にも深い思索を傾け、一方で、自然のうちから精神が芽生えることを強調するとともに、他方では、そうした精神のうちに自然が生き続けるばかりか、その発展の終局の人間的精神のうちでこそ、最も深く自然の光が点火されて、いまや、自然自身をも越えて、自由と精神が目覚めるに至ったその全宇宙の展開過程の全体を見事に捉えて、自然と歴史に関する総合的な哲学体系を樹立した。しかも、この人間精神のうちでこそ、自然と宇宙の秘義が開示され、したがって、人間は、自然と歴史、つまり宇宙のすべてに対して、絶大な責務を負う位置に立つに至った、とシェリングは見ている。これは、その後二百年を経た現代における人間の課題さえをも先駆的に示唆した、きわめて先見性に富む指摘であったと言わねばならない。

言い換えれば、シェリングは、自然を人間精神の基盤と捉えながらも、あくまでも、それを、その上に精神の自由の世界が開花する根拠と見た。そして、この人間精神が、その自由において、善をも悪をもなしうる両義性をもったものだと考えた。こうして人間は、たえず不安のなかで、自己の内的本性の根拠にもとづきつつ、自律的に自己決定して、善か悪かの二者択一の前に立って、自己自身の人生という、自分の内面的必然性を生きねばならない運命的な責務を背負ったものと見定められたのである。

ここでは、自然という根拠の上に、しかも、それを越えた自由と責任と精神において、人間的自己が、自己決定して生きる人格性として、その不安にみちた真剣さのなかで成立するゆえんが、鋭く見つめられている。しかも、その自己は、宇宙のうちに住まうとされ、自然と歴史の全世界の諸力の結集の場で、人間は、自己の運命を背負い、新たな歴史を創造しなければならないとされた。

現代の私たちは、こうしたシェリングの問題意識をさらに継承し発展させながら、自己の問題を考えねばならないと思う。

◉第六章　生き甲斐

## 1　生き甲斐の探究

私たちは、この世の中を生きるとき、なんらかの形で、生き甲斐を求めている。生き甲斐のない人生を好んで求める人は、考えることができない。生きるということは、みずからが、そこに意味を見出し、なんらかの有意義性の成り立つことを信じることのできる道程を発見して、そこに自分の人生の基盤を据えて、自己の時間的な生成過程と、振幅を含んだ多様な遍歴の道を、辛苦や労苦を越えて、歩み進もうとする覚悟にもとづいて初めて成立する。それを可能ならしめるものが、生き甲斐にほかならない。

むろん、その生き甲斐という問題は、さまざまな局面を含んでいて、けっして単純ではない。けれども、生きる意味を信じ、自分の人生を肯定できる道程を発見し、そこで自分の人生の充実を図って生きる、という構造を含まないような人生設計や人間的活動というものは、人間の生き方として、考えることができない。意味や有意義性は、ディルタイがすでに指摘したように、私たちの生を構成する最も基本的なカテゴリーなのである。

そうした生き甲斐とは、それを最も強い形で言い表せば、自分の死に場所を発見することと同じだと言えるであろう。その道を突き進んで、その果てに、自分はもう死んでもよいと思えるような生き方とその内実を発見したときに、その人は、自分のほんとうの生き甲斐を見つけて、泰然自若、自己であることに安らうはずである。たしかに、「人生、いたるところに青山あり」、である。しかし、ほんとうに死んでもよいと思える場所と生き方を、最終的に見出すことは、けっして容易ではない。何人も、迷いを免れがたいからである。けれども、人間は、最後には、自分を捨て、そこに自分を埋めてもよいと覚悟できる人生の住処を求めている。

## 2　生き甲斐の含蓄

生き甲斐というものは、したがって、根本的に二面性を含んでいる。一方で、それは、目標や理想、実現されるべき将来、いまだ完全には成就していない課題を意味する。そうした目的の有意義性を信じて、それに自分を賭け、そうした価値や理念や意味のために、労苦や困難をも厭わず、進んで努力し、全力を挙げて、課題や責務や役割や仕事や任務に打ち込むところに、元来、生き甲斐というものは成立するであろう。生き甲斐は、その意味では、いわば自分の前方に望まれている将来の目標の性格をもっている。

けれども、他方では、生き甲斐は、それとは逆に、そこで自分を捨て、死んでもよいと思うような、つまり、そこで自分の本来性が発揮し尽くされて、そこへと自分が帰ってゆくところの故郷でもある。生き甲斐とは、それにもとづいて生きてきてよかったと思い、そこでこそ自分の本質が充実し、すべてが燃焼し尽くされ、みずからの意味が確立され終えたと信じることができるゆえんのもの、言い換えれば、自分自身が最初からおぼろにその成就を願っていたところのもの、そうした自分自身の密かな本源的出発点であろう。それは、今後の将来にのみ求められるというよりは、むしろ、すでに最初から自分のもとにあったところのもの、そうした自分自身の萌芽、自分自身の本性、自分自身のよって立つ淵源、自分自身の故郷、すでにあった自分自身の本質のうちに伏在し、そのうちから花咲くものだと言える。

誰も、甲斐のない人生を求めはしない。甲斐とは、そこで自分が、それをよしとして、安住し、安心立命することのできる死に場所、救いの境域、そこでこそほんとうに安らぎ、すべての他のものを断念することができる境涯、みずからの限界と非力さと諦めのすべてを籠めて、それよりほかにはない自己の最終的住処として、運命的な思いをもって受け容れ、首肯することのできるものである。そうした自己自身の生存の意味の結晶する所、自己自身の人生の故郷、それ以外にはない自己自身の実在的真実、それが、人間にとっての生き甲斐のほんとうの意味である。

したがって、生き甲斐は、自分自身の本性とは別個のところで、無理に押しつけられ、強制されて成り立つものではない。逆に、それは、その人らしい人柄の真実の結晶として、永い試行錯誤と遍歴のなかから、ようやく見出され、体得され、いのちを賭けて守り抜かれ、すべてを捨てても達成成就されることがその人の悲願となるところの、その人の存在の運命そのものである。借り物の生き甲斐は、いずれは、その虚妄と錯覚が自覚されてくる。誰もが、死ぬべき自己を知るとき、自己自身を裏切ることはできず、自己の存在の意味に向けて、真の生き甲斐の追究に覚悟を定めるであろう。

言い換えれば、かつてあった自分と、やがてあるべき自分とが、円環的に結び合わされ、自己の由来と、自己の将来とが、断絶なく関連づけられ、そうした大きな輪環が、矛盾なく、それに相応しい大輪の花を咲かせたとき、その人は、みずからの人生の生き甲斐を、実り豊かに成就して、自己自身に安らうことができるであろう。そのときには、その人の自己をとおして、存在そのものの真理の花が咲き誇ったのである。そうした花をやがて咲かせるべく、いま、それぞれの人は、生き甲斐の探究のまっただなかで、人生の格闘を生きている。私たちは、みずからのうちから芽を出し、やがて咲き誇るべき、こうした自己自身の花に向かって、いま脈動しているいのちの燃焼、いのちの結晶である。このように、初めと終わりとが結び合う循環的、円環的構造において、私たちは、自己自身の人生を、生き甲斐の探究過程として、生きていると言わねばならない。

したがって、私たちの自己は、みずからの存在の可能態からその現実態ないし完成態に向けて活動し、自己自身に成りきろうとして、たえざる遍歴と経験の旅路に出で立つのである。それらの道程のすべては、自分から発して自分へと帰る円環の運動であると言える。そのとき、そこに大きな円周を描いて、実り豊かな境域を構築し、ほんとうに自足することができる完璧な世界を築き上げた者は、生き甲斐にみちた生を享受して、花となって咲き誇り、そして散り果てるであろう。たとえ、小さくともよい、そうした深紅の花を、それなりに見事に咲かせて、生き甲斐を達成し終えることを念じながら、みずからの死に場所を見出し、そこに骨を埋め、いのちの営為を終えることを、およそすべての生あるものは、根源的に冀うものである。そうした意味で、生き甲斐とは、あらゆる生の営為の根源に潜んで、それを動かしている究極的な魂である。したがって、生き甲斐ある人生を生きるべく、生死を賭けて、活路を探究するのが、真摯な人間の宿命となる。それ以外に、どこにも真実の人生は存在しない。人生とは、生き甲斐の探究の一語に尽きると言っても過言ではない。

## 3　内面的要求

したがって、かつて西田幾多郎《にしだきたろう》が言ったように、私たちは、心の深い奥底から湧き上がってくる自己の内面的要求の声に耳を傾け、それに聴き従うことによって、自分の人生の道を本気になって進まなければならない。そうした自分の心のなかの深い奥底から湧き上がる必然的な促しに突き動かされて、その奥深い内面的な要求を充足させようとすることをしないかぎりは、ほんとうの生き甲斐は、けっして成就しないであろう。私たちは、自己自身を断じて欺いてはならない。誠実に、真剣に、自分を見つめ、自分は真実には何を欲しようとしているのか、自分には何ができるのか、自分に許された最も大切な可能性とは何であるのかを、真摯に問い直し、自己自身の進むべき道を直視し、熟考しなければならない。

そのときには、たんなるあれこれの表面的な欲望の充足と、この深い内面的要求の声とを混同してはならない。前者は、衣食住や日常的な生活設計の雑多な局面に関係するが、そこでは合理的な計算や計画や手筈が大切であり、また問題はそれにとどまる。ところが、後者は、自分の一生を貫く大きな方向性と人生行路の決定に関わっており、見通しがたく、また容易に判断の下しえない困難な諸問題を複雑に含む。しかし、そうした根本問題こそが、人間の生き甲斐には決定的に重要である。人生のむずかしい岐路に立って、自分の進むべき道を、そこに自分の骨を埋める覚悟で、選び取り、最終的には、自分の死に場所を見定める用意を整えて、自分らしさを生き抜く決心が、生き甲斐の成立には不可欠である。

そのとき、自己の深い内面的要求は、自分らしい意欲と情動のうちで立ち現れてくるとも言える。西田幾多郎も言ったように、人間の存在の根本には情意が潜んでいる。情意を満足させない人生は、人間をけっして幸福にはさせない。自分の根源的な意志の向かうところ、そして情動が深く充足されるところ、そうしたところにこそ、自己の自己性の次元と方向が存立している。それは、たんに理屈や頭脳で、第三人称的に、ひとごとのように理解された、額縁に入った人間像では捉えられないものである。それは、むしろ、抜き差しならぬ形で、ほかならぬ第一人称の自己自身が、限定された宿命的な状況のなかで、みずから引き受け、選び取らねばならない、せっぱ詰まった可能性への奥深い自己決定の姿で、多くの場合出現してくる。

およそ、真の実存的問題は、深くて、狭いのである。広く見渡し、気軽に論評することのできるもののなかに、自己の人生の生き甲斐の眼目は、転がってはいない。むしろ、人には言えない、恥多い、私秘的で、宿命的な、暗い、自己の生存の根底に、生き甲斐の問題群は、潜んでいる。自己自身でも汲み尽くせない、自己の心の深い奥底、そのいのちのどよめき、そこにほのかに蠢く生命の感触が、自己の人生の生き甲斐の微妙な含蓄を、鋭敏に察知する。生き甲斐は、自分自身であること、自己自身になりきること、そこで自分を放棄し、捨て去り、そして甦りうる大きな生命の脈動と一体化すること、そうした自己の存在の根源との合致のうちに存在する。自己の存在のうちの絶対的なものの要求と充足、それとの一体化、そうした根源的なもののうちに根を下ろした生き方のみが、人間に生き甲斐のある人生を初めて可能ならしめる。

そうした生き甲斐のある人生の道は、自分の心の奥底で聞こえてくる呼び声のなかで、ほのかに示唆される。自分に根源的な仕方で訴えてきて呼びかけてくるもの、自分を促すもの、そうした内心の呼び声、すなわち、自己の召命の意識、天命や天職の啓示、役割や使命の自覚、義務や責務の課題意識、美しいものの輝きと魅惑、自己の本領や本性の理解、人生全体の意義の悟得《ごとく》、そうした人間と世界の全体にわたる意味と無意味、有意義性と無意義性、価値と無価値、希望と絶望、存在と無への洞察のすべてが、生き甲斐の会得には関係している。

とりわけ、自分自身の本領の体得ということが肝腎である。それは、自分に呼びかけてきて自分を充足させるはずの深い内面的要求を、聴取して、それの拡充に励むという、試行錯誤を含む実践と営為の過程のなかからのみ、ようやく実ってくる。自分が何者であるのかを知ることくらい困難なことはない。「汝自身を知れ」ということは、人生の不断の試練であり、そのことを通じて、「汝自身と成れ」という要求に応えようとする使命意識と課題追究こそが、生き甲斐を発見する方途である。それは、永い遍歴と自覚の過程を通じて、ようやく悟得されるものであり、けっして一朝一夕には達成されない。しかし、自分の進むべき道が見えたとき、そこに主眼を置いて、そのほかのことはどうでもよいような些事として位置づけながら、人生の大道を歩む私たちの太い生活設計の道筋ができ上がってこそ、生き甲斐は確立されてゆく。

そうした過程のなかで、もちろん、良心の厳しい吟味に自分をさらして、たえずみずからを省みることが、肝要である。人間は社会的存在であるから、自他の関係における善悪や罪責を鋭く自覚する道徳性や倫理性が、きわめて重要な事柄となる。そうした自己吟味のない、素朴で直情径行の、無造作で、無鉄砲な生き甲斐の追求は、無思慮で浅薄さを免れがたい。私たちは、熟思し、考量を重ね、そして自己決定するという、人間性豊かな生き甲斐の探究を実践しなければならない。

## 4 運命愛

このようにして人生を歩むことが可能になるとき、そこにおのずとその人自身の運命愛の境地が成熟するであろう。ニーチェが言ったように、自分の歩いた道を必然のものと見て、それを肯定し、そこに根を下ろして人生の実りを享受することを措いて、どこにも人生は存在しない。すべてをそれでよしとして首肯し、自分の存在を、それを送り届けた大いなる存在の主に対して、感謝の思いをこめて委ね返すということが、生き甲斐の探究の終局には、出現しなければならない。そうなってこそ初めて、死に場所を見出し、死ぬ時機を知って、すべてのものに別れを告げ、「さようなら」を言い、感謝を述べ、「これでよい」として、死を迎え入れることが可能になるはずである。そのように、終わりを覚悟することと、生き甲斐の探究とは、接続していなければならない。

森鷗外は、死に臨んで、世俗の官位官職や栄誉をすべて峻拒《しゅんきょ》して、自分なりに作家として一生を貫いた岩見の一個人、森林太郎として死せんと欲する旨を、遺書として伝え残した。カントは、「これでよい」と言い残して、八十歳の生涯を閉じた。死に襲われた瞬間、最愛のきずな者に向かって、「幸せだった」と言いえた人は、愛の絆に生きた人生を、ほんとうに存分に生き切り、享受して果てたのである。自己の人生を、幸福なものとして肯定しつつ死ぬことができなかった人は、生き甲斐を見出しえず、運命愛の実りを達成することなく、底知れない慙愧《ざんき》の思いと、悲憤慷慨のなかで、不遇のまま、朽ち果てたのである。

しかし、人生の実態は、生き甲斐を成就することができずに、無意味や無駄、浪費や徒労の思いとともに、多くの困難や障碍《しょうがい》に苦しみ、また悲しみ、断念を余儀なくされて、満たされぬ人生への苦悶のまっただなかで朽ち果てねばならないところにこそ、あるであろう。西田幾多郎は、人生の苦悩や、「人生の悲哀、その自己矛盾」を繰り返し語った。ニーチェは、まさに、こうしたペシミズムやニヒリズムの苦悩に見舞われた人生の姿を、深く見つめていた。だからこそ、「これが、生きるということだったのか。よし、それならば、もう一度」と、勇気を奮い起こして、人生を取り返さねばならないことを、ニーチェは力説した。人生は、こうした意味での、たえざる取り返しの反復、そうしたやり直しの連続である。そこにこそ、運命愛の精神が実るのである。言い換えれば、多くの困難を課する現実を直視しながら、そのただなかで、それにもかかわらず、ディオニュソス的な肯定を言う境涯に高まってこそ、運命愛は成立するからである。ニーチェは、このことを、強さのペシミズムという形で提唱した。ここに、ニーチェの真骨頂が成立するのである。そして、それが、同時に、生き甲斐の成立する場面だと言える。

## 5　生き甲斐の射程

生き甲斐を考えるとき、ときには、自分の実人生の重く暗い場面から眼を転じて、広く世界全体へと視線を向け、自己の個別性を包むところの、より広範な普遍的な場面へと思いを馳せ、知性を磨いて、自己と世界全体との繋がりを考え直しながら、自分の位置を見定め直すこともまた、きわめて肝要である。つまり、実存の狭さから、理性的な広さへと転じ、情意の葛藤から、知的な広がりへと自己を転換させることもまた、精神の健康のためには必要である。というのも、自己は、そうした普遍性が、特殊性を通じて、個体化したところに出現したとも言えるからである。知的な距離感をもって、物事をやや遠くから眺める視点は、どこにおいても有益である。

そのように考えたとき、生き甲斐には、如上《じょじょう》の深刻な問題意識とは別に、もっと広範な圏域が関わってきていることが、眼に入ってくる。たとえば、多くの人は、忙しい仕事を離れて、気晴らしに打ち興じ、趣味や娯楽、楽しみや慰めに浸って、自分を取り返す瞬間に、むしろ、生き甲斐を感じるといったことを語ることがある。晩酌や盆栽、森林浴や散歩、芸術鑑賞や読書、旅行やサークル活動、ボランティアや社会奉仕、さまざまなリクリエーションや休養、そうした雑多で多様な営為が、共同社会のなかで、多くの仕方で、他者との繋がりにおける自己確認や自己解放を通じて、生き甲斐の発見に接続することが、実際、世間では指摘されている。それは、たしかにそのとおりであると言ってよい。つまり、そのときには、むしろ、私たちをほっとさせ、私たちに喜びやくつろぎを送り届け、愉しみを伝達する、解放感のある営為が、生き甲斐として感受されているのである。

人間が、慰めを求め、気散じを喜び、にこやかに笑い、くつろぎ、楽しみごとを欲することは、否定することができない。言い換えれば、人間は、さまざまな形で、愉悦や快楽、慰籍や放念、忘却や遊戯を好み、また、偶発と無垢、出会いと邂逅、無拘束と放恣、浮気と軽眺、伊達と粋、冗談と娯楽、風刺と笑いを楽しみ、やがては、虚構美や頽廃、空想や飛躍の境域に遊び呆けることを愛好すると言ってよい。パスカルが指摘したように、人間は、小さなことで傷つきやすいので、だからこそ、また、小さなことで慰められもするのである。したがって、人間は、憂さ晴らしの密かな楽しみのないまま、永いこの憂き世を渡ってゆくことができないのである。

萩原朔太郎は、かつてこう歌った。

ふらんすに行きたしと思へども
ふらんすはあまりに遠し
せめては新しき背広をきて
きままなる旅にいでてみん。
汽車が山道をゆくとき
みづいろの窓によりかかりて
われひとりうれしきことをおもはむ
五月のあさのしののめ
うら若草のもえいづる心まかせに。

若草の萌え出る五月に、気ままな旅に出て、自分一人で、密かに、嬉しく楽しいことを空想して、期待で胸弾ませる心地になってみたいというこの心境は、気晴らしを求める人間の、実は悲しい存在を見事に映し出している。

北原白秋は、「あそび」と題する詩の最後で、こう歌っている。

せめてただ、さみしく、高く、
われはただ遊びほけてむ。
遊びほけ、遊びわすれむ、
涅槃《ねはん》のその真澄《ますみ》まで。

死に至るまで、自分は、寂しく、また高い諦めの心をもって、遊びほけて、憂き世を過ごしたいと、この詩人は歌っている。こうした境地を純粋に結晶させると、同じく北原白秋の「雀よ」という詩が生まれてくるとも言える。

おお、雀よ、
目がさめたね、

雨があがったね、
木槿《むくげ》が白う咲きだしたね、
涼しい空だね、
朝涼《あさすず》だね。

おお、雀よ、
飛んでいい、飛んでいい。

死ぬべき自己を自覚すれば、自然のいのちの純真さへの感動が生まれてくる。生の憂愁は、一転して、自然賛歌となり、自然とともに遊戯する境地へと人を誘うのである。実際、ニーチェが示唆したように、万物は、生成の無垢を、ただひたすら、どこからも、どこへともなく、自由に遊戯しているとも言える。天空と大地の間、そこには神々しいいのちが漲っており、ニーチェの愛したヘラクレイトスが言ったように、万物は、「戯れる子供」として、永遠にその無目的な運命を遊戯しているだけであるのかもしれない。宇宙万物の意味と目的を考えても、とうていそれを摑めない有限な人間的知性にとっては、万物流転のいのちの滾《たぎ》りを、そのまま肯定し、遊戯し、活動し、競って楽しむこと以外に、なんの生存の意味もないとする自由闊達な諦念の境地は、ここから生まれ出てくることが明らかである。

けれども、人間は、ただ遊び呆けるだけの境地に浸っているわけにはゆかない。否、遊戯や気晴らしや気ままな奔放さが、解放感をもたらしうるのは、他方で、有意義性と意味に向けた人間的努力の労苦の日常が、重く万人にのしかかってきているからである。しかも、死にさらされた、不自由で辛苦にみちた、色褪せた生存の日常的現実が感受されればされるほど、しばしの間、そこから眼を逸らした解放感への憧れが、気晴らしの遊戯や、日常性からの脱出や、自然の無垢への讃美を、人間のうちに呼び起こすのである。人間が、根本的に、憂い多い生存の虚無と無常を実感するからこそ、日常性を離れた気晴らしの楽しみや、遊戯する自然の美しさが、しばしの間の慰めとして機能するのである。

したがって、生き甲斐は、根本的に、重い運命愛の意識に担われた、死に場所への覚悟というものと深く関係している。しかし、他方では、それは、ときにはそれを忘却した、放念と遊戯と飛翔のうちで、自己の快癒を図る悦楽の解放感とも接続していることは確実である。この大きな振幅のなかで、私たちの生の営みは展開している。そして、むろんのこと、生き甲斐の究極の本質は、自己の人生の意味いかんの問題として、最終的には、絶対者への問いと結合している。

## ◉第七章　仕事

### 1　仕事の喜びと苦しみ

生き甲斐を求めてゆく私たちの人生の歩みは、仕事というものを抜きにしては考えることができない。私たちの人生の大半は、仕事との関わりのうちで過ぎてゆく。なんらかの仕事に携わり、広い意味で労働し、労苦を重ねて生きるということが、人生の実態をなしている。しかも、ヒルティが言ったように、仕事に励んで、よい成果を挙げるべく、日夜、心を砕き、勤勉に働き、時間を大切に使って、規則正しい生活を送ることのうちに、現実の社会における私たちの幸福感の大部分が依拠しているということも、真実である。というのも、なんらかの仕事に携わるということは、自分が世の中から除《の》け者にされずに、むしろ、有用な者として求められ、その貢献が期待され、したがって、それに応えてなんらかの役割を果たし、世間に寄与することができるということは、人間の自己意識にとっては、自己の存在の意味を確認することのできる最も直接的な徴《しるし》であり、また喜びであることは、疑いようのないことだからである。

もちろん、そうした仕事における労苦のうちには、失敗や挫折、困難や事故、予期せぬ妨害や災害、さらには競争や不運など、実にさまざまな心労の種が含まれていて、人生の現実が容易ならぬものであることが、誰にでも、ひしひしと実感されてくる。人生における懐疑や煩悶、疑心暗鬼や気鬱《きうつ》は、多くの場合、仕事をめぐるトラブルや、そこに絡んでくる陰湿な人間関係に起因するものであることは、否定することができない。けれども、そうした暗鬱な影にもめげずに、自分の関与する仕事の有意義性を確信して、少しでも前進し、実りある人生行路を切り開こうとする人にとっては、やはり、仕事を措いて、人生の実質上の道程は考えられないことになるであろう。そして、もしもその人が、強い信念の持ち主として、どんな障碍にも屈服せずに、この世界では善が勝ち、道徳的な世界秩序が実現してゆくはずだと確信することができるならば、たしかにヒルティも述べたように、その人にとっては、仕事を通じた人生の意味と幸福が、力強く確認され、労働の喜びが増すであろう。

もちろん、現代では、世界の道徳的秩序の存在確信を揺るがすような、不幸な事故や紛争、対立や葛藤、無情で残酷な現実、人権の侵犯や冒瀆、残忍な利己主義や他者排除の偏見が、大手を振って罷り通っている。その意味で、人間的現実は、いぜんとして、救いがたく悲惨であることをやめてはいない。しかし、だからといって、労働し、仕事をし、社会のなかで厳しく、揉まれながらも、自分なりの役柄と職責を発揮することに邁進するという職業や仕事への意欲を、私たちは放棄し、断念することはできないであろう。私たちにとっては、仕事の場所がなく、社会に対する貢献の窓口がなく、世の中から締め出されているということは、生存の意義を喪失することと同義の事柄と感受されているからである。

## 2　労働の公正さ

したがって、なんの仕事もせずに、他者に甘え、依存し、さらには寄生し、怠惰と無為と自堕落のうちでこの世を送る者を、人間は、一般に、迷惑で厄介な無頼の徒として、嫌悪するものである。そうした人間の心理の綾を捉えて、ニーチェは、かつて、こう言った。「怠け者はあまりすることがないので、友人たちのすることなすことをあげつらい、しまいには干渉してきて、厄介な人物になる」から、「働き者とだけ友情を結んだほうが利口である」と。世の中の仕事に就いて、そこで、人間社会の仕組みや、複雑な人間関係や、人間の営みの慣習や通例について経験を積むことが、人間の相互理解の大きな基礎となることは確実である。そうした訓練をかいくぐったことのない人が、世間知らずの我が儘《まま》によって、他者に対して迷惑を及ぼすことが多いのは、私たちが日常しばしば味わう体験の事実に属するであろう。

むろん、そのことは、いまだ仕事に就いてない子供や、あるいは専業主婦や、さらには身体障害者や病者や老人を、仕事に無関係な者として位置づけることを、断じて意味してはいない。むしろ反対である。

未就業の子供や青少年たちこそは、将来の立派な社会的仕事のために、目下まさに、学習中の身の上の者たちであり、人間社会の時間性や歴史性を考慮すれば、これらの若者たちこそが、将来世代を担い、未来の仕事を背負って、未来社会の中心的役割を果たす人材であることは明らかである。

また、専業主婦と称される人々こそは、夫の仕事を助け、家庭を守り、子育ての使命を果たし、次世代を養育して、将来社会の基礎となる人々を生み出すという、重要この上もない任務を担い、人間社会に貢献する人々であることは付言するまでもない。彼女たちこそは、人類のあらゆる営為の原動力であり、その生みの親であるとさえ言える。

さらに、不幸にして身体障害者となった人々こそは、これまでの社会の不平等や偏見を是正して、真に公正で暖かい、より人間味のある社会を実現するための起動力であり、人間社会の仕組みや仕事のあり方を改善してゆくための目標であり、基軸である。相互理解に富み、暖かさと気配りにあふれたヒューマンな人間社会の構築は、ハンディキャップを背負った数多くの人々が、適切な仕事に就き、労働の喜びを享受し、その持てる力を存分に発揮して、人間社会に寄与しうるような制度を、極力創出するという努力を介してのみ、初めて実現されうるであろう。

加えて、病気に悩み、老いに苦しみ、弱い立場に立つ人々こそは、現実社会の欠陥と問題点を鋭敏に察知して、より人間的な共同存在のあるべき姿を感知しうる人々であり、社会福祉と社会改良に向けた現代人の努力の目標であると言ってよい。およそ、社会のなかで、不利益を蒙りやすい、弱い立場に立つ人々こそが、人間社会の現実の光と影を認知しうる力を最も多く所有している。既存の社会のなかで、しかるべき権力や影響力を行使しうる立場にある人々は、みずからの尺度で物事を割り切ってしまい、現実の真相を見誤る危険性を多分にもつ。私たちは、強者の奢りを戒め、弱者の鋭い批判に耳を傾け、人間社会の公正な建設のために、最大の努力を払わなければならない。

## 3 仕事と労働の諸相と明暗

こうした重要な意味をもつ仕事というものは、言うまでもなく、そのうちに、多様な局面を内蔵している。

社会のなかに巣立ってゆく者は、まず何よりも、将来の仕事と労働のための基礎的な知識や能力を学習しなければならない。今日の複雑で高度となった社会のなかでは、それは、ほとんど一生にわたった生涯学習という形をとる。たえず、自分を磨き直し、知見を高め、社会機構について理解を深め、こうして持ち場に応じて適切に仕事に従事しうるためには、人は、学習と研鑽のための不断の労苦をけっして怠ってはならず、拒絶してはならない。

また、仕事は、今日多くの場合、特定の職業、つまり、社会全体における分業体制と結びついて初めて、実質的に遂行されるという具合になっている。現代においては、職業労働によってようやく、人は、みずからの生計を立てることが可能になってゆく。こうして、口を糊《のり》し、身を立て、自活して生き、職業労働をとおして社会活動全般に参画し、複雑多様な人類的営為全体の一角に立ちながら仕事をすることによって初めて、人は、自己と社会の存在意味に関する理解の糸口を摑むことができる。

しかし、さらに、人間は、そうした活動を通じて、死に至るまでの自分の生存を考えるとき、自分の一生の仕事は何であったのかを省みざるをえなくなる。言い換えれば、人は、自分のライフワークというものについて熟思せざるをえない。それは、仕事を通じた自己の存在の意味という問題にまで発展してゆく。そうした考量は、人類ないし人間存在そのものの意義、その文化と社会の形成過程の労苦と成果一般の究極的意義や目的といった大問題にまで進むであろう。

さて、いま、かりに、生計のための仕事と、一生の仕事とが、分離せずに合致している人があれば、その人は、たとえ多くの労苦があったとしても、少なくとも、その二つが分断している人よりは、より幸福な状況にあると言えるであろう。しかし、多くの人にとっては、口を糊するためのやむをえない働き口と、自分の本来の趣向や人生の目的とが、分裂しているのが普通である。たとえば、森鷗外でさえも、昼間は、軍医として本務に忠実に励み、夜は、作家として生きるべく、深更《しんこう》まで、熱心に筆を執って、作品を仕上げていった。こうした心理的な二重生活の労苦を強いられる人は、現実にも数多くいると思われる。それゆえに、本心では意に沿わない職種でありながらも、それを失えば生計に困るという余儀ない事情から、生活の糧をうるために、多くの場合、やむをえず、職業的な仕事や義務が耐え忍ばれているといった事情が通例であるように察せられる。これは、たいへんに不幸なことである。

かつて、マルクスは、自然に働きかけて文化を造るという普遍的な意義を担った労働が、現代社会では、逆に、わずかに私的生活を維持するための手段になりさがっているとして、そこに労働の自己疎外を見出し、これを批判した。加えて、労働によって造り出された貴重な成果も、商品として市場に売りに出され、自分のものではなくなってゆく。また、労働や仕事に伴う苛酷さは、人間と労働とを分裂させ、その結果、仕事や労苦への嫌悪を、人間に生み出す。さらには、労働や仕事に伴う競争は、人間同士の反目を誘発し、人はみな猜疑心《さいぎしん》に駆られる。マルクスはこんなふうに述べて、周知のように、現代社会における労働の自己疎外という問題点を指摘した。

たしかに、そうした問題群を克服して、より人間的な経済的な社会制度を構築するという努力が、現代の私たちには課せられていると言ってよい。マルクスは、高等学校を卒業するときの作文で、職業の選択に当たっては、自分としては、できるだけ自己自身の完成に繋がるとともに、人類の福祉のために役立つような職業に就きたいと告白していた。しかし、同時に、「社会における私たちの境遇は、私たちがそれを決定しうる前にいくらかすでに始まっている」として、マルクスは、自分の思いどおりにはならない社会の現実的状況を直視していた。実際、現代の私たちにとっては、職業や仕事の選択とか、その働き場所は、自分の思いどおりにはならない不自由と拘束、隷属と屈辱という、無念な状況と裏腹になっていることが、たいていの場合であると言わなければならない。

けれども、どんな職業や仕事も、少なくともそれが社会のなかで有意義な機能を発揮している有益なものであるかぎりは、社会全体の構造のうちにその成立根拠をもっているものである。それらは、社会的に求められ、需要のあるものだからこそ、成り立っているのだと言える。その意味では、有用な職業や仕事や労働は、その種類はさまざまであれ、社会的意義のあるものだと言わねばならない。

たとえば、エンゲルスが言ったように、人間は、何よりもまず、食べたり、飲んだり、着たり、住んだりしなければならない存在者であるから、どうしても物質的な生活手段の生産に携わらざるをえない。そうした衣食住のための生産活動が、農林水産業などの第一次産業の成立を促し、また、さまざまな製造業・建築業・鉱工業・ガス・電気・水道業などの第二次産業を生み出し、さらには、商業・運輸・通信・金融・公務・サービス業などの第三次産業をも発展させてゆくと言える。こうして広範な社会的労働や職業や仕事の諸相が成り立ってゆく。けれども、こうしたいわば土台となる経済的社会構成のなかの活動にとどまらずに、さらに、私たちは、政治や法律、国家や共同体、学術や文化、道徳や教育、芸術や宗教、言語や思想などの構築という、高度な精神的諸活動を行い、その理念や理想の光に照らして、逆にむしろ、物質的な生活手段の生産における生産力や生産関係についても、合理的な熟考をめぐらし、政治や経済や社会の場面におけるヒューマンな歴史的展開を実現するために、身を粉にし、精魂を傾けて、全人的労苦と仕事に勤《いそ》しむことを、人間としての本務と心得て生きてゆく。あらゆる有意義な職業や仕事は、このような全人間的な営為の総体の一環を占める形で、遂行されていると言える。

さらに、現代では、こうした職業や仕事に関して、いろいろな変化が現れている時代でもある。日本に通例であった終身雇用制は、次第に、能力中心主義や社会的モビリティを図る動向に取って代わられ始めた。また、男女共同参画社会の実現に向けて、性差を越えた平等な勤労社会の構築が求められている。加えて、福祉やゆとり、暖かさや人間的交流、相互扶助やボランティア活動が重視され、社会保障制度の充実が望まれている。その上、そうした労働環境のなかで、適正に世代交代を図って、定年とともに第二の人生に踏み入り、有意義な仕方で、高齢化社会のなかで老いを迎え、死に臨むことが、現代人の大きな人生設計の精神的課題となってきている。そこには、もちろん、年金や福祉や介護や末期医療の諸問題が関わってきている。さらに、そのときには、人間は、改めて、たんなる職業としての仕事を越えて、自分の一生の仕事、その生涯の意味という大きな問題にぶつかり、ひいては、人間における労働と仕事一般の意味について思索することを余儀なくされるのである。

## 4　仕事と労働の根拠

仕事や労働の射程は大きく、容易には見通せない。けれども、そうした活動の成立根拠の根本について、なにほどか反省的熟考をめぐらすことは必須である。

かつてヘーゲルは、生死を賭けた闘争に敗北してわずかに奴隷として生きることを許された屈辱の隷属的敗者が、主人の命令に服従し、主人に奉仕すべく、せっせと畑を耕し、対象に働きかけ、自然を支配する知恵を磨いてゆくことのうちに、人間的労働の基本的成立基盤を見た。しかも、そうした奴隷こそが、やがて実質的に、自然支配の知恵を身につけて自立し、かえって主人はその奴隷なくしては生きられないという依存的位置に転落するという逆転を、ヘーゲルはそこに看取しさえした。

ここに見られるように、死に脅かされた人間が、必死になって、いわば奴隷的境遇のなかで、対象支配の知恵を身につけ、自然の仕組みに通暁して、自立性を獲得してゆく、服従と奉仕に根ざした積極的労苦のなかに、人間にとっての労働や仕事の原初的意味が存していると言える。言い換えれば、人間は、無知と怠惰にうつつを抜かしていれば、自分の墓穴を掘ることになるという死の恐怖から、自己の生存の確立に向けて、対象支配の知恵を学習して、自己の生存の場のなかに自立性の痕跡を打ち立ててゆかざるをえなくなるのである。

もっと言えば、ぼんやりと、あるがままの即自的状態のなかで眠っているのではなく、自己意識的に、つまり対自的に、客観的世界を把握し直して、そこに自己自身の活動を刻み込んでゆくという精神の能動的営為のうちに、真の人間らしさがあるとする人間観が、労働と仕事の根底に伏在すると言ってよい。そのことを、さらに敷衍すれば、人間は、素朴な自己であってはならず、知恵を磨き、学習を積んで、教養を高め、共同社会と自然的世界のなかの普遍の法則を摂取し、あるいはそれに自分を従わせ、自己を、どこにでも通用する普遍性をもった人間へと教育してゆかねばならないということになる。

ヘーゲルは、教養を積むことを、素朴な自己が失われてゆくという意味で、自己疎外と呼んだ。しかし、そうした自己疎外ないし自己超克は、普遍性へと高まってゆく精神の発展の必然の行程として、自己形成の厳しい鍛錬の過程を、必須で不可避の意義を担ったものとして捉えたということを意味する。ヘーゲルに先立つシェリング以来、あるいはフィヒテ以来、早くから、人間的自我や精神は、無活動の状態にとどまるのではなく、むしろ、対立物や困難を克服して、それを自分の自己実現の過程のなかに組み入れてゆく運動と発展の主体と捉えられていた。換言すれば、人間的自我や精神は、対象的世界のなかへと自己の活動を客観化して、そこにみずからの活動成果を刻み残すという仕方以外には、真には存在することができず、さもなければ、自己の実在性の証を立てることができないものと見なされたのである。つまり、素朴な自己の主観的なあり方のうちに眠り込んでいるのではなく、それを否定して、むしろ、自己の活動を客観化して外へと表現し、客観的成果を打ち立てるという否定の作業を通じてのみ、自己や精神は、顕在的にその実在性を確立しうるというわけである。ただし、そのように客観化されると、自我や精神は、一定の限られたあり方や姿に固定されてしまうから、自我や精神は、さらに、そうした限定された客観的形態を否定し、乗り越えていって、もっと高次の自己実現を目指して、どこまでも進んでゆくと見なされた。したがって、精神は、否定の否定を通じて、発展してゆくものと捉えられたわけである。

こうした考え方の根底には、人間の自己意識の二重性の自覚が、潜んでいる。なぜなら、自己を意識するということは、そこに、見る自己と、見られる自己との、分裂・対立・二重性がすでに胚胎するということにほかならないからである。したがって、自分の活動性は、それが対象化・客観化されなければ、自己にとっても、他者にとっても、見えるようなものとならないわけである。そうした客観化された形態のうちには、一方で、当の自己の活動の痕跡がなにほどか刻み残されてはいるものの、しかし他方では、それが限定されたものであるために、やがて当の自己自身は、それに飽きたらずに、さらにそれを乗り越えて、より高次の自己自身の客観化へと向けて努力してゆかざるをえない、ということになるのである。こうして、自我や精神の発展構造のなかには、当の自己の客観化ないし表現としての自己の作品化、精神の客体化、そうしたものとしての仕事や労働の成果が、必然的に組み込まれねばならないということになる。仕事や労働は、精神の自己実現の形態として、その必然的な意義をもつことになるわけである。

しかも、そうした精神の自己活動の客観的表現は、他者とともにある共同社会のまっただなかで行われる。したがって、その客観的表現や成果は、共同社会全体の相互的な精神的営為の客観化作用の総体の一環として位置づけられ、そのうちに組み込まれて、そこで種々様々に、否定的にも肯定的にも、評価され、活用されて、普遍的な仕組みのなかに全体化されてゆく。したがって、いかなる仕事も労働も、たんに個別的なものの次元にとどまらずに、その意義と機能に応じて、いろいろな仕方で、普遍的な世界の人間的営為に接続してゆくことになる。個別は普遍を離れてはありえず、また逆に、普遍は必ず個別化されなくては具体的現実とはならないのである。したがって、誰もが、その労働と仕事を通じて、世界全体と繋がっており、その大きな活動の一翼を担い、社会的役割を演じていると言わなければならない。

もちろん、そうした仕事や労働の射程は広範である。かつてプラトンは、欲求と気概と理性の三層からなるものとして、人間個人を考え、したがって、欲望を節制し、勇気の気概をもち、知的理性に従って生きる人間のあり方のうちに、魂の正義が成り立つと見た。そして、彼は、それを、人間の国家社会の構造にも拡大して構想し、物質的生産に従事する庶民階層と、国を守る勇気ある軍人階層と、知恵ある哲人が統治者となって活動する政治家階層とを区別して、これらが調和的に機能する理想国家を、正義の実現と見なした。あるいは、近代になって、ヘーゲルは、家族生活を営む人間のあり方を出発点として、そこで育てられた青年が、やがて市民社会のうちで活動すると考え、その市民社会のうちでのさまざまな特殊的利益を目指す諸活動相互の相剋《そうこく》への自覚から、ついには特殊性と普遍性とを調停した理想国家の実現に向けて、人間の歴史は進んでゆかねばならないとする見方を提唱した。

こうした例示からも明らかなように、人間の共同社会における諸活動と仕事と労働は、究極的には、正義の実現、言い換えれば、人間の自由や平等や公正の実現としての理想国家、あるいはそうしたユートピアの実現という問題意識に収斂してゆくと見てよい。そうした正義の理念が、経済的、政治的、文化的に、多様な要因を孕みながら、万人の合意と承認を達成しうる仕方で、この地上の人間社会のうちで達成されたならば、そこに、人間の諸活動の成果と仕事、労働と辛苦の交流と交換が、実効ある仕方で成就すると言える。

しかし、現実は、どこにおいても困難を極めている。おそらく人間は、果てしなく、仕事と労働をめぐる葛藤の解決に尽力することを要求されるというのがその実相であろう。国家や社会に関する諸制度の樹立によって、人間的問題を解決し終えると見なすことは不可能である。なぜなら、それらは、あくまでも外的条件にとどまり、永遠に不完全だからである。人間は、最終的には、自分の置かれた現実の状況のなかで、無限の努力によって、仕事や労苦にまつわる諸問題を、非力さに耐えつつ、解決するよう精進する以外にはない。最終的には、人間は、みずからの運命を生きるよりほかにはないのである。そうした宿命を予感しつつ、それでもなお、みずからの理想とする事業と、眼には見えない幻影としての理念に向けて仕事し、労働し、けっしてひるまず、報われることの少ない人間的労苦の世界を、それでもなおひたすら、愛の心に横溢して生き抜くことのうちに、私たち人間の生存の意義が存するであろう。

## ◉第八章　孤独

### 1　孤独と共同存在

人間は、究極的には、孤独な存在である。また、人間は、その孤独を大切にしなければならない。

もちろん、私たちは、いかに他者と断絶し、隔絶した境域に身を置こうとも、この世の中の共同存在のしがらみから完全に脱却することは、不可能である。どんなに隔離した孤島に逃げ出そうとも、また、どれほど憂き世から隠遁しようとも、あるいは、いかに係累のない独り身の境遇に実際上陥ったとしても、やはり、私たちは、みずからの生老病死や衣食住の条件に関して、結局は、共同社会の関係の網目に依存するよりほかには、生存することもできないし、また死んでゆくこともできない。私たちの存在とその生死のすべては、社会的に登録され、位置づけられている。たんに形式的にでなく、実質的にも、社会的な絆が断絶されれば、私たちは直ちに、みずからの生存の危機にさらされるというのが、現代人の宿命であろう。共同存在のさまざまな機構は、いかなる孤立の境涯の身の上にも必ず関わりをもってくる。その意味で、他者との完全な絶縁・断絶・隔絶という意味での孤独は、この世の中では存在することができない。孤独は、あくまでも共同存在の場のなかでの孤独であるよりほかにはない。

しかし、いかに共同存在の網目が張り巡らされていようとも、人間がみずからを孤独なものと感じるということは、十分ありうる。否、それは、人間の存在構造からして、必至であると言わねばならない。

なぜなら、そもそも私たちは、いかようにしても交換することのできないそれぞれ別々の個人として存在しているからである。私たちは、誰もがみな、それぞれ一定の皮膚によって囲まれた、別々の個体として、生存している。いかに血を分けた肉親同士でも、それぞれの人が、別々の個体として、個性的特色をもった心身の資質において、生存の営みを行い、また、別個の人格として、社会のなかで文化的な行為を行っていることは否定することができない。言い換えれば、それぞれの人は、かけがえのない、代替不可能な個々人として、この世の中に生み落とされて、当のその自己自身を背負って、一個体ないし一人格として、それぞれ別々に生きているわけである。そうした一人一人別々の個体として、私たちは、他人事ではない、それぞれ各自の人生を生きているのである。そうした意味で、レヴィナスが指摘したように、私たちは、一人一人別々の存在として、孤独という運命を背負っていることは、存在論的根源をもった事柄だと言わねばならない。

## 2　自己の尊厳と孤独

しかも、その際に、よく考えてみれば、私たち各人のさまざまな思い煩いは、その希望や期待、苦しみや喜び、思念や想念、意欲や感情のすべてにおいて、当の本人自身には、その隅々に至るまで、これほど自明で、身近で、熟知のものはないと感ぜられるのであるが、しかし、その味わいの微妙で本質的な点においては、とうてい他の人々には窺い知ることのできないきわめて私秘的なものであることも、明らかである。他の誰にも分からないこの自己自身の生を抱いて、誰もが、自分で自分と向き合いながら、自分の存在を背負って生きねばならないという絶対的な自己性すなわち孤独が、人間的自己の存立を彩っている。

なるほど、私たちは、親しい間柄の者同士においては、相互に心の底を打ち明け合い、互いに共通した共同の生活過程を生き、また体験することがありうる。けれども、たとえば、深刻な病気とか肉体的苦痛とかの場合には、結局、その心身の苦痛は、当の本人自身のみがこれに耐えて、その人自身が、たった一人で、悩み、苦しみ、ときには大手術の苦悩に耐えて、これを乗り越えねばならない。およそ苦悩は、人を絶対的に孤独にさせる。さらに、これを押し詰めてゆけば、私たちの誰もが、それぞれ別々の人生を生きており、最後には、たった一人で自分自身の死と向き合わねばならない。死は、当の本人自身が、自己の無化、つまり非存在への転化に直面して、それをみずから一人で引き受けねばならない絶対的に代理不可能な出来事である。要するに、私たちの生存は、この世の中に生み落とされてから死に至るまで、ほかならぬ各自自身の絶対的に個別的な存在の刻印を帯びている。そうした存在論的な意味合いにおいて、私たちは、徹頭徹尾、孤独な存在者であるという宿命的な根源的事実は、なんとしても拒否することができないであろう。

したがって、人間は、根源的に孤独な存在者である。この事実は、正しく受け止められねばならない。往々にして、人は、孤独を嫌い、孤独という言葉さえ忌み嫌って、容易にはこの語を発する勇気すらもたない。その代わりに、人は、他者との連帯や共感や同情、つまり、大勢の仲間同士での共同作業を、なんとしてでも、美しく、素晴らしく、喜ばしい事柄と誉め称えて、表面的には、その仕種を真似ることで競い合っている観さえあるほどである。けれども、それでいて人は、たいていの場合、その蔭で、実は密かに利己的な目的を抱いて、人を出し抜き、裏切り、騙し、浅ましい仕方で立身栄達に狂奔し、他者を貶めて、我欲追求に驀進している。その意味で、人間とは、油断のならない生き物であると言える。生き馬の眼を抜くような競争と他者排除が、共同存在の美名の蔭で暗躍しているのが、人間社会の実状であると言って間違いない。

それだからこそ、私たちは、人間の存在の根源である孤独という尊厳を、改めてしっかりと見守らねばならない。つまり、世俗の利害関係に眼を奪われて、集団ごとの離合集散を繰り返し、昨日の敵は明日の友、明日の友は再び明後日の敵とばかりに、疑心暗鬼のなかで、一時的な徒党を組んで、かりそめの連帯を謳いながら、その蔭で、利己主義に伴う裏切りと瞞着《まんちゃく》に明け暮れ、挙げ句の果てには、不信と疑惑と愛憎の葛藤の渦巻く修羅場で血みどろになり、満身創痍の苦しみを味わうというのが、人間的社会集団の定めだと言えるであろう。したがって、こうした利己主義者同士のあくどい闘争の汚泥に染まらない、自己の孤独における尊厳と純粋さを、人は、現代において改めて学び直さねばならない。

## 3　孤独の大切さ

ニーチェはかつて、孤独を「私の故郷」と呼んで、その至福にみちた優しさを讃えた。孤独が終わるところ、そこに「市場」が始まり、世間の大人物や大俳優たちの騒々しさが耳を圧し、毒をもった蝿たちのうなりが聞こえ、小人物たちの刺が私たちを突き刺す。そうした騒がしい市場を離れ、海辺に出て、高い品位をもって沈黙し、岩陰にそびえ立つ大きな樹木を見よう、とニーチェは誘う。その樹木のように、静かに耳を澄ましながら、存在の声を聞こう、とニーチェは促す。そのとき、ニーチェは、「孤独」の素晴らしさを、「私の故郷」と呼んで、その声が、なんと優しく、また至福にみちて、自分に語りかけてくるか、ということを打ち明ける。ニーチェは、そのとき、あらゆる「存在」

が、「言葉」となって自分に開かれてくると言い、存在の内奥の秘密を宿した言葉の小箱が、一気に開かれ、ありとあらゆる生成流転が、その秘義を語り始めようとするかのようだ、と告白している。

このニーチェの体験は、すべての人間の経験だと言ってよい。言い換えれば、孤独とは、そこで私たちがほんとうの自分を取り戻し、改めて純粋に、自己自身と世界と人間のすべてを見直し、存在の真相に触れ直す瞬間なのである。実際、私たちは、物事のほんとうの姿が何であるのかをよく熟慮しようとするときには、世間や俗事の雑音を一旦は遮断しなければならないことをよく心得ている。

たとえば、他の人々と大勢で、がやがやわいわい騒いでいるときには、私たちは、ほんとうに自分らしく純粋に物事を見直し、考え直し、正しく事態を把握する余裕や冷静さをもつことができない。人間はそれほどまでに非力なのである。実際、パスカルが言ったように、どんなに頭脳の優れた人でも、眼の前で蝿がぶんぶんうなりだしたら、気分を乱され、思考を中断させられてしまうのである。私たちが、本を読んだり、勉強しようと思ったりするときには、私たちは、誰にも邪魔されないように、一室に閉じこもったり、図書館で静かに集中したり、一人になって熟考する孤独の時間と場所を、どうしても必要とするであろう。孤独とは、そのように、世の中の動きに引きずり回される自己喪失状態をやめて、ほんとうの自分らしさを回復する瞬間と場所を用意し、改めて、自己を見直し、他者との関わりを考え直し、世界と存在のすべてに思いを馳せようとする、存在の真相に身を開くきわめて大切な時間なのである。

## 4　孤独と内面性と存在の真理

フッサールという現象学者は、物事のありのままの真相を、偏見なしに捉えるためには、私たちは、日頃、われを忘れて自己忘却的に、そこへと理論的実践的にさまざまな利害関心をもって没頭している日常的な世界への関わりを、思い切って、中断し、遮断して、改めて、自己と世界との関わりを反省的に見つめ直すことが、どうしても必要だと考えた。これを、フッサールは、現象学的な判断中止（つまり、エポケー）ないし遮断と呼び、こうして世界への関わりを中止することが、むしろ、世界を、そのありのままの真相において捉え直すための必須の方法的態度であるとして、これを、現象学的還元と名づけた。

しかも、こうした方法的態度によって、フッサールが狙ったのは、そのようにして事象を見つめる現象学者に、ありありと迫ってくる、さまざまな物事の本質直観であり、その本質洞察なのであった。本質とは、当の事柄を、ほんとうの意味で生き生きとあり続けさせ、それの構成の要因となっているその肝腎の眼目、必須の契機であり、それは、その事柄の根底に潜んで、その種々様々な諸相を出現させる根本的かつ決定的な要因や構造をなすもののことである。それは、その事柄の真理である、と言ってもよい。こうした真相を見抜くためには、思い込みや偏見、自己忘却的な散乱や錯乱を遮断して、人間と世界を反省し直す自己集中への決意が必要である。「汝自身を知れ」という理念が、現象学的考察の根本に伏在することを、フッサールは認めていた。

自己自身とみずからの置かれた世界の真実を見るためには、外部へと向けた拡散した視線を、内部へと向け返す集中力が肝要である。そのためにこそ、まさに孤独な時間が必要なのである。けれども、そうした孤独を、たんに自分一個の狭い内部へと閉じこもることと解するのは誤りである。むしろ、反対である。内部とか内面性という場所は、自己を越えた大きな真理が、みずからに開かれてくる場所のことなのである。自己へと立ち戻って、一人静かに思索することは、存在の真理そのものの出現に対して、身を開き、それを受け容れ、聴取し、それに聴き従う瞬間への覚悟なのである。「汝のうちに帰れ。内面的人間のうちに真理は宿っている」と、かつてアウグスティヌスは言い、フッサールもこの言葉を愛惜した。しかしそれは、狭い自己の内部に閉じこもることではありえない。反対に、それは、外部の低俗な雑事から自分を遮断して、むしろ、より広くまた深い、大きな真理へと身を開き、自己を解放する瞬間なのである。

私たちは、普段、自分の周囲の出来事に対して、眼を開いてそれを見つめ、口角泡を飛ばして論戦し、自己主張と自己弁護と自己利益に狂奔している。けれども、一日が終わり、夕べの訪れとともに出来事を反省し直したり、あるいは明け方の薄明のなかで改めて熟考し直して、みずからの来し方行く末を静思するとき、私たちは、むしろ、眼を閉じ、口を閉ざして、沈思黙考するであろう。眼を閉じ、口を閉ざすことを、ギリシア語では、「ミュオー」という。「ミュスティシズム（神秘主義）」とは、そのように、眼を閉じ、口を閉ざして、深く沈思瞑想することをいう。私たちは、過去や将来や現在のさまざまな出来事を、むしろ、眼をつぶって黙考してこそ、その真相において捉えることができるのである。そのときにこそ、皮相な些事は消え去り、本質的な事柄だけが、深い追想のなかで私たちに開かれてくる。私たちは、そのとき、深い神秘な熟思において、自己と世界の存在の真相に沈潜する。荘子も、茫然自失の心境のなかでこそ、かえって、天の音楽を聴くことができる旨を語っていた。

そうした孤独における熟思の際には、むしろ、自己も消え、世界も消え、無心の境地、無我の境地、あるいは脱我の境地において、無と空の場所に立つ思いとともに、存在の真相が、心眼に映じてくるであろう。鈴木大拙が言ったように、無心こそは、真実と向き合う瞬間なのである。道元が言ったように、自己を習うことは、自己を忘れること、そして自己を忘れることは、万法に証されること、すなわち、真理に照らされることなのである。このような悟道のうちでこそ、仏道が見えてくるわけである。

かつてシェリングは、真実の知的直観においては、人は、自己を失い、自己の外へと置かれ、自己の場を捨てたその自己放棄、その脱我の忘我奪魂のうちでこそ、恍惚の驚きにおいて、みずからの無知のなかから、絶対的なものの影が立ち現れてくると述べていた。そこには、むろん、みずからの立つ位境の孤独さがつきまとってはいるが、そこには同時に、真理の光で照らされた、充溢した、開けた境涯が成立していると言ってよい。

いずれにしても、こうした存在の真相に身を開く場面としての孤独の高貴さと尊厳、その尽きることのない深さと新鮮さ、その解放性と喜び、そしてそれにつきまとう非力かつ有限な人間存在の孤影を、私たちは大切に見守らねばならない。

なぜなら、そこには、時を越え、場所を越えた、存在の永遠の影が射し込んでくるからである。人間は、この憂き世における生存のまっただなかで、いわば自己のうちに、あるがままの真実ないし自然（じねん）と向き合う孤独の僧坊を、抱懐していなければならない。世間を離れた山奥の僧院ではなく、憂き世のただなかにおいて、心のなかの僧坊を、私たちは、みずからの根底に深く宿して、たえずそこへと立ち帰って、自己と人生を見つめる時間をもたねばならない。そうでなければ、およそ、いつにおいても人間の品位は蹂躙されるであろう。

日本の古都には、静謐な雰囲気を湛えた、素晴らしい寺社がたくさんある。その僧坊や庭園を訪れれば、日本人の誰もが、身の引き締まる、清々しい思いをするであろう。それは、人間存在の根底に潜む無と空の場所に、孤独のなかで面座する如実《にょじつ》の体験を、いわば瞬時とはいえ、誰もがそこで、原初的に会得し、反芻して、蘇生するような新鮮さを味わい、生きる勇気を再確認することができる時間なのである。こうした孤独の時が、人間には絶対に必要である。

## 5　孤独の深さと人権

ニーチェによれば、落ち着いた人間の心のうちには「深い泉」があって、そこに石が投げ込まれても、その底に達するには時間がかかるという。そうした人は、端から見れば、反応の遅い、退屈な人と見えるのだが、そうした人こそは、外からの刺激を深く受け止めて、よく考える人なのである。そうした人は、孤独のなかで熟慮する。

西田幾多郎は、かつて、こう歌った。

わが心深き底あり喜も憂の波もとゞかじと思ふ

と。心の深い奥底は、そこに、すべての知情意の作用も、憂き世のあらゆる出来事も、みんな呑み込まれて、沈殿してゆき、いわば底知れぬ深淵のまま、自己を支える存在の根底としてどよめいている生命の大海、ないしはその尽きることのない源泉なのである。その心の奥底を孤独のなかで見つめつつ、自己を照らす根源的なものと面座する自己意識の極限こそは、自己の知を越えて、自己の存在そのものと融け合うであろう。

ショーペンハウアーは、いわばそうした世界の本質を見る天才な眼となるところに、たとえば、芸術家の真骨頂を見た。しかし、ショーペンハウアーによれば、そうした天才は、観照においては卓越していても、実際生活では不器用であるとされた。したがって、そうした天才は、狡猾な人間に弄ばれたり、騙されたりして、不幸に陥ることが多く、加えて、深く感動して、傷を負うことがしばしばであって、苦悩の絶えない人であることになる。言い換えれば、本質に深く沈思する人は、雑多で瑣末な出来事の間を怜悧に切り抜けることだけに意を注いでいる悪賢い俗物たちに、攪乱されることはあっても、けっして有益な助けをえられず、むしろ、彼らによって欺かれ、妨害されるという宿命を背負うのである。

それだけにまた、本質に沈潜する人は、通常の意味で、いっそう孤独になる。そうした人は、孤立無援のなかで、孤軍奮闘しながら、学問や芸術あるいは共同社会の理想のために殉じて、不遇のなかで斃《たお》れる、という生涯を送る定めとなるのが普通である。かつて、キルケゴールは、大衆社会の台頭を予感して、多くの人々が、張りつめた内面的情熱を失い、小利口な装いのもとで、皮相な外面的広がりのなかに気を散らして生きるようになり、誰一人として、真剣に決断することなく、不特定多数のなかに紛れ込んで、無責任に暮らすようになった現代という時代を批判した。いわば神の前に、単独者として立って決断する責任を回避することが、大衆社会の特質となったわけである。

　サルトルは、人間の実存する状況を、赤裸々に見つめて、そこには、自分で自分の人生を決断して生きねばならない孤独と不安と絶望がつきまとうことを明らかにした。というのも、人生の岐路に立って決断するときには、あらかじめ定められた自分の道はどこにも存在せず、人間は、あらゆるものから見放され、見捨てられた、孤立無援の遺棄の状況のなかで、不安の苦しみに襲われつつ決断しなければならないからである。そのときには、他者が、自分の決断に賛同してくれるという希望も存在せず、そうした意味で、拒絶に出会うという絶望的状況を覚悟して、人は生きねばならない。しかも、共同存在のなかでは、さまざまな他者のひしめく修羅場のなかで、その他者の面前に立って、その批判に耐えながら、自己の道をそれ以外にはない必然の道として、その普遍性を他者に説得するという社会参加の強い意志において、自己を打ち立て、確立してゆかねばならない。

　人間の生存は、そうした孤独と不安と絶望のなかで、見通せない不特定の無気味な大衆との対決の姿勢において初めて、どの場面においても、ようやく自分らしいものとして築かれうるのである。そうした徹底した個人主義こそが、真の意味での世界市民、コスモポリタンを生み出す基盤にならねばならない。さもなければ、不特定の集団の党派性とその偏見が、個々人の人格としての尊厳と権利を蹂躙して、数にものを言わせて、横暴に罷《まか》り通るだけのことになるであろう。私たちは、個々の人間の人格としての尊厳を守らねばならない。その個別性のうちにのみ、生命の普遍性は輝いているからである。そして、そのような人格の尊厳と権利は、深く、孤独のなかで、また、孤独に耐えて初めて、存在の真相と向き合う根源的な場所として、万人によって、擁護されなければならない。

## ◉第九章　愛

### 1　愛の苦悩

自己として生きる人生を省みるとき、そこに愛の問題が関わってくることは避けがたい。愛は、人生の最重要問題の一つである。しかし、愛ということで何を理解し、いかにその問題に態度を採るかについては、多くの意見がある。実際、愛の問題は、そこにさまざまな要素がつきまとい、けっして簡単な事柄ではないからである。私たちは、そうした点を考慮して、まず最初に、愛という事柄の何が、最も根本的に重要であるのかを考え直すことから考察を始めよう。

そのためには、まず、愛という漢字の造られた元の意味を捉え直すことが、適切な手懸かりを与えてくれる。実は、愛という漢字は、食べ物が喉につかえて、息が詰まることを表す「既」という字に、「心」という文字が付き、さらにそれに、元気がなく「静かに行く」という意味を表す「夊（ふゆがしら）・夂（すいにょう）」という字が追加されて出来上がった文字であると言われている。したがって、愛という漢字は、心が強く打たれて、息が詰まるような思いになり、切ない気持ちで、行き悩むありさまを表すために、造られた文字なのである。

このことは、愛の問題点のありかを、きわめて印象深く暗示している。というのも、それは、愛が、深い思い煩いに関係し、煩悶や苦悩、心慮や憂愁、憧憬や落胆、悲哀や嗟嘆《さたん》と結びついている現象であることを、示唆しているからである。愛は、通常そう思われているよりもずっと深く、人間の心の奥深い悩み事に関係するのである。

実は、しばしば、人は、愛ということを、愛くるしいとか、可愛いらしいとか言われる現象と、混同することが多いのではないであろうか。なにか、無邪気で、明朗で、快活で、撥剌としていて、愛嬌があり、愛好することのできるものが、愛の現象の眼目をなしており、だから、そうしたものに心惹かれ、また、それに魅力を感ずる心の作用が、愛なのではないかと、とりわけ、私たち現代日本人は、通常、思い違いをしているのではないであろうか。

けれども、愛とは、実は、その最も重要な本質においては、そうした表面的で感覚的な好みの問題ではないのである。そうしたものは、たんに趣味や選好、欲望や感情、嫌悪や愛好といった、感受性や感覚の次元の問題に関わるにすぎない。むろん、だからといって、そうした好みの問題が、人間にとって重要でないということではない。しかし、それは、あくまでも、愛という現象が含む、私たちの心の最も奥深い憂悶と関わる深刻な精神的問題とは、無関係の事柄なのである。

愛とは、むしろ、人生愛にしても、自己愛や他者愛にしても、自然や仕事や事業への愛にしても、恋愛にしても、神の愛にしても、問題となっているものを、深く大切に思い、それを慈しみ、人生の大事と考えて、その尊厳を守ろうとする、控え目ながらも持続的で強い根源意欲ないし生命意欲に関係するものであり、また、そのことに伴うあらゆる憂いと優しさと悲しさの情念のすべてであり、自己として生きる人間の根源に関わる根本問題なのである。

## 2　愛の不在

その点は、愛という語の代わりに、いま、むしろ愛情という言葉を使って、問題をもっと卑近な点から考え直すとき、事態がいっそう判然としてくることからも明らかである。

たとえば、もし、ここに、小さいときから、肉親の愛情に恵まれず、誰からも優しい扱いを少しも受けなかった人があったとすれば、多分その人は、心の奥底に深い傷を抱いて、その後ずっと人生を恨みとおし、表面は穏やかであっても、おそらく心の底では、一生を通じてずっと、他者に対して暖かい心をもつことができず、絶対に他人を許そうとはしないであろう。小さい頃に親の愛情に恵まれなかった人、また、周囲の人たちから嫌われ、いじめられ、除け者にされたと思っている人、さらに、長じてからも憂き世の労苦と意地悪な世間にもみくちゃにされて、何の優しい愛の絆をも構築することができなかった人、そうした人は、その原因が何であれ、その隠された心のなかで、人生を憎悪し、呪うことになるであろう。そうした人は、自虐や他虐の振る舞い方をする以外に、人生への構え方をすることができなくなるであろう。そのすさんだ心には、辛い人生に復讐する怨恨感情の爆発だけが、この世の慰めとなるであろう。

これは、ひとごとではない人生の最重要問題である。こうした否定的な感情は、多かれ少なかれ、誰のうちにも巣くっている心の病だからである。なぜなら、人間は、どこにおいても、厳しい人間関係のなかに置かれ、大なり小なり、この憂き世の荒波で傷つく経験を免れがたいからである。しかし、そうした傷跡を心の奥底にもつ人は、実は、それだけいっそう、優しい愛に飢え渇いていたのである。けれども、その望みの満たされなかった人生が、その人の心を蝕《むしば》み、狂わせ、氷のように冷たくしてしまったのである。愛が、たんなる感覚的な好みの問題でなく、私たちの人生態度のいかんに関わってくる、いかに重要な精神的自己意識の根本問題と直結しているかは、以上の点だけからも明瞭であろう。

## 3　愛の記憶と本質

もしも、そうだとすると、今度は逆に、私たちは、いったい、いつ、また、いかにして、愛の記憶を獲得し、その原体験を会得したのかという問いが、不可避になってくる。おそらく、私たちは、優しい愛の記憶の象徴的な原点を、ひたすらわが子のために無償の愛において献身する母性のなかに見出す以外にはないように思われる。むろん、母の愛の記憶も、人によって、まちまちであろう。しかしながら、根源的には、ひたすら、いのちを慈しみ、優しく幼子をかき抱き、愛情の限りを尽くして、子らのために献身する母性というものの記憶が、人間における愛の心の象徴的原点を形成することは否定できないように思われる。なぜなら、そうしたものがあったからこそ、人類はこれまで、そのいのちの営為を継続して、存続することができたからである。

おそらく、愛の根源は、象徴的には、そうした母性を介して人間に植えつけられるところの、無償の贈与、そのひたすらな献身のうちにあるであろう。いのちあるものに恵みを与え、それを慈しみ、見守り、育て、その無垢の胎動を大切にし、その侵すことのできない尊厳を守護しようとする、いのちへの優しい気遣い、その存在の絶対的肯定、それが愛であると言ってよい。そうしたいのちの見守りの働きが、さらに拡大されて生きとし生けるすべてのものに及ぼされて、あらゆるものをその存在意義において許し、承認し、助け、生かし、守護し、見守り、育て、養い、その存在の至福を祈念する働きのすべてが、愛という語によって含意されることになろう。そこに、万物を生かすところの神の愛といった観念も成り立つ。もちろん、そうした愛に、さらに厳しさも加えられてこそ、万物の生成が初めて可能になるという観念も、やがて成立する。シェリングの世界観などはその典型である。

しかし、いずれにしても、あらゆるものの、かけがえのない、その存在そのものの絶対的肯定が、愛の本質をなすと言える。したがって、この世に生み出されて、かりそめながらも、いのちある存在の恵みを許されたものを、そのあるがままの姿で、そのままに大切にし、大事と思い、その存在の意義を信じて、それを慈しむことのうちに、愛の本質があることになる。そこに、具体的な形における愛の諸相も成り立ってくる。人生への愛も、他者への愛も、自然や仕事や事業への愛も、恋愛も友情も、すべては、問題となっているものを、大切と思い、大事に育成し、控え目ながらも忍耐強く、持久力をもって見守るところの愛の本質的働きにおいて初めて成り立つのである。

それであるから、この人間社会における価値基準やその区別に従う表面的な差異を越えて、ひたすら、いのちあるものを、そのかけがえのない存在の事実において受け容れ、慈しむ絶対の愛が、万物の存在そのものを成り立たしめる根源であると信ぜられることになる。人間社会の差別を撤廃し、あらゆるものをその存在において絶対的に肯定する無限抱擁が、愛の理念をなすことになる。

おそらく、人間の存在の根底には、誰のうちにも、こうした愛の記憶が、潜在的に含み込まれているように思われる。なぜなら、それこそは、万物を存在せしめる原理として、あらゆるもののうちに深く伏在するところの、いのちの源泉だからである。この愛の記憶が損なわれずに、その後も継承され、拡充されてゆくとき、そこに、愛の心にみちた人間的行為の種々相が生み出されてゆく。けれども、不幸にして、その愛の萌芽が、踏みにじられ、蹂躙され、摘み取られ、ねじ曲げられた者は、憎悪と復讐の呪詛《じゅそ》を胸に抱いて、この世を破壊しようとする悪夢に突っ走る。いかに、愛の心が、私たちの人生そのものを根底から形成する根本的問題点をなすかが、これによって明らかである。愛は、存在の絶対的肯定に生きるか否かの岐路に立って問われる人生の根本的な態度形成に関わっているのである。

人間は、知性によってだけ生きているのではない。むしろ、愛の心に支えられた意志こそが、人間社会を形成する根幹である。なぜなら、いかに知能が優れ、また、いかに最先端の科学技術の知を所有していようとも、もしも、その人に愛の心がなかったならば、その人は他者を抹殺する破壊的武器を案出して、人間社会を攻撃し、破滅させる振る舞いに及びうるからである。愛の心に根ざし、万人万物を大切と思う優しさが、真のヒューマンな力となって、責任感あふれる仕方で培われ、育成され、実践されてこそ、人間的社会と歴史は、自然的世界をも含めて、ほんとうに保持され、生かされうる。知性よりも、愛と意志こそが、世界形成の原動力である。もちろん、知性による物事の客観的把握は、きわめて重要である。しかしそれは、ひとえに、愛と意志に支えられて初めて、有意義にまた有用に発揮されうるのである。知情意におけるこの根本的序列を、人はけっして見失ってはならない。

## 4　アガペーとエロス

かつて、ニーグレンは、キリスト教において、愛が、ギリシア語でアガペーと呼ばれて重視され、とりわけ神の愛が最も大切とされたときには、まさに、人間社会の相対的価値尺度やそれによる差別を撤廃し、それを越えて、あらゆるものにひとしく慈雨を注ぎ、太陽の光を恵み与えて、こうして万人万物をその存在意義において優しく見守り、かき抱き、許し、抱擁する絶対的肯定としての愛が、それによって含意されていたことを指摘して、愛の根本的意義を、この上なく鋭く抉《えぐ》り出した。

キリスト教では、人間は、この神の愛に触れて、さらに、この世で、互いに隣人愛において生きねばならないとされた。そのときには、神の愛にあやかって、人間は、他者を、その無限の存在において尊重し、いたわり、大切に扱い、慈しまねばならないことになる。パウロが言ったように、「愛は忍耐強い。愛は情け深い。ねたまない。愛は自慢せず、高ぶらない。礼を失せず、自分の利益を求めず、いらだたず、恨みを抱かない。不義を喜ばず、真実を喜ぶ。すべてを忍び、すべてを信じ、すべてを望み、すべてに耐える」のである。

そのときには、「隣人を自分のように」愛さなければならない。すなわち、そのときには、自分と同じように隣人のいのちを大切にし、何よりも、他者の侵すべからざる絶対的存在を肯定し、承認して、他者の尊厳を見守らねばならない。けれども、それは、自分の人生をまったく放棄して省みなくてよい、ということを意味してはいない。実際、キルケゴールは、キリスト教の隣人愛が、正しい仕方で自分自身を愛することをも教えていると解釈した。すなわち、それは、卑俗な自己愛を放棄することによって、かえって、むしろ、真の自己愛を教えている、とキルケゴールは見なした。

実際、人生を生きている者は、当の自己自身である。その自己自身のいのちの大切さを実感しない者が、他者のいのちの尊厳を理解することはできないであろう。また、他者のいのちの尊厳を理解しない者が、自己のいのちの尊厳を理解することもありえぬことであろう。言い換えれば、自己と他者をともに貫通して、根源的な愛の働きが、万人万物を生かす原理として作動していることを感受して、その尊さを実感してこそ初めて、自己と他者を、そのかけがえのない、いのちの大切さにおいて受け取り、その存在を相互に見守り、互いに共生し合って、この人生を生きる愛の精神の重要性が、ようやく自覚されてくるはずである。

フィヒテは、人間の根底に、人生そのものへの愛が、沸々と滾《たぎ》っていることを指摘した。誰もが、何かを大切と思い、それに人生の眼目を置いて、この世の有為転変を越えて、不滅の存在に触れ、それと合致して生きようとし、こうして人生の充実を求めていることをフィヒテは示唆した。その内容は、人によってさまざまであろう。しかし、そこには、愛の情熱において、自己自身の人生を生きる人間の深い憧れと望みが、横溢している。人生とは、その意味では、愛と意欲の燃え盛る情熱の炸裂であるとも言える。

ニーグレンは、こうした自己充実と自己向上を求める情熱を、プラトンに由来するエロス的愛と呼び、それをキリスト教的なアガペー的愛から峻別した。しかしながら、他方、たとえば、偽ディオニュシオス・アレオパギテースによれば、万物を生かす神のアガペー的な愛は、同時に、被造物のエロス的な憧れの対象でもあるとして、根源的な生命原理が、万物を自分のほうへと呼ぶとともに、それは、万物によっても慕われ、愛求されているとも見た。つまり、アガペー的愛は、エロス的愛と相関しており、それは、あらゆるものの存在を肯定する愛の働きの二面性にほかならないとされた。

言い換えれば、万物を生かし、それを絶対的に肯定するいのちの働きは、それ自身が、それみずからによって、大切に扱われ、自己肯定されなければならないわけである。そうだとすれば、私たち人間が、その存在を慈しみ、大切にするものを、情熱を傾けて見守り、そこに自己の人生の拡充や向上のありかを認めて、その追究に精進努力するのも、当然だということになる。そして実際、そこに、この世の中におけるさまざまな愛と情熱の現象が生じてくるのである。

## 5　愛の自己滅却と自己主張

愛は、現実的には、事象であれ、人間であれ、そのものを大切と思い、大事にし、そこにいのちのほんとうの拡充と向上を見出して、そのために献身努力し、その成就を希求し、欣求《ごんぐ》する働きとなって具現する。

そうした愛のうちには、一方で、そのもののうちに、いのちの根源的なものの所在を予感して、そのために献身没入する働きが必ず含まれており、そこには明らかに、万物を生かしめるいのちの活動をこよなく慈しむアガペー的な愛の要素が生き続けていることは疑いを容れない。しかし、他方において、そこには、そのもののうちに、自分のいのちの拡充や向上の眼目を見て取って、それの達成に懸命に精進努力する働きも必ず含まれており、そこには疑いもなく、欠如を埋めていのちの充実を図ろうとするギリシア的なエロス的な愛の要素が生き続けていることは否定することができない。

周知のように、ギリシアのプラトンないしソクラテスによれば、愛は、欠如と充実との間に立って、果てしなく真の向上と拡充を求める探究活動と見なされた。それは、最も広義には、いのちの働きの憧憬の運動そのものと見なされたと言ってよい。もちろん、ソクラテスにおいては、知的な自己拡充を求めるという意味で、知と無知との中間に立って無限に努力する真理探究が、そうした愛の最高の形態と捉えられた。けれども、プラトンの『饗宴』対話篇を読めば、そうした自己拡充のいのちの働きが、もっとさまざまな形で現れ、そこに素晴らしい形態も、また堕落への萌芽をも含む形態も、広く見届けられていたことが明らかである。

実際、そこでは、愛といういのちの自己拡充の作用のうちに、自然的欲求の調和的充足への希求や、また、そのための医学や音楽などの効果といったことさえもが、考慮に入れられていた。さらに、自然的欲求と結びついて、当然、性を異にする男女同士が、自分の半身を求めて恋い焦がれるという恋情や欲情も、そうした愛の問題の視野のなかに入れられていた。したがって、そのような恋愛の結果、肉体的官能の快楽のみを求める、永続性のない、低俗な、享楽的恋愛も生ずるという、その危険と機微が、指摘されてもいた。逆に、それとは違って、恋愛を通じて、むしろ人間的交流を大切にする精神的絆の重要性の意識も自覚されてくる場合のあることも示唆されていた。それどころか、恋を機縁として生ずる恥の意識や、道徳的純化の作用や、芸術や詩文を愛する精神の芽生えなども、問題考察の視界のうちに置かれていた。そうした知的運動の頂点に、やがて、ソクラテス的な真理探究としての愛、すなわち愛知もしくは哲学の精神の成り立つことが、指示されたのである。

このように、自己拡充の愛の働きは、多様性を含んでいる。それどころか、それは、ときには愛求する対象への固執と執着のあまり、狭隘な視野への自己閉鎖のまま、尋常ならざる様相に陥る危険性さえ帯びている。それに加えて、こうした自己拡充への愛の探究が、必ずしも調和的に展開せずに、障碍や困難、妨害や葛藤を含んで、苦悩を結果させることも多く、そうした道程が、容易ならざる人生問題へと転じて、熾烈な対立や矛盾を生み、人生の大問題となることもしばしばである。

しかし、いずれにしても、愛は、現実的には、自己滅却的な没頭と献身、無我の挺身《ていしん》、奉仕や愛惜の心となって現れると同時に、自己の人生の拡充や向上を冀《こいねが》って、必死に努力し、精進する情熱ともなって、多様に展開することも明らかである。愛は、献身と情熱、自己滅却と自己主張の狭間で、そのいのちの沸騰を燃え滾らせるからである。

## 6　事象への愛と他者への愛

したがって、愛は、一方で、さまざまな事象へと向かい、自然や、仕事や、事業を大切にする働きとなって展開する。そのときには、愛は、自然の大きく美しい生命を讃美する働きとなる。また、それが、仕事や事業に向かうときには、それは、遠い遙かな理想を目指して、刻苦勉励をも厭わない情熱となって花咲き、果てしない自己向上の営為となって展開する。カントやヘーゲルが言ったように、この世においては、情熱なくしては、いかなる偉大な事柄も達成されなかったのである。ニーチェが強調したように、遙かな彼方を目指して、憧れの矢を放ち、没落をも辞せずに、自己超克に生きる者こそが、ほんとうに、この人生を真剣にまた充実して生きることができたのである。どこまでも自分を越え出てゆくそうした人間こそが、真の人間、「越え出てゆく人間」、すなわち「超人」なのである。その者は、シェーラーが指摘したように、より高い価値を目指して、営々と、精進し、努力するであろう。

しかし、他方で、愛は、他者へと向かい、人間へと関わって、その作用を展開する。そのときに肝要なのは、愛が、他者のいのちを絶対的なものと見なして、他者をけっして手段化せず、それを絶対的な自己目的として扱い、その人格性の尊厳をこの上なく尊ぶところにその真価を発揮するという点である。カントが言ったように、愛は、人間の共同社会を、このような自己目的としての尊厳にみちた人格同士の目的の王国の姿で、捉えるのである。愛のみが、人権の尊重の現実的形態をなすことになる。

実際、東洋でも、古くから、儒教においては、人間同士の親愛の情である仁を、拡充発展させることによって、家から天下国家までをも治めることが重視された。もちろん、人間のうちには、それに逆らう我《わ》が儘《まま》な心があるので、社会規範である礼を尊び、我が儘を抑える克己《こっき》の精神が重んぜられた。そこでは、他人の危難を無関心のまま傍観せずに、不義を憎み、互いに譲り合い、善悪を判断して生きる良知良能が肝要とされた。したがって、自分の気分や気持ちの乱れに左右されずに、理に従って修養に努めることが大事とされた。もちろん、その一方で、みずからの心の直截な生命感の発露を擁護する考え方も出た。

仏教によれば、この憂き世では、人間は、執念深い渇愛の心と、それを乗り越える慈愛の心との間に引き裂かれ、苦しむと見られた。だからこそ、愛執の苦悩に呻く人を哀れと思う「悲」の心が生じ、それに共感して愛情をもって人を「慈」しむ「慈悲」の心が肝要とされた。こうして、貪欲で、瞋恚《しんい》（激怒）に駆られやすく、癡《ち》（無知）のまま、間違った見解に囚われ、疑惑に取り憑かれ、慢心に陥る人間の煩悩を清め、生きとし生ける者すべてを苦しみから救い、世のために尽くす菩薩のあり方が、尊ばれる結果ともなった。

実際、他者との関係において、人間は、愛憎の葛藤のなかに巻き込まれるのが普通である。肉親の絆や葛藤、恋愛や結婚、友情や仲間意識、同胞や連帯、党派や集団、ひいては社会集団や国家関係、民族や人類共同体などのあらゆる人間関係において、愛憎の亀裂が複雑な絵巻物を展開するのが、人間的現実である。人間相互が、互いの自己を、真の自己目的の絶対的存在と見なすことが、いかに困難か、そして他者を利用し、排除し、圧殺して、自利にのみ趨《はし》りやすい人間の我欲が、いかにすさまじいかを、現実の人間社会は恐ろしい形で見せつけている。「愛別離苦《あいべつりく》（愛する者との別れという苦）」と「怨憎会苦《おんぞうえく》（怨み憎む人との出会いという苦）」は、仏教が教えるように、人間の宿命である。

## 7　愛の亀裂

それというのも、人間の存在の根底には、やはり、厳しい生存競争の事実が巣くい、食うか食われるかの熾烈な争いが伏在しているからである。そこからくる生き地獄のような熾烈《しれつ》な争いが、人間社会では、たえず噴出しようとしている。それでなくとも、お互いに本心を確かめ合おうとする、ヤスパースの言う愛しながらの争いが、人間のうちに、公明正大さを求める厳しい緊張や対立を生む機縁を含むことが必至である。

逆に言えば、それは、いかに人間社会のうちに、羨望や嫉妬、怨恨や復讐、裏切りや忘恩・詐欺や欺瞞、憎悪や排他、嘘や出鱈目、無責任や傍観、残虐や冷酷、自虐や他虐などの不幸な軋轢や葛藤、それに因由する非道な悪行が、醸成されやすいかということを、明示している。優しい愛情にみちた共同存在であるべき人間社会のうちには、一転して、恐ろしい亀裂の走る悲劇的な矛盾が、たえず隙をうかがって爆発しようとしている。ショーペンハウアーが指摘したように、苦しみの多い人生のなかでは、ついには人間は、自分の苦悩を忘却するために、他者に残忍な振る舞いをして、他者の苦しむのを見て悦ぶという非情かつ冷酷な倒錯にまで至るのである。

それゆえ、昔から、人間のうちには、光と暗闇、天国と地獄、善と悪との二元性が潜在するとする考え方が存在していた。人間のうちには、二つの魂が争い合っているのである。それだからこそ、いっそう、私たちは、愛の理念の尊さをたえず思い起こし、あらゆるいのちあるものの尊厳を見守り、生きとし生けるものを大事に慈しもうとする愛の重要性を自覚し直さねばならない。人間の生存の努力は、そうした愛の理想の実現に向けた営為のうちでのみ、展開されねばならない。さもなければ、人間の共同存在は破壊され、成立しなくなるからである。

# ◉第十章　他者

## 1　第二人称的な対人関係

私たちが自己としてこの人生を生きるとき、その自己は、他の自己と関わりながら、存在している。その他の自己は、特定の近しい人である場合もあれば、不特定の疎遠な多数の人である場合もある。それらの人々、つまり他者と、多様な関係を取り結びながら、私たちは、この現実の社会を生きている。他者とは、むろん、それを広く解すれば、人間以外の自然や事物もそう呼ぶことができるが、ここではとくに、他の人々、つまり、人間を指す意味で、その語を使っている。

そうした他者と、人が、きわめて親しい共同の関係をもつときには、そこに、まるで自他の区別のないような私たちという、第一人称複数の共同主観の関係が成立する。たとえば、きわめて親密で仲のよい家族や友人や恋人同士の間では、そうした共同関係が成立する。しかし、そうでない場合には、私たちは、他者を、彼とか、彼女とか、彼らとか、それとか、それらとか、第三人称的に、冷たく突き放しつつ、客観視する仕方で言い表しながら、他者に関していろいろと論評する。

けれども、最も具体的に、他者が、私と直接の交渉関係をもつときには、その他者は、私と面と向き合って相対する他者として、すなわち、対話を交わしうる第二人称の相手として、私に対して、立ち現れてくる。仲のよい第一人称の共同主観の者同士でさえも、はっきりとお互いの関係を確認し合おうと思えば、改めて第二人称の関係にまで立ち戻って、お互いの気持ちを確かめ合わねばならないであろう。また、これまで第三人称的な、比較的没交渉の間柄においてあった者同士が、親しく自己紹介をし合って、密接な交渉関係をもち始めるときには、やはり第三人称の対人関係は、第二人称の対人関係へと変化してゆくであろう。

ちなみに、ここで言う第一、第二、第三などの人称の種々は、むろん、英語などの西洋語の言語表現に即して文法的に語られたものを、念頭に置いて言われている。現代英語で言えば、第一人称とは、「アイ（私）」あるいは「ウイ（私たち）」のこと、第二人称とは、「ユー（あなた・あなたたち）」のこと、第三人称とは、「ヒー（彼）・シー（彼女）・イット（それ）」あるいは「ゼイ（彼ら・それら）」のことである。

これらのうち、最も基本的な、直接的かつ具体的な自他関係は、個別の第一人称の「私」が、特定の第二人称の「あなた」と、面と向き合って相対する場合であろう。その際に、現代英語では、「アイ（私）」と「ユー（あなた）」という表現しかないが、現代日本語では、人間関係の置かれた文脈に応じて、「私」は、「ぼく（あたし）、俺、我」などと変化し、それに応じて、「あなた」のほうも、「君（あんた）、お前、汝」などと、いろいろに変化する。そのほか俗語や敬語や古語までをも含めると、日本語には、実に種々様々な対人関係の呼称がある。

けれども、いましばらくそれらを措けば、自他関係が、最も親しい直接的な人間関係へと転化するのは、少なくとも、第一人称の私が、第二人称の誰かと相対峙して、面と向かって、相互に交流することによってであるということだけは、揺らぐことのない事実であろう。したがって、ドイツ語やフランス語には、第二人称にも、やや儀礼的な呼称のほかに、きわめて親密な間柄の者同士が相互に相手を呼び合う特別の呼称が存在するのだが、それも当然だということになろう。

もちろん、この第二人称の他者も、単数の、つまり、一人だけの形で、現れてくる場合もあれば、複数の、つまり、何人かの集団として、私に対して現れてくる場合もある。しかも、そこでは、親疎さまざまな関係がありえて、事態は複雑である。しかし、自己が、最も深く、他の自己と相対して関係をもち、したがって、自他の交流が真に複雑かつ密接に展開して、お互いに、人間とはこうしたものであったのかを、痛切に実感するのは、やはり、個別の私が、なんらかの特定の個々の他者と、つまり、一人一人の個別の誰かと、親しく密接に、第二人称的な結びつきにおいて、そこにおける愛憎の葛藤の極限をも含む人間関係の天国と地獄を体験することによってであることだけは、確実であろう。相互の自己がその奥深い実態において知られ、人間とは何であり、人生とは何であり、憂き世とは何であるのかを、私たちが痛感することができるようになるのは、こうした親密な第二人称の人間関係においてであるという事実は、誰もが認めざるをえない事柄であろう。

実際、しばしば指摘されるように、自室だけに閉じこもって、テレビや映像にのみ溺れ、現実的な人間関係をほとんど所有しない子供や青少年は、その精神的発達や対人関係や社会意識において、現実性を欠き、正常な精神的発達や成長が阻害され、その点で歪みを来すようになることが知られている。そのことは、多分、上述の事柄に起因しているであろう。つまり、現実の人間や他者に接触し、そこでの人間的交際の実情を、その長短をも含め、体験したことのない者は、いまだに人間をほんとうの意味では知らず、一人前の社会人にはなっていないのである。他者が何であるのかを知悉《ちしつ》するためには、やはり、私たち人間にとっては、第二人称の次元における生身の人間的交わりの経験を介することが、必須の事柄なのである。そうした経験をもたない者は、人間社会の現実を、いまだなお痛切には知らないのだと言わねばならない。

## 2　第二人称的他者との労苦にみちた絆

ところで、現実の第二人称的な直接的人間関係に入るとき、そこでは、たいていの場合、人間が一筋縄ではゆかず、複雑怪奇であり、たとえば、他者とは、自分にはとうてい予測できない反応や反発を起こす者だという事実が痛感されてきて、私たちは、人間の振る舞い方の多様性や、予測を越えた相手の出かたや、思い通りにはならない人間関係の厄介さに、ほとほと愛想が尽き、憂き世の混濁と迷路に、鬱屈した思いに駆られるなく、嘆かわしいほどに、多様で無限の性格的特色をもち、さらに様々に異なる行動を示すもの、そうした存在だというべきであろう。人間はみな、著しい個性的特色を有しているし、同じような事柄も、多種多様に感受されるために、総じて人間的行動は、きわめて複雑怪奇である。他者も、そうした複雑怪奇な人間であり、自分自身もまた、複雑怪奇な人間である。したがって、そこに生ずる人間関係の絵巻物も、複雑怪奇なものとならざるをえない。

それゆえ、昔から、「人さまざま」ということが言われ、その喜悲劇が見つめられてきた。そのために、モラリストふうの人間観察が種々展開され、人間の性格学が構想され、洞察力に富む知者の鋭い箴言や格言が、数多く残されてきたのである。それらは、少しでも人間理解を深めようとする試みの結果として、人類の歴史のなかで蓄積されてきたものだと言える。たとえば、外向的と内向的という人間のタイプ分け、優しい心の持ち主と頑健な心の持ち主との区分、アポロ的とディオニュソス的な人間類型、分裂気質と循環気質と粘液気質という性格類型、さらには精神分析学上の種々の知見などは、そうした企てに属する顕著な事例であろう。この種の試みは、数え上げればきりがないほどたくさんある。

けれども、そうした人間類型論は、たとえいかに有益とはいえ、現実のすべてを汲み尽くすことは、その図式によっただけでは、とうてい不可能である。現実の対人関係や、人間の奥深い情念の蟠《わだかま》りは、空恐ろしい、不可測の要素を秘め隠しているからである。人は、そのために、ときには血液型や星占いによって、相手との交際の運不運を占ったり、予測したりしようとする愚行に趨《はし》ったりする。

　こうして、人間は、予知不可能な自他の関係の複雑さに戸惑って、対人関係においては、一方で、内心密かに、たえず、不安や恐怖、気後れや疑心暗鬼、臆病や狐疑逡巡《こぎしゅんじゅう》に取り憑かれているものである。しかし、他方では、人間は、他者との交際や交流なしには暮らせないという人間社会の宿命のなかで、なんとか豊かな連帯を築こうとして、人間的絆を求めて右往左往し、愛顧と友誼、仲間と連合、協力と団結、裏返せば、敵対と競争、排除と利害に明け暮れして、大小さまざまな規模で、人間関係の輪を維持し、また拡張し、生存競争に打ち勝つことに必死となって努力を傾注するのが普通である。したがって、そのことの成否に伴う期待や邪推、疑念や希望、徒労や辛苦、混乱や心的葛藤、こうしたものが、私たちの実人生の日常の煩いの大部分を形造ることになる。

　それであるから、対人的な気配りや気遣い、憂いや心慮が、私たち人間の日常生活を色濃く貫通する事柄となる。そのために、私たちは、対人関係を取り結ぶ最も重要な確証の絆としての言語行為を、たえず行って、人間関係の網目を張り巡らす。家庭から学校、職場や公共的場面など、公私を含めた多種多様な社会的脈絡において、私たちが、たえず、さまざまな仕方で、誰かと、言語的コミュニケーションを交換し合わざるをえないのも、言語が人間関係を築く絆と確証の基本をなすからである。だから、私たちは、程度や密度の差はいろいろではあっても、たえず、挨拶や接触、付き合いや歓談、面談や会合、会話や対話、相談や合議、討議や論議を、特定の誰かと交わして社会生活を営まざるをえない。こうして、直接面と向き合った話し合いから、電話や手紙、電子機器による情報交換などに至るまで、現代の人間関係は、実に種々様々な形で、第二人称の相手との、とりわけ言語を介した、付き合いと交流と交渉の連鎖となる。

それであるから、そのとき、最も直接的に相対峙した第二人称の対人的関係が、濃淡の違いこそあれ、私たちの現実生活の最も基本的な要因をなすことは明らかである。そうした場面において、言語的な交流に関しても、また行為的な振る舞いについても、豊かに人間関係を構築してゆくことが、自己として生きる人間にとって、いかに本質的であるかは、誰にとっても痛切に実感される人生の根本事実である。

## 3　対人関係の葛藤の渦

したがって、二十世紀になって、たとえば、ブーバーなどを中心として、多くの思想家によって、第二人称の「汝」と向き合った、「我と汝」の出会いと対話の関係が、人間存在の根本事実として、改めて強調されるようになったのも当然である。とりわけ、人間関係が稀薄になってゆく機械的な現代文明社会のなかでは、「我汝関係」の豊かな拡充が、喫緊の課題として重視された。ブーバーなどは、汝の奥に、永遠の汝の面影さえ予感して、神の前に立つ自己の存在の確認を、汝との出会いの延長線上に設定するほどである。こうした我汝関係の思想は、十九世紀前半のフォイエルバッハあたりから始まるとも言えるが、とりわけ現代において強調された重要な問題意識であると見てよい。

さりながら、そうした他者のうちに、たとえば、サルトルは、むしろ逆に、鋭く私の秘密を握って、私に対して支配力を行使しようと隙を窺っている、油断のならない「まなざし」を予感した。したがって、そこでは、自他の関係は、永遠に自由をもった者同士の「相剋《そうこく》」が宿命となる。調和的な共同主観などは幻想であり、むしろ、個別的な自由な主体同士の峻烈な争いと闘いが、対人関係の根本事実と見なされたわけである。

ヤスパースも、人間関係において、やはり、争いを、不可避の個別的限界状況と捉えていたことは、すでに述べた。つまり、一つには、人間関係の根本には、生存競争という非情な争いが、一皮剝けば、いたるところに隠れ潜んでいることがすぐに露呈してくるからである。実際、人間関係の深刻な極限的状況においては、食うか食われるかの、生死を賭けた争いの火花が噴出してくることは、誰もがつとに覚悟している。また、平凡な日常生活の場面においても、いろいろな局面で、先着順や成績順や業績順や体力順によって、岐路が分かれ、自他の運不運の差が顕在化して、憂き世での浮沈が結果してくる。

さらに二つには、自己と他者は、相互に協力し合いながらも、「愛しながらの争い」において、互いにたえず、本心を確かめ合おうとして、公明正大さをめぐる人間的吟味の鋭い眼を、相互に向け合う。すなわち、自他は互いに、相手が、どれほど誠実であるか否かを、いつも気懸かりの種とする。つまり、他者を、その誠意や裏切り、欺瞞や正直、傲慢や謙虚、忘恩や怠慢などの点で、吟味して、他者が真に信頼の置ける人物であるか否かを、人は不断に確認しようとする。

考え直してみれば、そうした憂慮によって、すでに、対人関係は、根本的に亀裂を含み、暗い翳りを内蔵したものとして宿命づけられているとも言える。実際、どんなに親しい者同士の間においても、こうした疑惑や邪念の可能性が胚胎するかぎり、人間関係には、最初から亀裂が走っていると見ることができる。そうした宿命を背負った人間生活のやりきれなさに、悲哀感を胸裡に抱きながら、人間は憂き世の隘路《あいろ》を登攀《とうはん》してゆくと言える。「ブルータスよ、お前もか」という不信の翳りこそは、人間を襲う絶望の姿である。ただし、それは、他者にのみ帰せられる罪と悪ではなく、むしろ、自己自身のうちにも巣くう罪責性であることが、やがて自覚されてくる。

さらに、こうした自他関係の背後には、社会の組織が控えている。他者はけっしてたんなる個人として出会われてくるのではない。むしろ、他者は、その属する集団や組織、あるいはその思想や信条を代弁する形で、世の中のしがらみをいっぱい付きまとわせた、手に負えない怪物として、自己に出会われてくる。個々人は、抽象的に分離された一個体ではなく、社会的文化的歴史的な網目のなかの交差点として、その多様複雑な役割関係をそのうちに含む多重人格的な諸因子の塊となって、自己に立ち向かってくる。他者は、なんらかの形で、力への意志に支配された、威力と権力と野望と情熱を抱いた、燃え盛るエネルギーの塊として炸裂し、爆発して、私を併呑し、飲み込もうとする、恐ろしい、殺到する奔流となって、自己に襲いかかってくる。

およそ、人間というものは、レーヴィットが指摘したように、そのうちに対人関係の多様な役柄を糾合している怪物である。一個の人間は、父に対しては子、工場主に対しては雇用人、商人に対しては顧客、仕事場の仲間に対しては同僚等々と、相手との交渉関係において、複雑多様な役割を担っている。ときには、その役割の多様性のあまり、自分のアイデンティティを失いそうになる恐れすらある。いずれにしても、合理的に組織化された現代社会のなかでは、その錯綜した役割と意味連関に応じて、対人関係は色濃く染め抜かれている。そうした役割関係の背後にある、力への意志に突き動かされた管理や制御の機構、またその組織の目的追求の機能的作用のなかで、一つの歯車であるほかにはない宿命をもったものとして、自他は、相互に出会っては、連帯したり、衝突したり、争ったり、不信感を募らせたり、攻撃したり、敗北したりする。

個々人の背後には、ハイデッガーが言ったように、不特定の世間が力を揮《ふる》っている。ディルタイが言ったように、政治や経済などの社会の外的組織や、法律や道徳や学問や宗教や芸術や言語などの文化の諸体系が、個々人の生存のなかに、影響力甚大な諸力として貫通している。マックス・ウェーバーが述べたように、合理的に組織化された近代社会の官僚的な支配の仕組みのなかでは、現代人は、義務と役割を担ってそのうちへと組み込まれ、その役割を果たすことを通じてしか、自己の自由を実現することができない。マルクスが指摘したように、社会における人間の実態は、物質的な生活手段の生産に関わる生産力と生産関係の矛盾のなかで、社会の経済的土台に制約されながら、労働して生きるところにあると言える。したがって、自他は、そうした労働における対立的な力関係のなかで出会うしかないことになる。もちろん、ウェーバーの言ったように、経済的下部構造ばかりでなく、政治や道徳、法や制度、思想や理念などの上部構造も、社会を動かす要因である。

いずれにしても、他者の背後には、さらに多くの隠れた他者が控え、その広がりは広範な社会機構へと連なり、そこには多種多様な力への意志の力学が渦を巻いている。自他の葛藤は、そうした隠された権力意志相互の格闘に接続しているとも言える。自他の相互関係もしくは葛藤が、ただならぬ重さと重圧をもつゆえんは、フーコーやドゥルーズが指摘したように、自他が、社会や時代の権力意志の諸関係、そうした力への意志の全体的配置の構図のなかで、なんらかの意志の代弁者となって登場し、格闘することに起因すると見ることができる。

## 4　自他の相互理解の困難

しかし、いかに社会の組織の力関係が、自他の関係を規定しているにはしても、個々人を、たんにそれらの諸力の操り人形としてのみ捉えるのは誤っている。人間は、そのうちに諸関係を統合しながら、みずから自身の歩み方について自己決定をなしつつ人生を生きる主体であることをやめることはできない。そのときには、やはり、主体としての自己と他者との、相互的な意志疎通、つまり相互理解の問題が、対人関係においてはきわめて重要になってくる。

およそ、いったい、人は、いかにして他者を理解するのであろうか。というのも、自分の心は隅から隅までよく分かっているのに、一方、他者の心というものは、これをまったく、人は覗き見ることができないからである。この他者認識という難問は、対人関係の根本に潜む最も哲学的な謎である。

現代においては、一般に、ディルタイやフッサールが指摘したように、人は、他者の体験の身体的あるいは言語的表現を介して、その奥に潜む心理的作用を、追体験的に、了解し、解釈するという感情移入的他者理解を、標準的なものとして設定する。けれども、これでは、自他がそもそも同一の心的構造をもったものとして予断されているばかりか、他者は結局、自己の類比物として、自己の側から裁断され、決めつけられるものに堕してしまう恐れがある。むしろ、自他の間には、交換することのできない個体としての差異が現存するのではないかと考えられる。たとえば、ここにいる私は、あそこにいる他者とは、その空間的位置においてすでに、絶対的に分け隔てられているからである。したがって、他者は、追体験的に了解される私の類比物には尽きない、独自の、ときには理解を絶する異他性において存立するものであってこそ、ほんとうの他者でありうる。

けれども、やはり、いかに異他性を含むとはいえ、自他の間には、交流があることも事実である。そうだとすれば、自己は自己でありながらも、それにとどまらずに、同時に他者と連続し、逆に、他者もまた、たんに他者であるのでなく、同時に自己と接続したものであるのでなければならないことになる。自己は他者でもあり、他者は自己でもあるという、二重性ないし両義性が、自他に通ずる自己なるものの本質構造でなければならないわけである。さもなければ、自他がその差異性をもちつつ、なおも相互理解を達成し、意志疎通をなしうるという事実が不可能になってしまうからである。

実際、フッサールは、自己というものが、時間のなかを生きる以上は、そもそも、いまとは異なる過去の自己を、いわば他の自己として、自己自身のうちに含み込んでいると見た。換言すれば、およそ自己は、一重の単純な自己ではなく、他者性を含むものと見なされたわけである。したがって、自己は、そのうちに、およそ他者性を含みうる構造一般をすでに本質的に具有していることになる。それだからこそ、私という自己は、他の自己を受け容れて、自分自身のうちに、自己以上の、私たちという共同的連帯性をも、構築しうる余地を最初から具備しているわけである。

これを推し進めると、さらに、私のなかに、他者が入り込み、住み込んでしまって、ついには他者が私になってしまうという、私と他者との癒合状態というものも生じうることが理解されてくる。実際、メルロ＝ポンティが示唆したように、とくに幼児においては、他者がそのまま自分自身となってしまう癒合性がきわめて強い。そのために、たとえば、幼児は、他者が素敵な玩具をもっていると、自分もそれをもっていなければならないとすぐに決め込み、それでいて自分にはその玩具がないところから、その他者を激しく嫉妬することになる。

こうして、一般に、大人になってからも、人間は、他者とか世の中とか世間からの影響を色濃く帯び、ときにはそれに飲み込まれてしまって、その水準で自分を裁断し、ほんとうの自分の姿を見失い、自己喪失の状態に陥ってしまう。また、自分の不幸や不満の原因を、他者のせいとして責任を転嫁し、自分がひどい目に遭った原因を、ともすれば世の中に押しつけ、他者攻撃に生きる傾向に人は陥りやすくなる。したがって、本来そうであるべきなように、自己でありつつ、他者とともにあるという、二重性ないし両義性をほんとうに生きることは、人間にはきわめて困難になるのである。東洋ふうの言い方をすれば、「和して同ぜず」という、自他の自由な自律性と、連帯性ないし他者容認とが、過不足なく、円滑に両立してこそ、自他の関係は充足されうるのだが、それがきわめて困難になるのである。

ニーチェは、自他関係に関して、ルサンチマン（怨恨感情）という恐ろしい感情が胚胎する機微を鋭く抉り出した。ルサンチマンとは、他者の不当な振る舞いにすぐに反撥できずに、じっと我慢する人間のうちに、やがて次第に鬱積してくる不満の感情のことを指す。それは、恐ろしい怨恨感情となって、やがてさまざまな形で爆発してきて、自虐と他虐の凄惨な凶行さえも生み出す原因となる。しかし、ニーチェによれば、そうしたルサンチマンの人は、他律的なのである。つまり、怨恨感情は、他者に囚われ、他者からの傷跡に執着し、こうして、他者への遺恨を募らせ、やがて復讐心の形を取って、自虐と他虐に向けて爆発する。そこでは、自己自身の本来性が見失われている。

しかし、自己は、ときに、自己自身を見失って、他者になりきってしまうこともあるものである。しかもそれは、人間的他者に関してだけ起こることではなく、事物に関しても起こる。たとえば、私がすっかり花に見惚れたときには、花が私になりきってしまうのである。それと同じ意味で、私たちは、自己自身を見失い、ついには、さまざまな主義主張の虜になったり、迷信や邪教に取り憑かれて、神憑り状態となったり、あるいは、変身願望に駆られて、嘘と芝居で身を塗り固め、役者気取りで自分を英雄天才視し、もしくは人類の救済者を気取って、大言壮語し、自己欺瞞と他者籠絡《ろうらく》に憂き身を窶《やつ》すことさえ生じかねない。その反対の被害妄想や厭世意識も、似たり寄ったりである。人間が、こうした嘘と仮面で、自己を凝り固めるのも、それは、自己喪失のなかに忍び込む他者性の魔力のせいだと言える。

## 5　自他の相互承認

しかし、自他の関係において、なによりも重要なのは、自己の面前に立つ他者を、その言動のすべてにおいて、自分は承認することができるかどうかということ、逆に言えば、他者もまたその面前に立つ自分を承認してくれるかどうかということ、ここにある。対人関係の眼目は、この一点に懸かると言ってもよい。

ヘーゲルは、かつて、お互いに自分を、絶対的に真理そのものだと自己確信する精神相互の葛藤を論じて、結局、それらが相互承認に至るためには、それぞれが、みずからの悪と偽善を告白して、互いに許し合い、すべてを水に流すことが絶対に必要であると結論づけた。そうしてこそ和解と宥和が達成され、そのときにこそ神が現れてくる、とヘーゲルは述べている。たしかに、自己確信の絶対性に固執し、他者を容認せず、許そうとしない偏狭固陋においては、対人関係は、結局破壊されるであろう。自己にも欠点があることを自覚し、相互に和解し、許し合う精神がないところでは、人間関係は崩れる。

そのためには、レヴィナスが言ったように、他者の顔に現れた人格の尊厳を大切にする精神が必要であるとも言える。また、他者との言語的交流においては、ブルトマンやガダマーが指摘したように、問題となっている事柄をめぐる相互の真理要求に関して、それを互いに吟味し合い、その現実への有意義な適用について、虚心坦懐、開かれた態度で、共同の視界を開拓すべく、地平の融合を目指して、対話し、討議してゆくことが肝要であろう。

もちろん、すでに、シェリングが述べたように、他者とは、本質的に、自我によっては御しきれない、自我への抵抗性をもつものである。それは、自由においてその道を突き進む者であり、自我は、そうした他者の振る舞いに妨げられたり、攪乱されたり、あるいは扶助されたり、いずれにしても、共同存在する他者たちの意志に大きく依存しつつ、自我はこの世を生きている。そうした自他の完全な宥和や調和は、けっして望みえないのがこの世の定めである、とシェリングは見た。そうした苦悩と憂悶を心の奥深くに抱きながら、他者との亀裂と連帯との狭間で、見通せない現実を生きるのが人間であると言わねばならない。私たちは、この宿命を直視しつつ、対人関係を生きるほかにはない。

# ◉第十一章　世間

## 1　世間意識

私たちがこの人生を生きるとき、そこには、世間意識というものが深く関係している。世間とは、たんに客観的な世界の存在をいうのではない。むしろ、それは、この人生が営まれる場所、つまり、世の中のことを指しており、端的に言って、ままならぬ憂き世のことを含意している。その世の中では、むろん、大勢の人々が右往左往しながら種々の活動を営んでおり、また、さまざまな出来事が起こり、まことに定めない憂き世の労苦と営為がそこでは繰り広げられている。そうした世間意識に浸されながら、私たちは、この回避することのできない人生を、いま生きている。

そうはいっても、もしかしたら、こうした実感は、東洋的あるいは日本的な色調を帯びた感懐であるのかもしれない。実際、世間という言葉は、普通、仏教的な色合いを帯びて用いられることが多い。そうした意味合いにおいては、世間とは、凡夫衆生《ぼんぷしゅじょう》が迷いながら生き、また死ぬ場所であり、移ろいやすく、空しく、厭うべきもの、したがって、その無常を知って、ほんとうは、むしろ、出家遁世《しゅっけとんせい》すべきものといった色調において、私たちによって感受されている言葉であることは間違いない。

けれども、そこには、それだけには尽きない種々様々な要素が絡みついている。それに、人間が生きているところではどこでも、生存の場としての世界ないし世間についてのなんらかの意識が目覚めてこざるをえない。そうした世間意識は、たんに特定の倫理的宗教的な見方にだけ特有のものではない。世の中を生きるということは、人間の生存に関わる存在論的な意味合いを含んだ根本事実だからである。人間が、他者とともにある共同存在であるという存在論的構造を免れがたいものである以上は、そこに、人間の間柄に関わる世間意識というものが、私たちの生活のなかに濃厚に染み渡ってくるのは避けがたいのである。

## 2　世間の体裁・不信・無常

いま、私たちは、私たち自身のごく平凡な日常生活の慣習のことを、ほんの少しだけ思い浮かべることから、問題を考え直してみよう。

私たち日本人は、一般に、普通に世の中を生きるときには、まず何よりも、自分一人だけのことを考えずに世間のことをいつも念頭に置いて振る舞い、人様に迷惑がかからないように十分に注意して行為し、みっともないことをしないようにたえず心掛けて暮らし、つね日頃、世の中の人とは礼儀正しく言葉を交わし、また末永く付き合ってゆくように生きることが大切であるということを、ごく小さいときから言い聞かされて育ってきたように思う。そうした種類のさまざまな躾や行儀作法を、いわば、ごく卑近な処世訓ないし処世術として学び取って、私たちは、この世の中に処する態度を養いつつ成人したのである。やがて社会に出て一人前の活躍をするようになってからも、こうした世間意識が、私たちの行為の規範となって作用していることは、私たちが日常身近に実感する否定できない事実であろう。

むろん、現代では、こうした生活習慣が崩れかかって、他人や世間を無視した傍若無人の振る舞い方が、増えつつあるように感じられなくもない節がある。けれども、やはり、常識豊かな庶民の間では、世間体を重んずるこうした倫理意識に則って、子供をもつ親が、何よりもまず、小さなわが子の行儀作法や立ち居振る舞いについて注意するという慣習が、いぜんとして社会全般に受け継がれているように感ぜられる。そうした醇《じゅん》風美俗《ぷうびぞく》は、けっして完全には消失していないように思われるのである。

こうして、まず、私たちのうちには、社会的体裁とか体面としての世間意識が、強い倫理意識として染み込んでいることは、確実である。しかし、それだけにとどまらずに、やがて私たちが、世の中に出て、そこで、さまざまな仕方で、共同存在の場における多くの対人関係や、社会的出来事や、この世の中の推移や変動を経験するうちに、次第に、もう少し翳りのある世間意識を味わってゆくことも、否定することができない。すなわち、私たちは、長ずるに及んで、世の中を遍歴してゆくうちに、やがて、世間というものが、まことに定めなく、当てにならず、油断のならない魔物であることを意識してゆくようになる。実際、私たちは、その証拠に、打ち解けた仲間同士の間では、世間の動向について、あれこれ盛んに論評し合い、ときには慨嘆し合って、憂き世の無常をかこつことが多くなるのが、実状であるように思われる。

たとえば、世の中の人が、表面的には、体裁良くまた友好的に仲良く振る舞いながらも、その実、蔭に回ると、自分のことをあしざまに扱《こ》き下ろし、さんざん陰口を叩いているということが、やがて自分の耳にも入ってきて、他人は容易には信用することができないということを、愕然とした思いとともに痛感しなかった人は、多分この世の中にはいないであろう。それどころか、底意地の悪い、狡賢《ずる》い人に至っては、自分は表面に出ず、蔭に隠れて、それでいて密かに、自分の気に入らない人物を、第三者を唆かして失脚させる術策を講ずるべく、盛んに陰謀をめぐらし、暗躍するという、きわめて政治的な動きをする油断のならない人物が、この世の中には横行するというのが人間社会の通弊であることを、私たちは実感するであろう。

世の中というものは、まことに息苦しく、醜悪である。政治や実業などの駆け引きの多いところは言うまでもないが、そうしたことに無縁と思われるような学界でさえも、陰険なボスが、そうした悪辣な策略を弄して、党派を組むことに汲々《きゅうきゅう》とするありさまも往々見受けられる。その意味で、世間とは、恐ろしい所であり、人を食い物にする鬼の出没する場所、呑気に構えていると悪鬼《あっき》にさらわれる地獄であることが、多くの人々の実感する事実であろう。

こうした不信感にみちた世間意識が高じてゆけば、そこにさらに、世間というものが、まことに端倪《たんげい》すべからざるもの、見通しえないもの、末恐ろしいものであるという自覚が芽生えてくることは避けがたい。世の中とは、そこにおいて、多くの人が、時流に合わせて付和雷同し、長いものには巻かれる式に、あるいは、場合によっては密かに、邪魔者は殺せとばかりに、党派を組んで、大勢順応の事大主義に寄りかかりながら、それぞれ、できるだけ怜悧に、ひたすら保身と自利に趨《はし》り、適者生存に憂き身を窶《やつ》す人間の屠殺場であると言ってよい。したがって、都合の悪い他者の失墜ならば両手をあげて賛成し、欣喜《きんき》雀躍《じゃくやく》するという無節操と冷酷非情な権謀術数が、この世の習いである。風評と噂を意図的に流布し、流言蜚語《りゅうげんひご》によって天敵を失脚させ、恩を仇で返す裏切りが、大手を振って罷り通るのが、現実である。下手な情けは身の破滅を呼ぶという、いわゆる宋襄《そうじょう》の仁が、この世の実状である。その上、そうした世間は、不特定の多数者からなり、責任を取る者が判然としない不明瞭な曖昧模糊が、その特色である。

もちろん、この世の中では、不思議なことに、禍福はあざなえる縄のように絡みつき、捨てる神あれば拾う神ありといった摩訶不思議なもの、まことに人生の有為転変は計り知れない。地獄のなかで出会った仏のように、苦境において初めて、真の友も見えてくることがある。けれども、人間の繋がりは、ふとしたことで発展することもあれば、また、瑣末なことが起因となって俄《にわか》に崩れ、些細な一言が、他者の逆鱗に触れて、親密な連帯の絆がたちまち引き裂かれるというのが、世のつねである。これが、世間というものである。まことに、憂き世は無常であることが誰にでも実感されてくる。世の中の移りゆきの定めなさ、頼りなさ、空しさ、厭わしさは、たしかに私たちを、憂愁のペシミズムに誘わずにはいない。

## 3　世間と自己

いま、西洋のほうに眼を向けてみよう。たとえば、十九世紀の前半、人口わずかに二十万に過ぎなかったデンマークのコペンハーゲンでは、早くも都市生活の近代化が進み、不特定の大衆の新しい生活感情が盛り上がってきた。キルケゴールは、素早くその退廃的傾向を捉えて、『現代の批判』という書物を著した。すでに言及したが、キルケゴールは、そうした大衆が、好奇心に駆られやすく、また嫉妬心に過敏であり、互いに噂や陰口を叩くことを好み、誰も真剣に責任を取って決断して生きようとせず、世故《せこ》に長《た》けて、世渡りばかりを気に掛け、せいぜい情熱と言えば、賭事をする情熱しか持ち合わせない、烏合の衆であることを指摘した。生活の広がりが増し、気晴らしの機会が多くなった反面、人々は、内面的な深さを喪失したと、キルケゴールは慨嘆した。

こうした大衆社会の登場とそれへの批判は、二十世紀になってからも数多く出現した。哲学上におけるその最も典型的な表現は、ハイデッガーの「世人《せじん》」という概念のなかに結晶したと見てよいであろう。ハイデッガーは、不特定の世の中の「ひと」一般を「世人」と呼び、いわばそうした世間、つまり世の中の人が、私たちの日常的世界内存在の主人公であることを指摘した。その世の中の人のなかには、むろん、自分自身も入っている。いや、それどころか、日常的には、自分も、すっかり世の中の人そのものになりきってしまっている。自分の自分らしさは失われ、誰もが、世間に揉まれ、角が取れ、円くて柔和で、付き合いのいい普通の人間になってゆく。誰もが、自分固有の生き方などは選ぼうとせず、世間の様子を窺いながら、落伍しないようにと、また爪弾きされないようにと、大衆のなかに紛れ込んで生きている。

それであるから、誰もがみな、世の中の人が楽しむやり方に従って楽しみ、世の中の人が判断する仕方に従って判断する。大勢に準じた生き方のスタイルが、自分自身の生き方のスタイルになってしまう。それ以外に自分の人生を考える余裕もすっかりなくなってしまう。なにしろ、そうした自己喪失的な大勢順応の暮らし方のほうが、気楽で、安心で、責任がなく、居心地がいいのである。下手に逆らったり、別の道を選ぶと、世間から締め出される危険性が忍び寄ってくる。みんなと一緒のほうが安全なわけである。

したがって、誰も、真剣に自分のほんとうの生き方の道などを考えようとはしない。ハイデッガーは、こうした自己喪失的な世人のあり方を「頽落《たいらく》」と呼んだ。そのときには、世の中の人は、いやな過去のことはどんどん忘れ、将来の成功のことをもっぱら予期し、現在の周りの出来事には、最大の注意を払って、そこでの出来事の成り行きに興味津々となる。そのとき、世の中の人は、好奇心に動かされて、噂話や風評に打ち興じ、物事の真相を曖昧にしたまま、仕事や趣味や遊びや気晴らしで、興奮した多忙な日々を送る。そうしないと、恐ろしい倦怠と、ぞっとするような人生の深淵が眼に入ってきて、鬱陶しいのである。こうして、無責任で活気にみちた興奮と狂騒が、日常的な世界内存在の表面ないし前景を形作ることになる。

ハイデッガーは、言うまでもなく、世の中の狂騒に取り紛れたこうした非本来的なあり方に対して、それとは逆に、自己自身の本来的あり方へと覚悟を決める局面を、鋭く抉り出した。というのも、いかに気の散った生き方をしているときでも、人は、自分の存在の根底を見つめたとき、どこからも、どこへも見通せない、その投げ出された底なしの存在に、不安を覚えるものだからである。否、その居心地の悪い、無気味で不安な気分のほうが、人間の生存の根底に潜む、より根源的な気分であると、ハイデッガーは見た。それだからこそ、人は、その重苦しい気分から逃れようとして、世間の頽落のなかに逃避する。面白く活気にみちたことを人が好むのも、実は、生存の根底に、暗く、重苦しい気分が横たわっていることを、人が感知するからである。

そうした暗鬱な、逃げ場のない宿命的な不安の気分は、死にさらされた自己自身の存在の自覚とともに、誰にでも立ち昇ってくる。死の宿命の意識こそは、人を本来性へと覚醒させる法廷である。その死の自覚とともに、自己の根底に、良心の無言の呼び声が響いてくる。その良心の呼び声は、人に、非力ながらも自分らしく生きる決心を目覚めさせ、本来的な生き方を決意する覚悟を促してくる。そのときには、世人に埋もれた無責任な非本来性は打ち砕かれ、単独な自己の本来性に目覚めた生き方が、選び取られてくる。

しかし、問題は、そのように決意した自己の本来的生き方も、再び、世間の場のなかで実践されねばならないという点にある。そこに、もう一度、世の中というものが関係してくる。実際、ハイデッガーも、このことを認めており、いかに決意した本来的な生き方も、再び世間の非本来的な日常性のあり方と関係をもたざるをえないことを承認している。

けれども、そうなったときには、単独者の本来的生き方は、再び世人の非本来的あり方と関わって、またもや世の中の見通せない混濁のなかで、俗化されてしまうことが起こりうる。それどころか、世間という怪物は、単独者の決意をも呑み込んで、滔々と流れてゆく不可測の大河である。その奔流は、単独者の決意を迷わせ、錯覚させ、攪乱し、不明確にさせ、濁らせてしまう。こうして、世の中は、けっして容易には、そのあるべき共同存在の仕組みや、歴史的最終段階の姿を、透明な形で決定的に把握し尽くしたり実現し終えたりすることを許さないような、巨大な運命的な力として、立ち現れてくる。

したがって、ほんとうを言えば、単独者としての自己が、世俗の世の中に対抗して、覚悟を定め、本来性への決意を固めることでもって、問題は片付きもせず、終わりもしないのである。実は、人間は、本来的決意にもとづいてその実践に踏み出したあと、ほんとうには、非本来的な世間と抗争して傷ついたり、敗れたり、辛苦したり、一部活路を見出したりして、再び、態勢を立て直すほかにはなくなる。こうして、人は、果てしなく再出発をやり直して、見通せない歴史の奔流のなかを、どこまでも歩んでゆかねばならない。換言すれば、人間は、本来性と非本来性との間を行ったり来たりしながら、その狭間で、果てしなく試行錯誤を繰り返しつつ、より全体的本来的なあり方を求めて苦闘しなければならない。そこでは、迷いと誤りが、不可避である。その意味で、人間は、真理と非真理との中間に存在する。人間は、けっして、決定的な真理を把握したり、実現したり、達成し終えたりすることのできないものである。それゆえ、せめて、いつの日にか将来、これまでとは異なった、より本来的な別の世界の開始が到来することを希求しながら、この葛藤にみちた現実のなかを、模索しつつ歩み、少しずつ漸進してゆくよりほかには、人間にとって生きる道は存在しないのである。そしてまた実際、これがハイデッガーの最終的な考え方でもあったと言ってよい。

してみれば、本来的な自己と、非本来的な世間とを、単純に対立させるのは誤りである。もっと卑近な言い方をすれば、いたずらに世間を白眼視し、それを糾弾し、攻撃し、自分の側にのみ真理があると固執するのは、幼稚で、素朴で、偏狭固陋な考え方である。それは、甘えきった、一種の家庭内暴力の変容形態である。自分自身も世の中の一員であり、世間に依存し、その機構のなかで生存することを得ている以上は、世間の不特定多数者の動向を、みだりに不信感をもって誹謗するのは一面的である。自分も世の中に生み落とされ、その地盤の上に生存することを承認されていることを慮《おもんぱか》れば、世間というものを、それなりに尊重することの重要性も自覚されてくる。その世間のなかで、徐々にみずからの理想を目指して努力する漸進主義の考え方以外に、人間の生きる道はないのである。それが人間の宿命である。人はその忍従に堪えねばならない。

しかしながら、その忍苦が、誰の心のうちにも、世間というものの無常観や厭世観を次第に強く醸成させるものとなることも否定することはできない。無常観は、人生遍歴のなかで熟成する人間に普遍の意識だからである。それは、人間の非力さと有限性の自覚にもとづく。無常観は、東洋や仏教だけに特有なものではない。西洋でも、ギリシア以来、その厭世観的な憂愁思想は色濃く流れている。近現代においても、ショーペンハウアーを初め、その潮流は絶えない。それは、たんなる感傷や慨嘆ではない。メランコリーは、むしろ、自己の存在の根底を見つめるところから発現する憂き世に対する必然的な情念である。

## 4　世間と単独者

世間のもつ重圧を説いた思想家は、たくさんいる。けれども、自分一個の自立性に固執することが、そのものの没落に繋がるという恐ろしい真理を洞察した哲学者として、ヘーゲルの名は絶対に欠かすことができない。

ヘーゲルの洞察によれば、たとえば、事態は次のように考察される。すなわち、自分こそは、他のものとは異なる独立存在であると言い張る人がいたとすれば、その人は、自分の自立性に固執し、他のものを押し退け、それとの違いにおいて自分の独自性を主張している。しかし、ほんとうを言えば、その人は、同時に、その他のものとの連関のうちに置かれることによって、あるいは、それに依存することによって初めて、自分の独自性を押し出すことが可能になっているのである。ところが、その人は、その他のものの存在を認めようとはしない。そこに、そのものの矛盾がある。

ほんとうを言えば、他のものから切り離された、それ自身だけの独立存在などは存在しないのである。それは、他のものとの関係において初めて、自分の独自性を主張することができるからである。したがって、それは、独立存在ではなく、対他存在である。

それは、他のものとの関係なしには存立しえないものであり、要するに、当の自分の正反対である。それは、当の自分と他のものとの、相反する構造を含んだ全体のなかの一項にすぎず、やがて、その全体のなかに位置づけ直され、止揚され、解体され、没落してゆかざるをえない一契機にほかならない。したがって、単独の個別の独立者を自分のうちに呑み込んで、もっと大きく展開してゆく複雑怪奇な全体的存在の弁証法的運動が、必至になる。

たとえば、自分一個の快楽だけを追求しても、それは必ず、その思いもかけぬ結果を共同存在のなかにもたらさざるをえず、やがてその人は、苦渋の結末の処理に追い回されることになる。自分だけが正しいと思って世間を誹謗している人は、やがて世の中から浮き上がり、世間から見放される。自分の生み出した成果や作品の独自性をいかに確信しても、それを受け取る世間は、それをいろいろに論評し、果ては、本人の思い込みとはまったく異なった意味にそれを解釈し変える。やがて、その世間の受け取り方のほうが大勢を占め、元来の作者の意図は踏みにじられ、見向きもされず、捨て去られ、埋没してゆく。個々人が、いかに情熱をもってなし遂げた出来事も、やがてそれを契機として、思いもかけぬ別の運動が大きく出現して、歴史の流れは転換してゆく。見通せない歴史的社会の隠された奔流が、個人の思惑を嘲笑《あざわら》うかのように、当初とは別の方向へと突き進むのが世の習いである。そうした歴史の歩みを嘆いても、それは愚かである。というのも、いかなる出来事も、理由なくしては生ぜず、それ相当の必然性をもって出現したからである。物事は成るべくして成り、結果としてのその現実は抗いがたい重みをもつ。それの不合理は、今後どこまでも果てしなく克服されるべき課題ではあっても、それをいたずらに嘆くのは笑止である。現実の改善は、歴史の歩みに即し、その現実に立脚しつつ、徐々になされるよりほかにはない。

個々人よりも世界全体の動向のほうの優位を説いたこのようなヘーゲルの思想に対しては、もちろん、既述したキルケゴールは、激しい非難を浴びせた。それは、歴史を傍観する観照者の立場にすぎず、自己として実存する者は、あれかこれかを選び取って、回避することのできない現実のなかで決断し、行為してゆかねばならない、とキルケゴールは主張した。キルケゴールは、いわば神の前に単独者としてひとり立ち、全責任を自分ひとりで背負って、主体的決断を生きる実存的実践の秋霜烈日《しゅうそうれつじつ》の峻厳さを、万人に要求した。

私たちの多くは、このヘーゲルとキルケゴールとの対立を、深く実感し、人生がその両局面を含んでいることを率直に認めるであろう。そして、そのことを考えるとき、人間の二重人格的な生存の機微が成立してくるゆえんについての興味深い指摘がしばしばなされることも、頷けるのである。

たとえば、文学者の伊藤整は、憂き世のしがらみをいかなる作家も免れることができない以上は、作家が、「仮面紳士」として、一方で、世間の仕来りに順応し、市井に身を隠しながら、平凡に身過ぎ世過ぎをするとともに、しかし他方では、作品世界の創造において、破天荒の常識破りをも辞さない独創性に、みずからを賭けるという二重人格性を生きざるをえないことを暗示した。むろん、こうした二重人格性の生き方に満足できない直情径行の作家は、「逃亡奴隷」として、世間のしがらみをすべて擲《なげう》ち、異端の芸術家ないしアウトサイダーとして、宿命的に破滅的な人生を選ぶことになる。言ってみれば、「逃亡奴隷」的な文学者は、独立存在に自分を賭けて、あえてみずからの没落と破局を選ぶのに対して、「仮面紳士」的な文学者は、世間の思惑の恐ろしい力を、それなりに尊重する常識人の一面を具有することになるわけである。

こうした対比は、けっして文学者の群像にだけ妥当するのではなく、人生のうちに潜む葛藤一般を、きわめて象徴的に暗示する指摘であると言わねばならない。

## 5　公共性の問題

このように考えると、単独者と世間とは、いずれも、それ相当の権利をもっていて、両契機の交錯のうちにこそ、人生の実態があることが分かってくる。

その場合に、個別者から、全体としての世の中が構成されると見るか、あるいは逆に、全体としての世の中から、個別者が限定されると見るかによって、世の中というものを、社会契約的に考えるか、あるいは、個人を凌駕する実体的機能をもつ全体者と見るかの相違も、出てくる。しかし、いずれも、それなりの根拠をもっている。また、個人相互の関係を、万人の万人に対する闘争を本質とするものと見るか、あるいは、労働の成果をも含め相互に平和的に共存しようとする傾向をその本質とするものと見るかということも、その問題に大きく関係してくる。しかし、それもまた、人間観の相違に由来し、いずれも、それなりの根拠をもつ。さらに、それとも結びついて、人間は、その性がもともと善であるか、あるいは悪であるかという人間観の相違によって、個人と社会の関係の問題も、その見方が左右される。しかし、いずれの見方もまた、やはりそれなりの根拠をもつ。いずれにしても、個人と社会との錯綜した相互作用のうちに、人間的自己の生存の実態があることだけはたしかである。

その点を見つめるとき、世間を、むしろ公共性の場所と捉えて、そうした場所において、たとえば、ハンナ・アーレントが指摘したように、個々人が、働き、ものを作り、さらに行為して、合理的に、胸襟《きょうきん》を開きつつ、討議し合って、共同存在を形成してゆくべきであるとする政治哲学の新しい潮流が盛り上がってくる必然性も、十分に理解されてくる。そうした見解は、人間相互の民主主義的な意志疎通と合意形成による自由主義的社会の構築を目指す政治的活動を、真の人間のあり方と見て、公共性の政治哲学を新たに打ち立てる試みへと収斂してゆくであろう。そうした公共性の哲学は、今後いよいよグローバルな文明社会を推進してゆくべきこの地球上での人類社会においては、そこでの深刻な種々の紛争の解決のためにも、絶対に必要不可欠な、喫緊《きっきん》の課題となってゆくであろう。

さりとはいえ、人は、合理的討議と合意形成が、共同存在において、容易に達成可能だと楽天的に信じ込むことはできない。なぜなら、人間的な問題のすべてが、ことごとく言語的討議で尽くされることはありえず、人間には、言葉には尽くせない情念や意志の名状しがたい葛藤が、その存在の根底に燃え盛っていて、これが、たえず、相互的な共同存在のうちで、解決不可能な要因として作用し続ける傾向があるからである。その意味で、この世の中は、やはり、救い難い混沌を秘めた底知れぬものであるという様相を拭いきれない。世の中の無常と底知れぬ不条理への煩悶こそは、やはり、人間にとっての最終的な情念であろう。

# ◉第十二章　運命

## 1　存在の奔流

私たちは自分を越えた大きな力に翻弄されたものであるという意識は、私たちが、自分らしさを自覚し、しっかりと自立して、人生に真剣に立ち向かえば立ち向かうほど、私たちに襲ってくる感懐である。

もともと、私たちは、これまでも見てきたように、自分ではどうにもならない一定の境遇のなかに生み落とされ、どこからも、どこへも見通せない自分の生存を、自分自身に引き受けることによって初めて、生きることをほんとうの意味で開始することができるのであった。私たちは、そうした自分の宿命的な限界状況を、みずからの運命として背負い、そのなかで、自分らしく充実した仕方で生きるように精進する以外に、どこにも生きるということをもつことはできないのであった。しかも、それは、死にさらされた終わりある生存である。その死は、いつ襲ってくるかも分からず、その先は見えない。そうした人生の時間的な遍歴過程のなかで、私たちは、生き甲斐を求め、仕事に励み、他者との連携において、さまざまな葛藤や困難を経験しながら、憂き世を生きてゆく。しかし、その他者との繋がりを含んだ世の中の動きは、とうてい自分一個の支配力では御しきれない、圧倒的な大きな力の奔流として、渦巻き、逆巻き、自己の小さな存在を、あるいは呑み込み、あるいは木っ端微塵に吹き飛ばして、驀進《ばくしん》する。そのゆくえは、誰にも予見しえない濁流であり、激流である。出来事は、次から次へと、大小さまざまな規模において起こり、眼も眩むような混沌のなかで、すべての事柄は、成るべくして成り、また、そうであるほかにはない定めにおいて、有無を言わせず、決着し、こうして、引き返すこともできず、取り消すこともできない歴史の痕跡が、歴然と刻まれてゆく。存在の果てしない生々流転とその抗いがたい現事実は、この世の中の宿命である。なにゆえに、このようであり、他のようではないのかと問うても、最終的な解答は得られない。私たちは、万物の発端にも、その終結にも立ち会ったことがなく、宇宙と世界、人間とその営為のすべてを、知り尽くしてはいないからである。なにゆえに、これらの出来事が出現し、むしろ、無ではないのか、なぜ、すべては、このようであり、他のようではないのか。そうした問いの前に立って、私たちは、口を噤《つぐ》むよりほかにはない。私たちすべてを含めた世界の存在は、その意義を問うても、それへの究極的な知は、私たちには拒まれている。少なくとも、迷信邪教や、途方もない独断的な神話や宗教や、空想と紙一重の科学小説を信じないかぎりは、事態はそうである。知的誠実を信条とする私たちにとっては、古い形而上学はすべて、虚妄と映ずるのである。

こうして、私たちに残されている道は、私たちには未知であるあの力を、わずかに、運命と呼んで、これへの不安にみちた畏怖のなかに立って、思索することだけである。私たちは、いかに自分が主体的に自己決定して、決断の道を突き進んでゆこうとも、私たちは、自己を越えた力としての運命に突き当たって、挫折し、崩れ落ち、没落するよりほかにはない非力で、有限の、可滅的な存在者であることを、肝に銘じて実感せざるをえないというのが人生の実状である。これは、あらゆる真摯で誠実な人間が抱懐せずにはいられない人生への感懐であろう。このことは、いかようにしても否定することのできない事実である。

## 2　自由意志と運命

しかし、運命という言葉を聞くと、あるいは人は、その運命の未知の力の前に、人間はただ受動的に、諦めと絶望の気持ちで、ひれ伏すといった観念を連想するかもしれない。しかし、それは誤りである。むしろ、事態は逆である。自己の人生を、強い自由意志と独立独歩の気概において、高い理想を胸に抱きながら、志操堅固に歩み進もうとして、粒々辛苦する者にとってこそ初めて、自己の非力と限界、激しい逆風と世俗の抵抗、乗り越えられるべき困難と課題が、ほんとうに見えてくるのである。そうした粘り強い労苦の過程のうちでこそ、人生の軌跡が刻まれ、また、それを凌駕する圧倒的な運命の力も実感されてくる。こうして初めて、歴史が、自由と運命との葛藤のなかで形成されてゆくことが会得されるのである。

したがって、自由の反抗なしには、運命の威力は現れず、また逆に、運命の苛酷さは、自由の冒険なしには発現しない。ニーチェが指摘したように、運命の強圧のない人間の自由意志は、人間を神にしてしまうし、逆に、人間の自由意志の欠如した運命は、人間を自動人形にしてしまう。いずれも誤りである。ほんとうには、人間の誇り高い自由と、運命の非情な必然性とは、相互に結び合う。その二要素の結合のうちで初めて、個性ある自己の人生というものが成り立つ。

おそらく、人間の人格とは、この自由と運命との相剋《そうこく》と葛藤のうちで初めて、育成され、磨き上げられ、成立するものである。挑戦や格闘、努力や精進のないところには、人格は形成されない。労苦の奮闘のうちでこそ初めて、存在が生々と展開し、力動的過程が繰り広げられ、多様な対立や矛盾を含んだ人生行路が刻み残されて、運命的な人生や歴史、時代や世界というものが出現する。

人間のうちには、ある意味で、知られざる神が支配しているとも言える。人は、その吹きすさぶ神とともに、あるいは宿業的な運命の星を頭上に頂きながら、一生を走り抜けてゆくのである。したがって、ニーチェが言ったように、誰もが、自分の人生を、運命愛をもって受け容れ、何が起ころうとも、それを剛毅に耐え忍び、それを愛おしんで、最後まで自分の宿命を生き抜かねばならないことになる。その人生が、自分に耐えがたい困難を課すからこそ、そうした人生を尊敬する、とニーチェは言った。苦しいからこそ、その苛酷さと厳粛さに耐え、その無情苛酷な運命を直視して、「これが、生きるということだったのか。よし、それならば、もう一度」と、勇気をもって挑戦してゆく以外に、人間の生きる根拠はどこにも存在しないことを、ニーチェは教えた。たしかに、それ以外には、どこにも生きるということは存在しないことを、私たちもまた改めて、厳粛な思いとともに、承認せざるをえないであろう。

## 3　運命・共同運命・呼び求める促し

現代の哲学者ハイデッガーも、運命ということを、その思索の中心主題に据えた。まず、前期のハイデッガーによれば、これまでもたびたび言及してきたように、私たちは、自分の死を自覚することによって、自己自身であるよりほかにはない自己の本来的なあり方に目覚めて、それを実現すべく、良心の呼び声に従って、非力ながらも、本来性への覚悟を定めて、この世の中で実存してゆくよりほかには存在の仕方をもたないものとされた。しかし、それだけでなく、さらに、それにもとづきながら、私たちは、この世の中の現実の歴史的状況のなかへと突き入り、さまざまな事象や他者へと真剣に具体的に関わってゆかねばならないとされた。そうした自己の歴史的な具体的状況における本来的あり方そのものが、そのまま、ハイデッガーによれば、運命と呼ばれた。つまり、私たちは、この世の中における自己の実存の具体的歴史的運命を、そのまま端的に生き抜くよりほかにはは、どこにも本来性の実現可能性をもたないとされたわけである。

そうした運命的実存は、非力ながらも、有限的自由に徹しようとして、不安にみちた強い激情となって、そのつどの歴史的状況のなかで炸裂する。非力と威力をそなえつつ、それは、歴史的現実のなかで、自分に許されたほんとうの実存の可能性を選び取って、自分に託された世界内存在の充実を本来的に達成しようとする。そのときには、その時代の歴史的現実のなかで、自分と同じ世代における他者との共同存在に根をもつところの共同運命が、深く関わってくる。こうした形で、いわば、他者とともにある歴史的な運命共同体のなかで、自分固有の一個の実存的運命を生き抜くところに、自己存在というものの本来的あり方が成就してゆくと、ハイデッガーはその前期において考えたのである。

しかし、さらに後期になってゆくと、そうした本来的な実存は、さまざまな出来事の犇《ひし》めく現実の修羅場のなかでは、容易には、その真理において達成されることができずに、私たちは、かえって、そのとき往々、迷いと錯誤に捕らわれていた自己自身が自分には見えてきて、歴史の迷路と混沌のなかに不可避的に陥ってゆく自己自身の存在の様態が、自覚されていった。それゆえに、歴史の場のなかでは、身近に殺到する多様な存在者の惑乱に眩惑されずに、また、いたずらにそれらに引きずり回されずに、逆にむしろ、そうした存在者への固執や執着を捨てて、私たちは、実は、そうした存在者の殺到の蔭に隠蔽されながらも、しかし私たちのところへ自分を送り届け、また呼びかけてくるところの、奥深い存在の真理に耳を傾け、それに聴従して、自分のあり方を見直し、熟慮して、生き方の道を探究することが、きわめて肝要なことである点が深く洞察されてゆくようになった。

そのときには、私たちのところへ自分を送り届けてくる運命的なものとして、私たちを越えて圧倒的に支配するところの存在の真理というものが、考えられてゆくようになった。いわば、私たちにも完全には見通せない、存在の真理という、私たちの実存よりも、より大きく、またより深いものによって、私たちは、支配され、また、それによって呼びかけられ、要求され、それに根ざして生き方を見定め直すように熟慮することが要請されるというあり方をするものであることが、縷説《るせつ》されていった。言い換えれば、私たちの実存は、そうした存在の真理という運命的なものの呼びかけと要求と促しのなかで、身の処し方を決定することを迫られるものと見なされてゆくようになった。

ハイデッガーの言い方に従えば、私たちは、そうした存在の真理の「呼び求める促し（エルエイグニス）」のなかに立たされていることになる。私たち人間は、そうした運命的なものの呼びかけに聴従せざるをえない、というあり方を、その根底に宿し、まさに、それに聴従することによって初めて、真に生きることを果たしうるものというように捉えられていった。そうはいっても、その呼びかける促しの究極の出所であるものは、自分を全面的に顕現させることを拒否し、私たちに自分を顕わさないというようにも考えられていった。

そうした隠された、不在の姿で、それでいて、私たちを越えて支配する、圧倒的な運命的なものとして、存在の真理は、私たちのごく身近に、存在者の激動を通じて、痛切な感触において、迫ってき、肉薄してくると見なされた。すなわち、存在は、近さのうちにある、というわけである。その近さにおいて顕わとなりつつ到来してくる存在の真理を、私たちの置かれた激動する時代の出来事のなかから聴き取り、それを言葉のうちに確保して、存在の真理を見守り、それにもとづいて生き方の根本を熟慮し直すことが、何よりも重要とされるようになった。このように、自己と歴史の運命の由来を、その根源から聴き取って、それをその将来と結びつけることによって初めて、人間は、自己の根底を見定め、生き方の根拠を探り当てることができるようになると説かれたわけである。ここに、現代における優れた運命思想の一つがあると言っても過言ではないであろう。

およそ、ハイデッガーによれば、私たちは、この世の中に生きるときに、予期しえない形で「降りかかってくる（zufallen）」、さまざまな「偶然（Zufall）」の出来事にさらされているのである。ということは、人間は、出来事の出現をすべて見通し、それを支配することのできる神ではないということである。人間は、非力で、無力なのである。しかし、それでいて、人間は、自分なりの情熱と威力において、自己の本来的存在の証《あかし》を立て、それを刻み残そうとするのである。そうした覚悟のうちで初めて、立ちはだかる宿命的な困難と格闘しながら、人間は、真の存在の呼びかけを、運命の声として聞き取りつつ、それに聴従して本来的に実存しようとするのである。ここに、優れた運命思想があることはたしかであろう。

## 4　悲劇的なもの

人間の実存と、それを越える運命的な存在との葛藤について、十九世紀初頭のシェリングは、折からのフランス革命後の激動する時代状況をも背景にしながら、これを自由と必然性との相剋、ないし悲劇的なものという問題形態において、深く掘り下げた。それは、シェリングの終生にわたる思索の根本主題にまで練り上げられていった問題意識であった。悲劇の思想はシェリングに始まる、と言う識者もあるくらいである。

シェリングによれば、人間は、自然のなかから、高い知性をもった生き物として出現してくるのであるが、その知性的自我が、真に自己を自覚するのは、絶対的な意志行為においてて、他者とともにあるこの世界のなかで、意欲し、自己決定をして、自由にもとづく自己実現を実践してゆくことによってであるとされた。したがって、人間の社会とは、知性をもつものたちの自由な行為の相互作用の行われる共同存在の場であることになる。それが、人間の自己存在の成立する基盤なのである。

しかし、そこでは、利己主義的な自由の濫用によって、他の自我の自由への侵害が起こりやすいために、法体制を確立して、個人間のみならず、国家間においても、その争いを調停する最高法廷を樹立して、人類全体がそれに服しうる最高の法体制を実現しなければならない。これが、歴史の課題である、とシェリングは見た。それは結局、地上全体の法的秩序にもとづく世界市民的体制の漸次的成立という最高目的になる。これが、人類歴史の唯一の根拠であるとシェリングは述べている。

けれども、そうした世界秩序は、自由によってのみ実現されるべきものであるという点に、困難が潜む。ということは、歴史の歩みはけっして合法則的に決定されてもいず、さりとてまったくの出鱈目《でたらめ》でもなく、理想を目指した漸次的接近という努力の過程によってのみ存立するということにほかならない。なぜなら、そこには、多数の他者が活動しており、いかに個々人が努力し精進しようとも、その個々人の行為の成否は、残りのすべての人々の意志に依存せざるをえないからである。他者もまた、自分と一緒に、同一の世界的な法体制の樹立という目的を意欲してくれないならば、自分一人ではその目的のためには何もできないのである。ところが、このことこそが、まさに疑わしく、不確かであり、否、不可能である、とシェリングは考える。というのも、個々人の行為が完全に一致するという保証はどこにも存在しないからである。個々人の自由が増大すればするほど、むしろ、かえって、全体は矛盾を孕んでくる。およそ、人間的自由は、つねに隠された必然性の介入によって、挫折せざるをえないというのが、その運命だ、とシェリングは見た。そこに、人間の行為における悲劇的なものが存在するのである。

したがって、個々人の自由と、歴史全体の合法則性とが矛盾しないためには、それら両者を越えた、何かより高次のもの、もしくは絶対的同一性があって、そこで、すべての個々人の主観的意欲と、歴史全体の客観的方向とが、やがて最終的に合致すると信ずるほかにはない。けれども、それは絶対的同一性であって、もはやそこには区別はないから、それは知の対象にはならない。なぜなら、知は、区別や相違のあるところにのみ成立するからである。それゆえに、それは、歴史のなかに何か摂理が働いていると信ずる「宗教」ないし「信仰」の対象であるよりほかにはない。

それゆえに、歴史の歩みは、知のうちにはけっして取り込めず、私たちは、どこまでも、歴史のなかにおける絶対的同一性の存在を信じて、その信条にもとづいて、見通せない歴史の歩みのなかを、どこまでも行為してゆくよりほかにはないことになる。そこには、自由と必然性との永遠の葛藤が残り続けるのである。言い換えれば、歴史のなかに、どこまでも摂理の働くことを信じつつ、しかもそれを知ることのできない苦悩を抱きつつ、他者の自由との軋轢をかいくぐって、人間は果てしなく行為して生きてゆくよりほかにはないのである。

こうした自由と必然性との対立は、すでにギリシア悲劇のなかでも示唆されていた、とシェリングは見なして、悲劇芸術の成立根拠を、その中期の芸術哲学の講義のなかで解明した。けれども、晩年のシェリングの洞察によれば、そのように悲劇的なものに直面して、それへの観想と熟慮に浸りながら、その事態を、たんに芸術作品のうちに描き出したり、あるいは宗教的神秘主義の思いとともにもっぱらそれへの沈思瞑想に耽ったり、あるいは哲学的にその論理構造をただ説明してみせたりすることは、すべて消極的な傍観の態度として拒否された。そうではなく、シェリングは、あくまでも積極的に行為の立場に立って、その自由と必然性の相剋の現場で、より高い総合を目指して果てしなく努力することのうちに、真の人間的態度を見出したのである。

シェリングは、人間の意志の自由が、それを凌駕する隠された運命の苛酷な必然性によって打ち砕かれるという葛藤と苦悩、およびそれからの救済と、それに伴って生ずる私たち人間の生存の意義いかんという問題意識のうちに、哲学的思索の最高の課題を見たと言えるのである。

## 5　救いと慰め

私たち有限の人間は、神ならぬ身、さまざまな出来事がどうして起こるのかという理由に関しては、その永遠の真相を知りえず、ただその偶然的な諸事実の飛散した断片的真理の間にさまようだけであると言える。行為の立場に立てば、いよいよもって私たちは、自由と隠された必然性との間に引き裂かれて、苦しみ、煩悶する以外にはない。思いもかけぬ結果の出現を前にして、もっと早くからそのことを見通すことができていたなら、どんなによかっただろうにとか、あるいは、もっと慎重に熟慮し、考量を働かせて行為することができていたなら、どんなによかっただろうにとか、慚愧《ざんき》と無念、後悔と苦悩に煩悶しながら生きるというのが、私たち人間のつね日頃の実態であろう。

そうしたなかで、迷い、傷つき、苦しみながら、しかし、たえず心を新たにして、「これが、生きるということだったのか。よし、それならば、もう一度」と、反復と取り返しに自分を賭けてゆく以外に、生きる試みは、成就しない。けれども、そうした気を取り直した精進の歩みの続くのも、ほんの束の間、やがて死の訪れとともに、すべては夢と化し、消滅し、忘却され、砕け散るというのが、人間の宿命であるように思われる。

死と無常にさらされ、儚い時の支配下に置かれた人間にとっては、人生のすべては、幻の夢のように、灰燼《はいじん》に帰する定めにあるように痛感される。

そうした存在の無常に対して、もしも、救いと慰めをもたらす思想があるとすれば、それは、どこにあるであろうか。おそらく、それは、次のような思想のうちにしか存在しないであろう。

すなわち、およそ、何らかのものの存在は、その存在が知られるということと不可分である。何らかのものの存在は、そのことを知る心との対応抜きでは成り立たない。山や川も、町や人々も、それらの存在を知る私の心との連関で、そのありようが詳細に知られうる。けれども、それならば、私がそれらのものを見たり、知覚したりしなくなったら、それらのものは存在しなくなるのであろうか。けっして、そうではないであろう。そのときには、誰か他の人々が、それらのものを知覚するであろう。では、人類がすべて存在しなくなったら、何者がそれらを知覚するのであろうか。そうした何者かが存在しないとしたならば、それらのものの存在は、まったく知られないのだから、それらが存在していることさえも、きわめて疑わしい事柄へと転化するであろう。もしも、そうではなく、それらが存在し続けるとするならば、それらは、何者か、移ろうことのない絶対的な者によって、見られ続けているのでなければならないであろう。こうした思想は、実は、すでにバークレーによって抱懐されたことがあった。

いずれにしても、何かが存在するということは、それが、何者かによって知覚され、知られ、認識されているということをその裏面に含んでいなければならない。存在は、それが知られるということと不可分である。まったくそれについての知が拒まれているような存在は、暗黒の塊であって、それについては語ることがまったく不可能な暗闇そのものであろう。それゆえに、存在には、それについての知が、随伴していなければならない。存在は果てしなく無限である。すると、その無限の存在を知り尽くし、それを鏡に映すような姿で知り尽くしているような何者かが、どこかに存在しているのでなければならない。つまり、その者の大きな心のなかに、万物が完全に映し出されているのでなければならない。そうした何者かに名前を付けるとすれば、それこそは、神と呼ばれる者であろう。したがって、その神には、すべてが知られており、けっして忘却されることはなく、万物の存在は、一木一草に至るまで、その神の心のなかに記憶され、断じて過ぎ去ったり消失したりせずに、永遠にそこに追憶の対象としてとどまり続けるはずである。したがって、自己の存在は、有限で可滅的であるにはしても、その自己についての知、その記憶、その痕跡は、神の永遠不滅の心のなかに生き続けていると信じることは、可能であろう。多分、不滅の絶対者としての神の存在というものの可能的な成立根拠は、まさにここにあり、それ以外のどこにもないように思われる。

実際、私たちの多くは、自分のことを最もよく知っていてくれるはずの神というものを、密かに心のうちに抱いて、生活の営みを行っているように思う。言い換えれば、そうした絶対的な神の前に立って、その神に誠実に自己を告白し、悔い改めたり、対話を交わしたりしながら、私たちは、みずからの生きる道を真剣に自問して探究し、また、その道に精進してゆく。こうして、私たちは、自由意志にもとづいて、自己の存在の証を立て、みずからに託されたいのちの使命を果たすべく、みずからの志操に殉じて、ついには不完全ながらも、努力の生涯に斃《たお》れ、滅び去るのである。そうしたあり方のうちにこそ、人間的生存の根底は据え置かれていると考えられる。そうした生き方は、したがって、神とともに歩むという生き方となるであろう。そのときには、苛酷な運命との格闘において生き抜かれた人生行路は、そのありしままの姿で、つまり、救いない、完結することのなかった、罪責多く、非力で、咎の多いその実態のままに、その絶対的な者の大きな心のなかに、忘却されずに、とどめおかれることになるであろう。もちろん、歴史のゆくえは定かでなく、個々人の営為を転倒させる苛酷非情な無残な運命は、そのまま存立し続けるであろう。しかし、そうした救いのないことが、そのまま救いに転じ、存在それ自身の記憶と追憶のなかに、それは刻印され続けることになるであろう。

こうした神の心を、さらに端的に言い換えれば、それは、永遠不滅の真理ということにほかならない。そうなれば、私たちは、永遠不滅の真理の生起の一環として、その役割を担って、その真理の生起のなかに組み込まれ、みずからも不滅であるということになる。また、存在を記憶する心を、その存在と別に考えずに、その当の存在が、それ自身を知るという構造をもつものだと見なすならば、存在のあるところ、それのそれ自身による知的把握が不可分ということになる。そうすれば、存在の展開は、そのまま、それの知における展開と同じになり、そうした存在の自己知の一つの場所が、個々人の人生行路だということになる。そうすれば、個々の自己自身の人生行路は、いかに瑣末でも、存在全体の真理と自覚的展開の不滅の一項だということになろう。したがって、自己の儚《はかな》い一生も、それなりに不滅の真理に与《あずか》りえ、存在の不壊《ふえ》の自覚的展開と結びついたものとなるであろう。

おそらく、このように考えることによってのみ、私たちは、苛酷な運命に耐えうるものとしての、みずからの存在の確かな根拠を摑《つか》み取ることができるように思う。

◉第十三章　不幸

## 1　幸福と不幸

私たちは、幸福であるとき、その幸福をあまり感じない。不幸になったとき、私たちは、初めて、自分に幸福が失われていることを痛感し、深く傷つく。幸福は、たいていの場合、不幸を介して、その姿を浮かび上がらせてくる失われた桃源郷である。幸福は、不幸という現実のなかで、初めて見つめられる幻影、そして追い求められる夢、切なく慕われる理想である。ダンテが歌ったように、「幸《さち》なくて幸ありし日をしのぶよりなほ大いなる苦患《なやみ》なし」（山川丙三郎訳）である。否定的な状況のなかで、肯定的な状況に憧れ、それでいてその達せられない悩みをかこつというのが、人間における幸福と不幸の相貌である。幸福と不幸は、離れ難く結びついている。人間は、不幸の現実を直視しながら、嘆きと悲しみのなかで、幸福を思うのである。

望みをもたない人間というものは、存在しない。人間であるということは、何らかの願いを胸に抱き、その実現を希求し、その願望の達成を欣求《ごんぐ》し、そのために励むということである。何らかの目的を定め、それに向けた自己拡充において、その可能性から現実性への転換と具現を冀《こいねが》い、そのために熱い胸を躍らせるというのが、人間であることの根底を形作っている。してみれば、現在の欠如状態から、いつの日にか将来の充実状態へと、恋いこがれる熱情は、人間にとって本質的である。そうだとすれば、欠如状態としての不幸と、充実状態としての幸福の二つは、人間を構成する基本要因だということになる。

## 2 日常における幸・不幸とその変動

しかし、欠如としての不幸と、充実としての幸福とが、人間に、実際に意識される仕方は、実に、さまざまである。というのも、人間は、自分のうちに多様な要素を秘めているからであり、また、たえず、自分の周囲の他者と関わり、他者と自分とを比較して、あらゆる揣摩憶測《しまおくそく》に耽る傾向をもつからである。そのために、日常、幸・不幸をめぐって、大小種々の、不平や不満、慨嘆や非難、羨望や嫉妬、意地悪や妨害、自虐や他虐、卑下や慢心、確執や紛争が、人間の生存するありとあらゆるところに、絶え間なく起こらざるをえないのである。

たとえば、いま、ごく日常的な簡単な例を考えてみよう。

ここに、単身赴任という形で、職業上の義務や仕事に精励することを求められ、また、みずからも誠心誠意、その職務に忠実に励む人があったとしよう。その人は、その場合、それでも、やはり、ときには家族と一緒にくつろぐ時間を若干なりともほしいと思うようになるであろう。公私の二面性は、誰もが所有している自己の二要素だからである。けれども、もしも、その人が、何らかの厳しい情勢のために、そうした一家団欒の時間を、当分の間与えられないとしたならば、多分その人は、次第に不満が募り、やがて自分を少しずつ不幸だと感ずるようになってゆくであろう。

あるいは、次に、そうした人が、自分と他者とを見比べて、かりに、そうした単身赴任の職務を命じられもせず、また、見たところ大した業績を挙げたようにはどうしても思われないところの、それでいてとんとん拍子に出世街道を進んで行く同期入社の仲間、あるいはそれどころか、ライバル的な後輩を目撃したとしたならば、どうであろうか。やはり、その人は、内心、心穏やかでいることはできないであろう。その人は、だんだん疑心暗鬼に囚われ、嫉妬や邪推の坩堝に巻き込まれ、次第に自虐的あるいは他虐的な気持ちに駆られ、やがては自分を不幸な者として感ずる傾向を強めてゆくだろうことは、人情のつねとして、察するに難くない。

もちろん、幸・不幸は、それへの見方を変えることによって、場合によっては、相互に転換しうるものであることも、私たちには馴染み深い事柄である。

したがって、もしも、仕事一途を、最大の目標とする人がいたならば、その人にとっては、若干の年月の単身赴任は、けっして不幸とは感じられず、それを将来への飛躍のバネと受け取り、当分の間は一家団欒の夢を断念し、逆にその諦めを支えとして、いっそう仕事に生きる道に徹底してゆくであろう。また、憂き世の出世や世渡りは、そのときどきの利害関係や人間関係や党派性によって変動を免れがたいことを最初から覚悟している者にとっては、一時的な遅れは、けっして最終的なものではなく、見る人はちゃんと見ていると信じて、辛抱して現状に耐える平静さと持久力を、その人は失わないであろう。さらに、所詮すべては生計のためと思えば、多少の不平等はどうでもいいことだと考える人があるかもしれない。それどころか、捨てる神あれば、拾う神あり、と考えて、一時的な幸・不幸にあまり過敏にならずに、臨機応変、事態の推移に自分を合わせ、新たな自己開発と人間的絆の構築を考え直す好機到来と見て、軌道修正を図ることに専念する人もあるであろう。それればかりではない。人間死ぬときはすべて同じであり、したがって、憂き世の差異は大したことではないと、その近視眼的な幸・不幸の見方には拘泥せずに、むしろ、自分なりに納得しうる人生行路を着実に歩むことを肝要と心得て、真面目に、誠実に、そして他者と争わずに、あまり高望みせずに、ひたすら自分のなすべき義務と役割と仕事に励むことのうちに人生の意味を見出す人もあるかもしれない。そうした人にとっては、他者との差異に囚われずに、大らかな気持ちで、大きな社会的連関のなかに自分を位置づけ、自己充実と社会奉仕に生きることのほうが大切となるであろう。

このように、同じ事柄ではあっても、それの幸・不幸は、ものの見方によって変動することは明らかである。

## 3　苦難の深刻さ

けれども、いかにものの考え方によって幸・不幸が変動するとは言っても、それにはやはり限度がある。それに、何よりも重要なのは、ある事柄が、ある人にとって、不当で許せない不幸として、理屈を越えて、その人の胸に迫り、その人の心の奥底で、割り切れない事柄として、蟠《わだかま》り続けて、深く銘記されるという事実の存在する点である。その不幸の深刻さは、どうしようもないものなのであって、その人にとっては、その出来事が、断じて許せない大きな苦難、ほとんど絶対的な事実として、感受されるのである。不幸においては、当人にとっての、その体験の深刻さが問題なのである。その事実は、取り消すことのできない傷痕として、その人の心の奥底に終生刻み残されるのである。したがって、その人は、そのために苦悩に打ちひしがれて、憂悶の極地に陥るのである。その深刻な体験は、どんなに他人が慰めごとを言っても、その人にとっては、けっして癒されるものではない。その切り裂くような痛手の深刻さが、不幸の問題の本質をなすのである。その打撃の痛苦を受けた人にとっては、そのことの客観的説明や、それによる慰撫《いぶ》などは、むしろ、侮辱と感じられるのである。それゆえに、それは、もはや取り返しのつかない、消し難い、拭いがたい不幸として、その人の実存の奥深くに染み込んでゆく。こうして、その人は、そのことを、痛恨の痛手として、一生その傷を背負って生きるよりほかにはなくなるのである。

したがって、不幸は、その出来事の客観的説明の当否のいかんを越え、また、その人の主観的資質の鋭敏さの度合いのいかんを越えて、その人に、いやおうなく襲いかかる絶対的事実である。不幸は、その人の時間的歴史的な人生遍歴の過程のなかに、突如、痛苦を与える刑罰として立ち現れる、不可抗的な不倶戴天の敵である。不幸とは、その人を根底から震憾させる苦悩の化身である。そうした不幸は、この世の中のいたるところで、不運、事故、災難、災害、病気、心痛、貧困、労苦、不遇、虐待、軋轢、失敗、挫折、対立、不和、紛争、戦争などの種々様々な姿において、たえず出現の隙を窺っている悪夢である。したがって、不幸は、ものの見方を変えることによって、消去したり、転換したりすることのできるような、たんに主観的な、瑣末な事柄では断じてない。それは、深刻な苦難として、この世の中に、乗り越えがたい障壁の姿で、厳然と存在する。

それゆえに、こうした不幸においては、何よりも、その出来事が、その人にとって、この上なく不当で、許し難いものとして感受されるという点が大切である。なぜ、自分は、このように、辛く、苦しい、耐えがたい悲惨や屈辱や困難を課せられねばならないのか、どうして、自分は、このように、見捨てられ、罵倒され、除け者にされ、迫害される憂き目に逢わねばならないのか、と、いくら自問しても、その理由が分からず、ただひたすら、苦悶し、絶望するところに、不幸と苦悩の本質があるのである。そのことは、旧約聖書のヨブ記のなかに典型的に示されているとおりである。善人のヨブは、あるとき、理由もなく、身の毛もよだつような苦難と不幸のすべてに襲われ、ついに、ヨブは、神を呪うほどの絶望と絶叫のなかに陥ってしまう。こうしたヨブの心境こそは、この世の不幸と苦難に逢着したすべての人間が抱く感懐であり、苦悶であろう。

それどころか、ヨブ記においては、なぜ自分は苦難に見舞われねばならないのかと、煩悶のあまり、ついに、ヨブは、神を怨み、その絶望的な疑惑を神に向かって投げつけてしまう。しかし、そうしたヨブに対して、神は、測り知れぬ絶対者として、その告訴をすべて退け、そうした恨み言を、畏れを知らぬ人間的傲慢ないし反抗の現れとして、厳しく打ち砕く絶対的な威力として、顕現する。敬虔なヨブのほうも、やはり、その神の一言の前に、ついに、懼《おそ》れ戦《おのの》き、平伏して、引き下がってしまうのである。有限的な人間と、絶対者としての神との間の、この断絶こそは、旧約聖書の世界を支配する原理である。ただし、もちろん、そのようにひれ伏すヨブに対して、最後には、神は、その厳しい試練を課すことをやめ、ヨブを許し、ヨブの失ったすべてのものを返したという物語も、ヨブ記の最後には追記されている。しかし、そうした慰撫するような結末の追記を別とすれば、ヨブ記の全巻のうちには、人間の有限性と悲惨さが、徹底的にえぐり出され、その存在の苦難にみちた不幸の現実が、この上ない迫真力をもった象徴性において活写されていることは、否定することができない。

## 4　苦難の事実と正義への問い

不幸に直面した者が抱懐するこうした不当の感情と反抗の意識、さらには、運命の苛酷さを呪い、神をも怨もうとする呪詛の気持ちは、いったい、何を示しているのであろうか。それは、明らかに、そうした不幸な意識の根底に、正義の問題意識が伏在することを示唆している。言い換えれば、この世に存在するものの間に、正しい対応や釣り合い、適正な相当性と均衡性、首肯されるべき妥当性と順当性が、ほんとうに成り立っているかどうかという問題意識が、そこには潜んでいる。

実際、たとえば、自分が怠けていたために試験に不合格となった場合に、その事実を、それ相当のこととして、承服することのできる人は、おそらく、その不合格という結果を、不当な仕打ちとか、あるいは深刻な不幸や苦難として、感受したり、告発したりすることはしないであろう。それとは違って、自分は非常に真面目に仕事に励み、また、相当程度の成果を挙げえたと確信した人が、それにもかかわらず、理由もなしに、世の中からまったく評価されず、それどころか、ことあるごとに排除され、除け者扱いにされたならば、その人は、おそらく、これを不当と見なし、そのことに嘆き、そこに救いがたい不幸と苦難と不条理を痛感して、何らかの告訴をせざるをえないような気持ちに駆られることは必定であろう。ここに、不幸の感情の根源があるのである。

言い換えれば、この世におけるすべての存在はみな、それぞれそれなりに、その意味や意義、役割や機能、価値や重要性を内在させているはずである。かりに、そうした個々のものの存在意義が、この世の活動のさなかで、充実され、発揮され、その完全な本性の実現に向けて拡充されていったならば、そこに、そのものの存在の幸、すなわち幸福もしくは至福が成り立つはずであろう。けれども、もしもそれが、その途上において、その本性の実現を拒まれ、ねじ曲げられ、圧殺されたならば、そのものは、その存在において不幸であることになろう。そのとき、そのものは、そのものの存在の成就達成を阻まれたという苦難に直面し、その存在の危機に瀕し、苦悩の渦中に追い込まれるであろう。

かりに、万物に、その至福を叶えさせることが、この世の正義であるとすれば、不幸と苦難の存在は、この世に正義が実現されていないことの証拠となるはずである。不幸と苦難のなかで煩悶し、告訴と呪詛の思いに囚われ、悲嘆と憂悶に閉ざされた人は、この世に正義の光が失われていることに苦悩し、現世を、不正と不当、邪悪と不義にみちた地獄として、実感しているのである。

もちろん、存在するものの間で、どのような釣り合いや対応、相当や連関が成り立てば、正義が実現されると見なされうるのか、また、その正義の真理を所有する者は、いったい誰であるのか、といった難問は、おそらく最終的解決の不可能な問いであり、いつになっても消えることのない根源的な疑問として、どこまでも残り続けるであろう。古い神話や宗教の教えに固執するのならば、話は別である。しかし、おそらく、近現代においては、それぞれの人が、その人格性の核心において、存在の秩序に関する、こうした正義の確信を胸裡に深く抱懐していると言える。こうした人格的確信は、ほとんど絶対に譲れぬ信条として、それにもとづいて万人が人間と世界の全体と相対峙して生きる最終根拠を形成するとさえ言っても過言ではないほどである。

したがって、もしも、それらの確信相互の間で調停を図り、自由と民主主義によって問題解決を企てようとすれば、そこに討議と合意形成への無限の努力が要請されることになる。しかし、そうした多数の人々の間の討議と合意形成への努力のなかでは、おそらく最終的な正義の姿は、果てしなく揺らぎ続けるであろう。かりに、そうした討議の際に、みずからの正義の思想に極度に固執するならば、他者への寛容は消え、相互承認は達成不可能となり、それに代わって、ついには、正義の主張相互間の戦争という暴力的な決着状態の出現が、不可避となるであろう。こうして、不幸と苦難、不当と不義の問題意識は、人間の存在の奥深くに潜むきわめて鋭い刺をもつ茨として、万人の胸に突き刺さり、深刻この上ない懐疑の坩堝を形成することは明らかである。

おそらく、救いのない、果てしない対話と討議が、人類にとっての課題となるであろう。そのときには、たんなる言葉の上にとどまらない情念と意欲と存在のすべてを賭けた全人としての生身の人間が、あるべき存在の秩序としての正義をめぐって、格闘し続けるという、終わりない争いが、その帰結となるであろう。その意味でも、人間の存在は不幸である。果てしない相剋と、確信相互の衝突が、人間の歴史と共同存在の宿命となるからである。

## 5　人生の格闘と努力と幸福

人間のなかには、争いごとを好む気質のタイプの人がたしかに存在する。針小棒大というか、何事に関しても、神経質に拘泥し、我意に固執し、他者を許容せず、かしましく騒ぎ立て、もめ事を起こし、不平不満をわめき立て、我を張って、強引に暴れ回り、喧嘩腰になり、実情を理解せず、理屈を言い張る、諍《いさか》い好きの、迷惑な人が、たしかに存在する。そうした人の周辺からは、必ず、不穏が発生し、平和が乱れ、確執が生じやすい。さりながら、人間のうちには、誰のなかにも、多かれ少なかれ、そうした諍いへの傾向性が根強く胚胎している。それでなくとも、闘うことを忘れるとき、人は、人生の舞台から、敗退して去ることを覚悟しなければならない場合が往々ある。

考え直してみれば、私たちの生活は、まず、そのごく日常的な衣食住の営為においてすでに、みずからの安全と保身を図る努力なしには、平穏に保たれることさえありえないであろう。人は、食べ、住み、働き、生計を立て、身を糊してゆかねばならず、その点に無頓着に、また身勝手な思い込みのまま、世間を無視し、傍若無人に振る舞えば、社会から落伍し、生きる道を絶たれるという隘路にたちまち陥る羽目となることは必定である。生活の無事安全という幸福をしっかりと確保して生きるためには、人はそれなりに、世俗の事柄についても、気を配り、注意し、努力し、奮戦して生きねばならない。けれども、いかに努力したとしても、おそらく、不満や不平は、人間社会からは消え去らず、どこまでも残り続けるであろう。その意味で、いろいろな尺度に照らし、自分を不幸と感じ、また、自分は不当に貶められ、卑しめられ、不遇であると実感する人は、けっしてこの世からは消失しないであろう。

加えて、そうした無事安全な生活の場の確保に立脚して、さらに誰もが、この世に生まれた以上は、自分なりの生き甲斐にもとづいて、生活を律し、大小さまざまなことが起きるこの人生の遍歴過程を、その生き甲斐の達成を目指しながら、懸命に歩み進み、自分の存在の意味を確立し、実現し、実感することを衷心から冀っているであろう。もちろん、衣食住の生活基盤がまだ確立されていなかったり、あるいはそれが崩壊したりした人にとっては、それの確立や再建が、当面の生活目標となる。しかし、それが、なにほどか緒《ちょ》に就いたときには、人は、その上に、さらに自分なりの人生の花を咲かせることを、必ず望むであろう。

しかし、そのためには、人は、その自己拡充を念頭において、たえず日夜、精励しなければならないであろう。というのも、そうした生き甲斐の達成は、いろいろな面で、課題や試練や困難や障碍に出会って、これを克服する努力の連続に置き換えられてゆくからである。格闘することなしに、人生の実りは結ばないというのが、この世の鉄則である。実際、存分に生き抜いたという、生き甲斐にみちた幸福感は、それなりの自己集中や犠牲や断念や労苦の代償のもとでのみ、初めて獲得されるのである。

けれども、いかに精進したとしても、非力で有限な人間には、完全な意味での幸福感はけっして与えられえないであろう。考えてみれば、生きているということは、まだなすべきことを残しているということと同義である。なすべきことがなくなった人生は、死と同義である。生きるということは、欠如の意識にもとづき、それを充足させるという運動と情熱において成立する。その情熱は、充実に向けられている点では、たしかに、憧れにみち、その実現状態を夢見ていて、幸福感に浸っているであろう。けれども、その意識が、目下は自分にその充実がいまだ与えられておらず、また、あらゆる意味での完全な充実が人間には不可能であるという自覚に伴われたとき、それは、そのまま、不幸の意識に転ずるであろう。したがって、人間には、生きているかぎり、終息した絶対的安寧としての幸福感は、与えられず、叶えられず、許されず、その意味で、人間は、終生、不幸であろう。

しかし、もしも、人が、そうした茨《いばら》にみちた、不完全な人生行路をも、それなりに努力して生き抜くことを果たしえたと思い、そうした人生を顧みながら、たとえば、ニーチェが引証したように、「難破しながらも、よく航海をした」と、述懐することができたとしならば、おそらく、その人は、しばしの間、安らかな心で、自己の人生の運命を見つめるであろう。しかし、そうした人は、多分、そのすぐあとには、再び、回顧するのをやめて、新たな取り組みに立ち向かうであろう。

そうした意味でも、人生は絶えざる取り返しであり、反復である。「これが、生きるということだったのか。よし、それならば、もう一度」という決意は、不幸と幸福の狭間で、永遠に引き裂かれた人間にとっての、宿命的な覚悟である。もしも、人が、カントが人生の最後の瞬間にひとりごちたと言われるように、「これでよい」と言い述べて、死ぬことができたとしたならば、その人は、みずからの有限の人生を生き抜いて、与えられた使命を果たし終えたことを、いのちの贈り主に対して感謝しつつ、その恵みに与りえた人生のすべてを、その贈り主に対して捧げ返すであろう。

自分のいのちの活動とそのすべての軌跡を、感謝とともに、絶対者に向けて捧げ返すことのうちに、この世の最高の幸福があるであろう。絶対者とは、その大きな心のなかにすべてを包み込み、許し、嘉《よみ》し、永遠に記憶して、忘却しない、いのちの守り神のことである。絶対者に嘉せられることが、人間の最終の願いである。しかし、それは、達成されない人間の悲願であるかもしれない。

# ◉第十四章　老い

## 1　老いと自己

人間は、年とともに老いてゆく。このことは否定することができない。仏教も、生老《しょうろう》病死《びょうし》を人生の根本事実として、その苦しみを見つめていた。たしかに、人間は、この世に生まれて、やがて必ず、老い、そして病をえて、死んでゆく。その宿命は、免れがたい。

しかし、老いるとは、いったい何を指しているのであろうか。それどころか、その前にまず、老いてゆくのは、誰であろうか。なるほど、それは、たしかに自分自身ではある。けれども、みずからが老いてゆくことを知るその自己と、老いてゆく自分自身とは、果たして、まったく隙間なく同一であろうか。

たしかに、老いてゆくのは、当の自分自身であり、そしてそのことを知っているのも、その当の自己自身である。けれども、そのことを知る自己自身は、かつての子供時代の自分をも記憶し、知っているとともに、いま自分が年老いてゆきつつあり、やがて死を迎えるものであることをも、覚悟し、心得ている自己である。その自己は、経験を積み、遍歴を閲《けみ》し、変化してゆく自分を、当の同じ自己として知っている、変わることのない自己である。

自己のうちには、変わることのない、一貫した、同一の自己が住んでいる。そのものの鏡に照らして、初めて、移りゆき、変遷する自然的かつ社会的な自己の諸相が、いろいろと映じ、見えてくるのである。その自己の、自然的かつ社会的な諸相の一つが、老いである。

老いは、自然的かつ社会的に人間としての必要条件をみたして生存する自己にとって生じてくる現象の一つである。それは、ちょうど、若さが、人間にとって、必然的な現象として生じてくるのと同じである。しかし、人間は、若さや老いをも越えて、当の自分自身の、多様な遍歴を含む同一的自己としての一貫性を自覚している。当の同じ自己が、若い時を経て、やがて年老いてゆくのである。変化を言いうるためには、その変化の諸相が帰属する何か同一の変わることのないものが存在していなければならない。したがって、一貫して変わらない、同一の人格としての自己が、自然的かつ社会的に、老いという段階のなかに入ってゆく変化する自己の諸相をもそのうちに含み込みながら、しかし、けっしてそれだけには尽きない、豊かで多様な自己の統一的な自己性を支える根拠となっているのでなければならない。

言い換えれば、来し方と行く末を考える一貫した自己自身があって初めて、その自己の若いときも偲ばれ、また、その自己の年老いてやがて死を迎える事実も覚悟され、受け止められる。生老病死を越えて、それらのすべてを映し出し、見て取る、心眼、精神、人格としての、変わることのない自己が存在する。その自己が、すべてを支える根底的な基体ないし主体として、移ろうことなく、動揺することなく、静かで、穏やかで、無限の含蓄を内在させながら、多様を含む統一の働きを及ぼし続けることのうちで、初めて、人間の自己性が十全に成立する。そこにおいてこそ、当の自己の、ありとあらゆる、具体的な、人間的態度決定の種々相も構成され、文化や社会の諸活動も生み出され、その人なりの生涯を通じた遍歴と展開が可能になってくる。その根底的自己には、ある意味では、老いも死もない、と言える。その不動の深みと静けさを湛えた心眼の前には、この世の現象のすべてが泡沫に等しいのである。それは、すべてを支え、すべてを含み、すべてを許す不動の眼である。その心眼の前には、万物は透明になる。そうした根源的自己の十全な統一性のなかでこそ、この世の中における自然的かつ社会的な必要条件としてのあり方の諸現象が位置づけられる。

さりとはいえ、その根底的自己は、万物を映し出す鏡でありながらも、けっして、どこにも所在のない、宙に浮いたものではなく、実は、人間の特定の自然的かつ社会的なあり方のなかに、受肉し、宿り、住まい、繫留《けいりゅう》されているのである。そのように、いわば超越論的な眼差しが、特定の自己のなかに特殊化され、個別化されて、心身の具体化のなかに繫縛《けいばく》されているというところに、人間の宿命がある。そこに人間の不可避の構造がある。それゆえに、人間的自己にとっては、それが自然的かつ社会的な現象面において、老いと高齢化のあり方のうちに捕縛されてゆくことは、必至なのである。自己は、当の自己自身が、やがて老いて、死を迎えるものであることを熟知するのである。

## 2　老いの自然的かつ社会的な現象

したがって、老いと高齢化は、人間にとって、さしあたり、自然的かつ社会的な必要条件との連関のなかで浮かび上がってくる現象である。なぜなら、老いは、それを規定する基準なしには判定されえないが、その基準は、人間の自然的かつ社会的な条件から借りてくるよりほかには設定しえないからである。

たとえば、まず、老いは、自然的には死への接近状態と見なされて、特定社会における人間の自然的な平均寿命から、六十五歳以上とか、七十歳以上とかが、老人という扱いを受けるといった具合になる。あるいは、還暦とか、古希とか、喜寿とか、米寿とか、白寿とかによって、老いの度合いが測定され、また祝われたりする。しかし、これは、あくまでも、第三人称的な平均値であって、老化現象が、そうした基準年齢の以前から始まる人もあるし、あるいは逆に、そうした基準年齢よりも実際上は若いという人もあるであろう。それどころか、生物としての部分的な機能障害や機能停止への傾向としての老化現象、さらには全面的な機能停止としての死は、幼児や青少年にも起こりうるのである。老化や死は、けっして、いわゆる高齢化と必然的に結合しているわけではない。生あるものは、生まれるや否や、もうすでに十分に死ぬ年齢になっているからである。けれども、第三人称的な平均値からすれば、いちおう、一定の年齢に応じて、それなりに老いも進行することが普通には想定されている。

あるいは、老化は、そうした自然的な平均寿命とも関係しながらも、より社会的に、定年制という形で、社会の若返りを図り、後進に道を譲るという謳い文句のもとで制度化されて一律に施行される現象形態に即して、規定されることもある。つまり、定年とともに、永年の職種から離れ、いわゆる第二の人生に踏み出す時期から、人は、老いの段階に入ったと、自他ともに意識し始めるのである。そうした意味で、定年やそれに伴う退職や転職は、人生の時間性と老いの現象を顕在化させる出来事であることは間違いない。もちろん、定年制には、長短いろいろな側面がある。後進に道を譲り、社会の若返りを図るというその理念は、たしかに妥当性をもつ。というのも、えてして人間社会においては、「憎まれっ子、世にはばかる」の譬《たと》えどおり、既得権や権力に居座って、利己ばかりを目指し、世故《せこ》に長《た》けて、利権を貪《むさぼ》ろうとする老獪な人物が、ややもすると世間に大手を振って罷《まか》り通る場合があるからである。しかし、反面、定年制は、なお活力のある円熟した逸材を、一律に世の中から排除する仕掛けとなって作用して、かえって当該分野の衰退を招く恐れをもつ場合もなくはないのである。そうしたときには、定年制は、一種の姥捨てとして、社会的差別に繋がる萌芽をも宿す危険性をもっている。いずれにしても、定年とともに、第二の人生に入るという生活形態が、今後いよいよ拡大して、高齢化社会における労働や生き甲斐、福祉や社会保障の問題意識を増大させ、老いのもつ社会問題的側面を顕在化させることはたしかである。

加えて、老いは、明らかに、世代交代の事実とも結びついて、世代間における、社会慣習の変化や、人生経験と価値観の相違や、精神的生き方の変遷という、深刻なギャップないし亀裂の意識とともに自覚されてくるという場合もある。かつて十九世紀後半に、ツルゲーネフによって主題化された、父と子の対立という世代間の亀裂は、いつの世にもある普遍の事実であるが、それは、社会の急速な発展と生活スタイルの激変を伴う現代文明世界のなかでは、いよいよ増大し、情報化社会の進展とも見合って、世界的に波及し、世代ギャップは加速度的に高まってきている。多くの人は、近時における社会習慣の激変のありさまに、驚愕を隠しきれないほどである。そのことは、現代の若者の振る舞いやその行動パターンの異常な変化の現象として、巷間さまざまに話題にされ、指摘されている事柄である。

それどころか、老いは、端的に言って、心身の変化や不調、障害や不全、病気や苦悩、生計の面での困難や窮迫、人間関係における亀裂や別離、忘恩や裏切り、さらには長年の人生遍歴における事故や災害、対立や紛争などの側面の出現といった、ありとあらゆる不幸な事態の顕在化という姿を取って、人生の暗い側面を表す顚末の様相を帯びながら迫ってくる傾向が強い。もちろん、明るく幸せな老年というものも存在するであろう。けれども、老いは、もともと死の予感とも結びついて、悲惨な様相の影を本質的に内在させている。老いは、総じて、誰もがそこから眼を背けたがる暗黒の象徴を含むものとして受け取られる面を含んだ現象であることは否定することができない。

実際、ショーペンハウアーも指摘したように、年を取って、生計に困り、病気がちとなったら、その人の晩年が暗いものとなるのは必定である。したがって、誰もが、早くから、その点に留意して、自分を守る必要がある。しかし、いくら用意周到を心掛けても、予測しえない出来事の起きるのが人生である。老いと高齢化の行く手は、誰にも予測することができない。むろん、老いとともに円熟する人生というものも考えられる。しかし、人間は、受肉した自分自身を、自分自身の思いどおりに、円熟させたり、若返らせたり、あるいは好きな姿で老化させたり、終わらせたりすることはできない。自己の自然的かつ社会的な存在のうちには、自分の思いどおりにならないもの、いわば自己の根源的受動性が潜んでいる。自己は、自己を越えた宿命の定めに委ねられた側面を、その根底に抱えている。

いかに自発性に富み、能動的で、いわゆる勝ち気で、理性的な人といえども、自分の老化と死を、自分の思いのままに支配することはできない。人は、老化と死の歩みを停止させることはできない。それどころか、老化し、瀕死の身となった自分自身を、自己は、自分で処置することもできず、そこでは自己の能力の限界に突き当たってしまう。みずからでありつつ、もはやみずからではありえない、他者となってしまった自己に対しては、自己は、まったく無力であり、ただその事態を受動的に受け容れるよりほかにはない。老化と死は、人間の根源的受動性を顕わにする現象である。それは、自分では、どうにもならない現象なのである。

もちろん、考え直してみれば、この世への自己の生誕も、自分でどうすることもできなかった受動的事実である。してみれば、人間の存在の根底には、その初めから終わりに至る根幹において、自己の能動性を越えた、大きな受動性が伏在していることが明らかである。人間的自己の無力さと非力さは、そこにおいて徹底的に浮き彫りにされる。とりわけ老いと死は、自立した人格としての人間にとっての、乗り越えがたい限界であり、能動的自己が痛烈に打ちのめされ、屈服を強いられる出来事である。そのために昔から、人は、みずからの老弱と老軀、老体と老衰、老残と老醜の身を、恥じてきた。

したがって、もしも、姥捨てと遺棄があってはならないとすれば、ここに、他者に扶助され、介護され、看取られねばならない、徹頭徹尾、他者に依存した人間の存在の受動性が出現してくる。別様に言えば、そこに、相互的に支え合って生きるよりほかにはない自然的かつ社会的な人間の共同存在という生存状況の根源的事実が指示されている。

## 3 老いと円熟

実際、人間は、この世に生まれたとき以来、幼児期や青少年時代を通じて、親や保護者に庇護され、養育されて、ようやく成長したのである。義務教育段階から、やがて社会に出るまでにも、人は、学校や世の中から、多くの教育や支援や恩恵を受けて、ようやく成人したのである。自立して社会のなかで活動するようになってからも、たとえいかに生存競争や争いが不可避だとしても、社会のなかで活動しうるようになったということ自体がすでに、社会の側での理解や受容を前提しており、その恩恵の享受を物語っている。年老いて、やがて死を迎える段階になれば、人は、いよいよもって介護や最期の時を念頭に置くとき、他者や共同存在に依存した自己のあり方を自覚せざるをえない。

ありうべき植物状態や脳死状態、あるいは臓器移植や末期医療、ひいては自分の葬儀や埋葬その他のことを考えれば、人間が、世代間の連続や、他者との共同存在に依拠した、徹底した受動的存在であることが一目瞭然である。そこに、相互依存性と支え合いにおいて成り立つ共同存在への依拠の自覚と感謝の念が生ずるのは、当然である。

しかしながら、だからといって、人間が、その本来的な活動的人生において、自発的能動性を発揮しなくてよいということにはならない。むしろ、反対に、人間は、老いと死に至るまで、否、老いと死をも越えて、その自己責任のある生涯全体を賭けて、みずからの人生の意味と使命の自覚にもとづきながら、その自己実現と社会奉仕の積極的活動に精進しなければならない。その積極的能動性を欠如した、まったくの受動的依存性は、むしろ唾棄すべき甘えであり、極端な場合には、他者の好意に寄りかかった、寄生虫的な無為懶惰《むいらんだ》な無頼の徒を生み出すだけに終わるであろう。

したがって、人間が、受動的であるとともに能動的であるという二面性を具えた存在であることを、十全の意味で知るということが肝要である。受動性からは、他者や共同存在による恩恵への感謝の念が芽生えてくるはずであるし、またそうでなければならない。能動性からは、自己充実にもとづく社会奉仕や、同胞への自分なりの恩返し、ないしは献身や貢献への覚悟と態度が、発現してくるはずであるし、またそうでなければならない。

もちろん、受動的存在を、その厳しい事実性において凝視すれば、それは、自己の限界状況の意識ともなり、他のようにではなく、このようであるよりほかにはない仕方で生きることを宿命づけられた自己自身の限界性への煩悶や懐疑、苦悩や疑念などが、どうしても、感謝の念と裏腹に、生み出されてこざるをえない。また、自己の能動存在の自覚にもとづく努力も、それが実り豊かな収穫をもたらすかぎりでは、自己充実と社会奉仕の実《じつ》を挙げえたことを実証することにもなるが、しかし他方、その精進の人生が、多くの困難に阻まれ、他者との軋轢を含み、労苦のみ多い、挫折にみちたものとなった場合には、その人生は、不幸の翳りを強く帯びたものとして意識されるに至ることも否むことができないであろう。したがって、受動性と能動性とを帯びた人生行路は、明暗の両面を含む様態においてあることが誰にでも自覚されてくる。

実は、こうした仕方で、人生の陰影の全体を視野に容れて、その人生を、自分なりに完結させ、その有意義性に向けて自己の人生を全体的に自覚し直し、これを締め括ろうとする覚悟と諦念の熟する時が、まさに、老年という時であると言わねばならないのではないであろうか。つまり、そうした自覚のうちにこそ、老年の意味と真価が存する、と言わねばならないのではないであろうか。

もしもそうだとすれば、老年とは、いわゆる自然的かつ社会的な老いとは関係がないことになる。若くして、老成した人はいるものである。ヘーゲルという哲学者は、若いときに、老人という渾名《あだな》を付けられたと言われる。そうした連関においては、若いということが未熟を意味するように、老いるということは、円熟を意味しているのである。そうした意味で、老年や老境は、むしろ、老熟、老練、老巧、老成、場合によっては、老獪といったニュアンスさえ帯びた事態を表すことにもなる。﨟長《ろうた》けた、熟練の境域が、老いということなのである。

若くして、早くからすべてを洞察した賢者も、この世には、数多く存在した。しかし、精神的円熟は、やはり、たいていの場合、自然的かつ社会的な老いの時期と一緒になって現れるのが普通であろう。だから、老いとは、もともと二義的なのである。それは、一つには、自然的かつ社会的に、いわば第三人称的に規定されて出現する、通常の意味での老化現象のことである。しかし、それは、二つには、人間的自己が受動的能動性において明暗の二面を含んで人生行路を歩まざるをえないことの第一人称的な自覚と、その覚悟による自己の人生の実践そのもの、ないしは、その構えの成立そのもの、すなわち、自己の人生に対する精神的な洞察の熟成一般のことを指すのである。普通には、それらの二つは結びつく。したがって、そこに、老年や老境に至ってようやく、人生全体が見えてくるに至ったという、いわゆる老いの心境が成り立つ。老いは、その意味で、知恵や洞察の円熟する時期、あるいは人生の本質と限界が見えてくる悲愁と諦念の時期なのである。

ショーペンハウアーが言ったように、年を取り、人生の終わりが見えるようになったときに初めて、人生が分かってくるというのは、悲しく残念なことである。もっと早くから、人生への知恵が与えられていたならば、多くの人間は、もっと幸福な人生を送ることができたかもしれないのに、そうはならなかったと、ショーペンハウアーは見た。実際、人生は不条理である。人間は、人生経験の果てに、いよいよ強く、人間の有限的非力さを知らしめられ、諦念と悲愁のなかで、人生の終わりを覚悟しなければならないからである。

## 4　老境の諦念

こうして、老年とは、自然的かつ社会的に人生の終末期に近づく時期を表すとともに、たいていはそうした時期にようやく誰の胸のうちにも宿ってくる悲愁と諦念のなかで、人生の真実が見つめられ、洞察される時期をも意味する。老境に至って、ようやく人間には、知性が磨かれ、知恵が熟し、自己と世界が何であるかが、そのどうにもならない受動性と、その誇り高い能動性において、人間の徹底した限界意識の覚醒とともに、洞察されうるようになる。そうした意味で、老境は、人間における真の知性と認識の時、すなわち、悟りの時期なのである。老境は、哲学の知恵が熟する時間なのである。

そうした老年の時については、昔から、キケロやセネカ、あるいはショーペンハウアーなどが、素晴らしい見方を提供してくれていた。

先にも触れたが、ショーペンハウアーが言ったように、そうした老年の実りが熟するためには、まず何よりも、人は、健康と生計の維持に、早くから留意して、みずからの人生設計を築き上げる努力を怠ってはならない。生計もままならない病気がちの老年は、悲惨の一語に尽きるからである。そうではなしに、比較的健康に恵まれ、また、毎日恐れずに使えるなにほどかの金銭を蓄えた老年は、少なくとも社会生活全体の安寧《あんねい》が保たれた条件下では、むしろ、静かで、平穏な人生の実りの時期になるであろうと、ショーペンハウアーとともに、人は言うことができるかもしれない。生の本能の激しい渇望も静まり、社会的責務もいちおう果たし終えた、比較的自由な老年は、自己を振り返り、世界を見つめ、知性の働きを純化させて、洞察と実りを結びうる最良の時期だと、たしかに言えるであろう。

しかし、そのためには、人生に対する過剰な期待や野心に惑乱された、思い込みの激しい混乱した想念から解き放たれて、冷静にこの世の営為をその真相において見つめる知恵の魂が熟成してこねばならない。ショーペンハウアーが言ったように、人生の表側だけでなく、裏側もすっかりよく眼のなかに入った老境においてこそ、初めて、人生の虚妄と空しさが会得され、所詮はいかなる人生も五十歩百歩であるという事態が得心されてくる。そうした人生の有限性への徹底した悟りが、老境の平静さを築く基底とならねばならない。実際、誰しも、老年とともに、そうした悲愁にみちた諦念を学び取るものであろう。

老年になって、やっと人は、自分の人生を変えた大きな出来事が、そっと気づかないうちに、自分に忍び寄ってきて、自分を支配するに至ったことを理解する。自分の周りの人々が、ほんとうは何者であったかが、ようやく分かるのは、老年になってからである。老境に至って、ようやく、自分の歩いてきた人生が、その意味と射程において、誇張もなく、卑下もなく、ありのままに見つめられ、自己の人生の限界と特性、その意味と無意味とが、過不足なく、凝視される萌芽が生い育ってくる。この世の中の名誉や名声や栄誉などが、当てにならず、他者の身勝手な臆断に依存した評価にすぎないことも、すべて見抜かれてくる。

こうして不動の英知を得た、落ち着いた老年は、死を覚悟しながら、自分なりの人生のまとめを試み、知恵を磨いて、認識を深め、哲学的知性を研ぎ澄ます恰好の時期となる。キケロが言ったように、無分別は青春につきものであり、反対に、分別こそは、老熟に伴ってようやく熟成する。およそ、知性を錬磨して、労作や仕事に励む老年には、老化は寄りつかないのである。老年になって恵まれた晴耕雨読の田園生活こそは、人間に幸福をもたらす。自然のなかで草木を慈しみ、書籍を読んで知性を鍛える田園生活は、人間に精神の安らぎを叶えさせる。あらかじめ美徳善行の想い出を蓄えることに努力を傾注して、精神的に満ち足りた円熟した老年にとっては、こうして、時きたってこの世に別れを告げることは、何らの恐怖をも植えつけない。適宜な時期にこの世を去るのは望ましいことである。自然の摂理に従い、生命に定められた限界に従って、従容と死に赴くのは、人の使命だからである。

セネカの説いたように、自然の定めに従い、それに即して自己を形成することが、何よりも大切であろう。心身を健全に保ち、見識を蓄え、運命の贈り物は活用しながら、しかしその奴隷にはならずに、乱されない自由な心と剛毅な精神において、不屈の力をもって、公正に生き、道義を守り、克己心強く、高潔に、そして調和をもって優美に、善行に励むことのうちに、人生態度の基本が据え置かれねばならないと、セネカは捉えた。

人間は、老境においてこそ、いよいよ、こうした人間のあり方に熟慮を傾けて、人生の実りを念頭に置きながら、自己自身に相応《ふさわ》しい生き方の拡充に努め、最期の時に備えなければならないであろう。

◉第十五章

# 死

## 1　死と日常生活

人間は、必ず死ぬものである。私たちは、やがて死に直面することを深く心に銘記しながら生きている。むろん、人によって、その事実を感受する強さは、いろいろであり、年齢によって、資質によって、あるいは、時代や地域、文化や社会によっても、多様であるかもしれない。しかし、私たちが、神ならぬ身として、やがて滅びゆく、うたかたの人生を送る有限の存在であることは、太古から変わらずに、人間の脳裡に刻まれた、変えようのない真実であろう。もちろん、近代医学や環境衛生の進歩により、人間の寿命も延び、やがて長寿社会がさらに拡大してゆく可能性の増大しつつあることが、近年しばしば語られる。けれども、人間が不朽の存在ではなく、本質的に可滅性と可死性の刻印を帯びた非力な存在であることは、私たち人間の自己理解の根底を形作っている不可避の根源的な認識であろう。

そうはいっても、むろん多くの場合、どうせ人はやがて死ぬものだと、私たちは、他人事のように嘯《うそぶ》いて、死の事実を直視することを嫌い、その暗黒の影から顔を背けようとするのも事実である。しかし、それは、かえって、死の事実に不安を覚えて、それから眼を逸らす逃避の現れであることが多い。もちろん、近時においては、家庭で死者を看取るという経験が少なくなり、病院死がほとんどの場合をなすようになり、死が身近ではなくなったということも言われる。けれども、誰もが、自分の健康を気にし、思わぬ病気の罹患《りかん》を恐れ、癌や成人病の増加とか、新たな感染病の発生に恐怖を覚え、死の危険を遠ざけようと、たえず心掛けて生きていることは疑いようがない。日常、道路を渡るときに、信号の点滅に注意しない人はいないが、それは、一瞬の不注意が、たちまち自動車による事故死の可能性を招くという恐ろしい事実を、私たちがすでに日頃、骨身に徹して意識しているからである。

近代医学の発達とともに、脳死と臓器移植、痴呆と植物状態、生命の質と尊厳死、癌告知と末期医療、医療ミスと薬害、医療保険と介護制度、高齢化社会と社会福祉などの、深刻な問題が数多く登場してきて、日々マスコミの報道を賑わしている。いまや誰もが、たえず、死という人生の終末に関わる問題を気遣わずにいられないような状況が広がっている。核家族化や少子化の趨勢とも見合って、多くの人が、比較的若いうちから、葬儀や墓場のことも苦慮せざるをえなくなっているのが、現代人の生活だと言ってよいであろう。こうして、死の意識は、実は密かに、いよいよもって、あらゆる人々の日常生活の根底を支配する根本問題となっていると見て間違いない。

## 2 医学的死と自己の存在論的死

死は、このように、普通、さしあたりまず、人間における生き物としての生命活動の停止という医学的な意味において捉えられる。そうした医学的な死にまつわる諸問題に、現代人である私たちは、日常たえず気遣って暮らしていると言える。けれども、そうした医学的な意味での死の根底には、人間の存在そのものに関わる存在論的な意味での死の問題が潜んでいることを見失ってはならない。医学的な意味での生命喪失の過程の根底には、人間的自己に関わる死の存在論的問題が伏在するのである。

そのことは、次の点を考えれば明らかである。すなわち、生物としての人間の身体的機能の活動停止としての死は、臨床的には、種々様々な過程を取るであろう。死には、心臓死もあれば脳死もあり、事故死や突然死もあり、癌や成人病による死もあれば、天寿を全うしたような老衰による自然死もある。その上、それらの具体的現象は、人により、大きな個体差があって、死の様相は実に千差万別である。けれども、それらがいかに多種多様ではあっても、それらが死である以上は、そこには、それらを通じて、なにか一貫して変わらない死の本質が、存在しているのでなければならない。そうした死の本質は、そうした死と関わる自己自身の生存の根底を見つめることによって初めて、これを獲得することができる。それは、ちょうど、あらゆる概念の根本意味が、自己自身によるそれへの経験の反省を通じてのみ、初めて獲得されるのと同じである。

言い換えれば、医学的な臨床的場面における死の根底には、まさにそうした死の過程と関わり合う人間的自己の側からする死の根本理解が先行し、それによって初めて、死の根本概念が形成されるのである。そうした自己の存在そのものに食い入っている死の本質に関わる存在論的な概念によって初めて、死の医学的臨床的諸過程の根本的意味も統括されることができる。

それは、ちょうど、既述のように、自然的かつ社会的にさまざまな相において老化してゆく自分自身とは別に、それをまさにそれとして自覚する自己自身が、前者と深く絡み合いながらも、それとは異次元のものとして存在し、こうしてみずからの老化を覚悟して受け容れ、やがてはみずからの死をも自覚してゆくのと同じである。あるいはまた、誰にでも認められる心身の一般的構造とは別に、それらにもとづきながらも、逆にそれらへと関わって、自覚的に自己固有の生き方の根本態度を決定してゆく根拠としての自己自身というものが、人間的あり方一般の根底に存在していなければならなかったのと同様である。

言い換えれば、客観的かつ一般的に知られる多様な医学的死の諸現象やその過程とは別に、まさにこの人生を生きている主体としての自己自身が、死という終わりと向き合って、それへと態度を取るという意味での、主体的な死の問題意識が存在するのである。それどころか、後者にもとづいてこそ、前者の死の医学的諸相も初めて、真剣に自分自身に関わりのある根本的出来事として会得されることができる。さもなければ、医学的な諸相が、自己の死と関わりうるものであることは理解されないままにとどまるであろう。

自己自身の存在に食い入っているこうした死の問題意識こそは、人間の存在と不可分に結合した、その決定的な、死の存在論的概念である。それを根拠にして初めて、医学的な死の諸相も、自己に関わりうる可能的な死の具体相として、人間的自己に不安とともに切迫してくることができるのである。

## 3　死の存在論的概念

そうした死の存在論的概念ということを言ったときに、まず最初に指摘されるのは、すでにエピクロスも言ったように、死とは経験不可能なものだという逆説的な事実である。というのも、死をほんとうに経験したときには、その人は死んでしまうのだから、そのときには、死を経験するということもなくなってしまい、したがって、死の経験などはありえないということになるからである。

エピクロスは、だから、死などは存在しない、少なくとも不可知である、したがって死を恐れることは愚かしいとして、死の不安を戒めることを説いた思想家であった。エピクロスが狙ったのは、むしろ、死のことなどに右顧左眄《うこさべん》せずに、愉しみにみちて生きることに心を費やすことのほうが重要だということであった。ただし、彼は、他方では、死んだ人の亡骸《なきがら》が横たわるという死の厳然たる事実を認めており、また、たんなる快楽主義者ではなく、静かで永続的な楽しさを尊び、平静な心を重視した哲学者であった。

死を経験することはできないということの考え方は、ときに、モンテーニュやサルトルなどにおいて、だから、死は、突然あるとき自分に襲いかかってくる、自己に無縁で異質の、どうにもならない、自然の、偶発的出来事であり、それに心を煩わすのは愚かしいとして、それをどうでもいい事柄と見なし、もっぱら生にのみ眼を向ける考え方を結果させた。ただし、モンテーニュは、死が目的でなく終局にすぎないからといって、それを無視するのは誤りだとして、たえず死を念頭に置きながら生を整えて生きることが大事である旨を説諭している。実際そうであろう。死が、どうでもいい偶然的な事実なら、生もまた、あるとき自分に降りかかってきた偶然の出来事であり、どうでもいい事実になってしまうが、しかし、誰もそうは考えてはいない。やはり、死という不可知の終わりがやがて襲ってくることを覚悟し、偶然とも思われるこの現世での自己の非力で無根拠の生と存在を、いま、まさに精一杯に生きようとしているのが、人間的自己の実情であると言わねばならない。

そうした自己自身にとって、死は、たしかに経験不可能である。しかし、自分ではない他者が死んでゆく場面に居合わせ、その状況を目撃するという経験は、たとえば肉親の死とか、他者の死の経験などをとおして、多かれ少なかれ、誰もがもっているものであろう。ある意味で、死の経験とは、私たちにとっては、基本的に、他者の死の目撃という形で与えられると言える。いままで元気であった他者が、突然、死亡し、亡骸となり、幽明境を異にして、他界し、こうして、残された遺族とともに故人を弔う葬儀に連なることによって、多くの場合、死の経験が、私たちに与えられることはたしかである。

けれども、そのとき大切なのは、ハイデッガーがいみじくも指摘したように、故人が私たちから失われたという存在喪失ではなく、当の故人自身が、死に直面して経験したであろう存在喪失としての死である。つまり、故人は、そのとき、もはや自己がこの世で実存することが不可能となるという可能性としての死に直面し、まさにその死の現実化により、この世での存在を喪失し、非存在へと転化し、無に帰するという存在の変化を蒙ったのである。

これが、死である。それは、それを経験した者だけが知っている存在喪失であり、いかなる親密な縁者も、その内実を、ともに経験することはできず、ただそこに居合わせることができただけである。そうした意味で、死とは、当人自身だけに関わり、その当人自身の実存を根底から覆す根本的出来事であると言える。言い換えれば、それは、徹底的に、当人自身が一人で、孤独のうちで引き受けねばならない非存在への転化、無への転化という実存的経験なのである。

したがって、死とは、ハイデッガーが言ったように、実存が不可能になるという可能性としての無の到来であり、出現である。それは、存在の非存在への転化という存在喪失である。それは各人の一人一人の実存に深く関わる出来事である。死とは、自分に最も固有の、他者とは没交渉になるような、その先の見通せぬ追い越しえない可能性、それでいて、いつ襲ってくるか、その時期の不確定の、しかし確実に襲来する可能性、つまり、無への転化という可能性である。

そうした存在論的な意味での死へと、自己は、もう生まれたときから、関わらざるをえない仕方で、この世で存在している。人間は、たえず死へと関わっている存在である。言い換えれば、人間は、以上のような意味での死へと関わって、そのなかで自己の存在を打ち立ててゆかねばならない存在者である。そのときには、その先の見通せない死の壁に突き当たって打ち砕かれ、この世での自己の赤裸々な実存の現実へと跳ね返されて、そこで、みずからの過去を背負い、あるべき将来を目指し、現在の状況のなかに立って、熟慮し、行為し、人生の道を切り開いていって、自己と他者と世界と存在のすべての意味ある本質充実を達成すべく格闘して生きるよりほかにないのが、人間である。これが、人間が生きるということである。それはまた、人間が生きつつ死ぬということであり、さらには、死につつ生きるということである。

したがって、この世で生きる自己の存在の根底には、こうした死の存在論的概念が深く食い入っている。死を抜きにして、自己はなく、人生はなく、この世の生存はない。無にさらされたものとしてのこうした人間的自己というその必然的運命の自覚の上に初めて、具体的な医学的現象としての死の諸相も、位置づけられうる。自分が、癌で死ぬのか、事故で死ぬのか、成人病の悪化で死ぬのか、老衰によって天寿を全うするのか、それは誰にも分からない。しかし、誰もが、この世に生まれてきた以上は、医学的な具体化を伴って出現する死に、早晩さらされることを自覚し、自己の無化を心得つつ、終わりある自己の人生を深く銘記し、心の奥底でその覚悟を整え、その孤独な最期を密かに見つめながら、いままさにこの世のさまざまな営為に携わって生存の努力を重ねているのである。

こうした意味で、明るい現実の根底には、穴が穿《うが》たれ、虚無の風が吹き上げていると言ってよい。そこには、暗い無の深淵が、底なしの無気味さを湛えながら広がっている。自己の存在の根底には、無が潜んでいる。考えてみれば、自己がこの世に存在する以前には、元来、自己は、どこにもなく、無であった。いま、自己は現世のなかの活動に浸って、一見確固たる実在感を覚えている。しかし、無常のこの世は、うたかたのように過ぎてゆき、再び自己は、存在の無のなかに沈み込む。無としての存在の大海のなかに、ひととき浮かび上がって、浮き草のように漂い、必死にもがいて、確固たる存在を築きえたかに思った自己存在は、やがてまた、無の大海に呑み込まれてゆく。ハイデッガーが言ったように、死は、無の柩《ひつぎ》である。そこには、人間には窺い知れない存在の秘密が隠されているとも言える。誰もその奥を覗き込んだ者はいない。

　さりながら、かつて、エジプトのザイスの神殿に、帳《とばり》で隠された女神が祀《まつ》られていたが、その帳を取り除《の》けることに成功したある人物がそこに見たものは、不思議なことに、当の自分自身だったという。ヘーゲルやノヴァーリスが語るこの意味深い言い伝えに従えば、存在の深淵を覗き込んで見出されるものは、実は、当の自己自身の存在の真実以外にはないことになる。真理は、遠いかなたにあるのではなく、この日常のなかにすでに姿を顕わしているのである。道は近くにあると言われるゆえんである。

その意味でも、死を含んだ、無としての存在が、人間の真実であり、それ以外にどこにも存在の真理はないと言わねばならない。

## 4　死をめぐるさまざまな憂い

死は、根本的に、自己の死という事実のうちから、その存在論的意義を汲み出す。しかし、その自己の死にはまた、他者の死も深く関わっている。なぜなら、ヤスパースが言ったように、最愛の人の死は、自己の生の根底を揺り動かし、死ぬほどの思いを痛感させるからである。それどころか、死者の魂やその教えのほうが、私たちの生にいっそう痛切に響いてきて、心の琴線を震わせ、魂を揺り動かすことがある。死者の思想に学び、古人の哲学を摂取し、その無言の広大な世界と対話して初めて、私たちは、現実理解の地平を豊かに開くことができる。しかし、それは、私たちの生が、死者としての他者の生に大きく依存していることの証拠であろう。図書館で万巻の書に接することは、実は、ほとんど死者の魂と交流する経験にほかならないと言ってよい。

自己の死と言った場合に、生きながらも死んだも同然といった自己の状態があることにも注意する必要がある。たとえば、何らかの仕方で、大きな挫折を味わい、深刻な打撃を経験し、生きる意味を見失い、もはや生への活力を喪失したニヒリズムの心境は、いわば精神的な死を体験することであろう。それどころか、もはや生の意義を熟慮することをやめ、享楽と気散じに漫然と遊び呆けて、頽廃の境地に沈湎《ちんめん》するようになれば、それは、ほとんど、みずからの死を選ぶ生き方に等しいと言える。なぜなら、それは、生の充実を考えることを放棄した自暴自棄の人生だからである。

しかし、いかに自暴自棄となろうとも、自殺は、許されない事柄であろう。なぜなら、それは、みずからに贈られた生を、あたかも自分一人で勝手に処理してよいと思う傲慢の現れだからである。プラトンが言ったように、私たちは、牧場に放たれた牧畜の群であり、それを見守る牧人の許しなしに、勝手な振る舞いをしてはならない生き物だと考えられる。私たちは、生を贈ってくれた存在の主が許可してくれるまで、生から解放されることは許されず、その最期の時まで生き続ける努力を重ねて、みずからに託されたと信じられる人生の使命を果たし終えるまで、生きることに耐えねばならない。

もちろん、そうした途次において、死が深みを宿し、神秘の誘いにおいて、私たちを招くかのような錯覚を覚えることがある。なぜなら、真の生は、小さな個我を打ち捨て、無我と没我の心境において、より大きな存在に向けて献身し奉仕し、高次のもののうちに自己滅却してゆくことによって、ようやく可能になる面をもつからである。その意味で、死を恐れず、死ぬ覚悟で、ほとんど死んだつもりになって、生きることによって、かえって初めて、活路を見出し、生き甲斐を発見し、人生への確信を獲得することができるのである。真の愛も、没我の合一として、小さな自我の放棄を必須としているであろう。大きな課題を果たし終えた者には、通常、もうこれで死んでもよいと思う従容と平安の境涯が伴うものである。

死は、若年の折には、おぞましく、忌避されるべき恐怖と映じる。年を取り、それなりに人生を享受して生き抜いた者には、次第にやがて、死の影と親しく接して、死を身近に感受する機会が増え、死を、救済や安堵や休心の念とともに受容しうる境地が開けてくる。死は、年齢とともにその相貌を変えるのである。それとも関連して、元気旺盛のただなかで、突如、不治の病を宣告された人は、初めは死を、不条理な運命として呪《じゅ》詛《そ》し、憎悪し、拒否するが、次第にやがて、その苛酷な宿命を受容して、死を覚悟し、承認するようになるという心理学的研究も存在する。人間が死と立ち向かう心理的状況は、種々様々である。

死を迎え入れ、その定めを覚悟し、その準備を整える用意は、憂き世の終末に向けて身辺を整理することを含む。そこには、種々雑多な俗世間的な事柄が絡みつくが、それらはみな、老境の責務だとも言える。ありうべき介護や臨終、葬儀やさまざまな後始末、それらをすべて、何らかの仕方で見越しながら、誰もが、終末に身構えざるをえないのが、死にまといつく憂き世のしがらみである。

たいていの日本人なら、死んだら、草場の蔭から子孫を見守り、お盆には憂き世に帰り、生者と交わることを望み、しかしやがて年月が経てば、往時茫々《おうじぼうぼう》、すべては諸行無常のなかに消え去ってゆくのがこの世の定めだとして、それを、詮方《せんかた》ないことと心得る諦念を、心中密かに保持しているであろう。あるいは、永遠の生命の流れとしての浄土に、自己が繫がり、久遠の仏性《ぶっしょう》に救い上げられるという強い信仰をもつ人もあるかもしれない。さらにはまた、西洋からの宗教思想の影響のもとで、死に際して、神の恩寵《おんちょう》と審判が下され、裁きが行われるという終末観を抱き、神に救済されることを祈って、日夜、信仰と精進に励んで生きる、敬虔な人々も存在するであろう。死という終わりに直面する私たちが抱くさまざまな不安や、懐疑や、憂悶や、希望や、希求や、欣求《ごんぐ》には、果てしがない。

それらの種々の想念と気遣いのすべては、いかに人間が、死の影のもとに、蜉蝣《かげろう》のような自己の身の上を、儚《はかな》いながらも、充実した有意義なものとして構築して生きようとするかという、胸痛む事実を、告知している。人間は、徹頭徹尾、死の影のもとに生きる存在者なのである。この憂悶にみちた現実が、人間の生存の真実である。

## 5　死を越えた存在

死ぬべき存在である自己の真実を自覚するとき、人の胸裡に湧き上がってくる最も根本的な問いは、その死を越えた存在に与《あずか》る道は、いっさい人間には拒まれているのかどうか、それとも、人間には、永世や永遠、恒久不変の存在に繋がる道が与えられているのかどうか、という疑問、もしくは可能ならば、その道に従って永生に救われたいと願う希求と欣求であろう。古来から、霊魂の不滅や不死、時を越えた永遠、仏や神の存在といった問題意識のもとで思索されてきたことも、そうした疑問への解決の模索であったと言える。

しかし、近現代人の多くが、そうした超越的な絶対者の存在をもはや信ずることのできない精神的懐疑に囚われた不幸な人間であることは、いまさら喋々《ちょうちょう》するまでもない。古い宗教的信仰や神話は、近代科学が無残に打ち殺し、神は死んだとするニヒリズムの蔓延しているのが、現代の精神的状況であることは否定することができない。日常的にも、医療ミスや極悪犯罪、事故や紛争の頻発によって、人間の生命は、悲惨な仕方で、軽視され、蹂躙され、殺戮され、生と死の尊厳は冒瀆され、踏みにじられて、その荒廃無残の極致にあると言える。こうした悲劇と悪逆非道の罷り通る現実のなかでは、誰も、容易には、あの世における人間の久遠の救済などを信ずることはできないであろう。

さりながら、その疑問と憂悶こそは、まさしく、その表面上の懐疑とは反対に、むしろ、この世のすべてを見通し、許すとともに、また、これを裁き、審判し、いつの日にか、正義の秩序を実現するような絶対者というものを求める祈願と絶叫が、人間の胸裡に深く込み上げていることを立証しているように思われる。そうした神を呼ぶ深淵からの叫びが、実は、人間のうちには、生き生きと働き続けているように推察される。有限で、非力で、罪深く、悪行に汚れ、悲惨のうちで見捨てられてゆく人間的現実を見れば見るほど、私たちのうちには、いっそう熾烈に、絶対者を求める希求と悲願が、絶叫のように迸《ほとばし》り出てくるからである。この矛盾にみちた人間的心情のうちにしか、絶対者への問いを解く鍵はないであろう。

実際、神の子であるイエス自身が、ゴルゴダの丘で十字架に架けられたとき、「わが神、わが神、なぜわたしをお見捨てになったのですか」と、大声で叫んだ。西田幾多郎が言ったように、有限性の極みのなかでこそ、逆対応的に、絶対者への希求が現れてくるのである。もちろん、その絶対者をどのようなものとして思い描くかという立ち入った内実は、宗教的信仰によってさまざまであろう。しかし、そうした観念の根底に、すべてを知る者としての絶対者という概念が潜むことだけは明らかである。

なぜなら、この現実の悲惨をすべて知り尽くし、その上で、さらに、それを裁き、審判し、あるいは、善き者を許し、嘉《よみ》し、こうして、すべてについて、正義の秩序を保持して、万物を支え、生かし続けるであろうところの絶対者というものの観念の根底には、その根本前提として、その者が、生起したいっさいの出来事を見抜き、知り尽くし、記憶し、けっして抹消されることのない全知のなかにこれを映し出す働きを行うということが、予想されているからである。万物を知り、そのあるべき秩序を保持し、それらすべてを見抜いて、審判と恩寵を与え、そのようにして、それらをほんとうの意味で生かす根源的な働きを行うところに、絶対者の絶対者たるゆえんがあることを、誰もが理解しているからである。

そうした絶対者が、実際にどこかに、この世界の内にか、あるいはその外にか、確固として、人間を越えて、現実に存在するかどうかが、問題であるのではない。そうではなく、むしろ、死の限界意識およびそれと連なる人間の悲惨という事態の自覚を介して、私たち人間に、懐疑と絶望と憂悶のなかで、それと矛盾するかのように、こうした絶対者への希求が湧き上がってくるという、その抑えがたい祈願の強靭な根源性そのものが問題なのである。そこに、絶対者の観念の生まれ出る根源があるということが大切なのである。言い換えれば、死の問題意識は、こうした絶対者の観念を生む土壌であるという根本事実が重要なのである。

おそらくは、そうした絶対者の観念は、私たち人間自身の救いようのない現実意識の裏返しにすぎないのかもしれない。しかし、私たち自身のうちには、時を越えた不滅の全知の存在を要請する根強い希求が、最後の時に至るまで、燃え盛っていることだけはたしかである。それが、人間の生存とその努力を内面から支える根拠をなしている。その根拠への確信が引き抜かれるとき、おそらく、人間の生存は、その究極の意味と支えを失い、人間自身が、崩壊するであろう。人間の生存の営為が無意味でないためには、その精進と努力のいっさいを移ろうことなく見届け、意味づける絶対者の眼差しがどこかに存在しなければならない。誰もが、みずからの心の奥深くに、そうした絶対者の眼差しの影を宿している。そこに、人間の存在の、畏怖《いふ》すべき尊厳の最終根拠がある。それは、死をも越えて光輝く人間の尊厳であり、人間をとおして瞬く絶対者の眼差しである。

◉増補　ハイデッガーとニーチェ

# 樅の木の歌

ハイデッガーの訃音に接して

## 1

ハイデッガーは、バーデンのメスキルヒという小さな町に生まれた。かれは、生まれ故郷のその町の墓地に葬られることになっているはずである。その町に住むかれの弟フリッツに伴われて以前その場所に佇んだとき、むろんまだ墓はできていなかったが、緑の樹々とかスターニエンの花咲く木立ちに囲まれた埋葬場所には、静かに木洩れ日が落ちていた。メスキルヒに生まれて、メスキルヒの土に帰る人、それがハイデッガーである。

メスキルヒというところは、鉄道を利用して行こうとすると、じつに不便なところである。当時フライブルクにいたわたしは、シュヴァルツヴァルトを抜ける汽車に乗ってジグマリンゲンで乗り換え、ラドルフツェル行のローカル線でメスキルヒで降りた。しかし現在ではもう、このローカル線は廃止されてしまったはずである。メスキルヒは、当時人口四千四百人ほど、現在もおそらく変わっていないであろう。

しかし、シュヴァルツヴァルトを抜ける汽車の風景はじつに美しい。とりわけトウットリンゲンからジグマリンゲンのあたりは、ドナウ河上流の清らかな流れに沿い、シュヴェービッシェ・アルブの丘陵に守られながら、汽車は走る。その周辺にはまた、いくつかの美しい城跡が、丘陵の上に残っている。

フリッツ・ハイデッガーから聞いたところでは、ハイデッガーの祖父はオーストリーのリンツ付近の出身で、やがてこの地方に移り住んだという。その本家の建物は、今も、ちょうど、ジグマリンゲンの少し西方、ボイロンの近くの、ヴィルデンシュタイン城の真下に残っている。

ハイデッガーの父は、メスキルヒの聖マンティン教会の管理人で、教会のすぐ横手の家に住んでいた。その家は今もむろん残っている。また桶職人であったので、森に出かけては材木を取ってきた。

ハイデッガーの母は、隣村ゲッギンゲンの出身で、汽車で行くと、メスキルヒの北方二つ目の駅がゲッギンゲンである。旧姓ケンプと言い、家柄は古く、母の兄弟は神学の先生であったという。

ハイデッガーより三つ年下に妹が一人あったが夭折、さらにその三つ年下の弟がフリッツである。ハイデッガーは二十八歳のとき、エルフリーデ・ペトリと結婚した。エルフリーデはポーランドの近くの出身で、父親は軍人、のちにヴィースバーデンに移り住んだ。結婚二年後に長男イエルクが誕生、現在は機械工学の先生、さらにその一歳下に次男ヘルマンがあり、かれは、軍人である。なお、エルフリーデ夫人には姉妹が一人あり、アルゼンチンに移り住んだ。女の子が一人あり、この姪を、エルフリーデ夫人は養女として引き取った。この姪は、成人してプロテスタントの牧師と結婚し、その牧師は今はチュービンゲンの大学病院付きの牧師となっている由である。

ハイデッガーの弟フリッツは、少し吃り《シュブラッハフエーラー》で、そのためかギムナジウムの卒業二年前に退学し、商人となって一時はベルリンにいたこともあるが、その後は永く銀行に勤め、長年メスキルヒのフォルクスバンクで働いた。しかし、大変な読書家であり、また兄ハイデッガーのさまざまな草稿コピーを作製保管するという、重要な仕事を果たしてきた。同じメスキルヒの食糧品店の娘と結婚をし、三人の子供をもうけたが、長男トーマスは、営林署に勤務、長女は死亡、次男ハインリッヒは、カトリック教会の司祭である。

## 2

ハイデッガーはメスキルヒで育った。小さな町ではあるが、今から十五年前に、成立七百年祭を祝った町である。その町の教会の鐘の音を聞きつつ、その町の学校に通い、ホーフガルテンの庭で遊び、あの「野の道」を歩きつつ哲学者たろうと決意し、そしてふたたびそこに帰るであろう人である。ハイデッガーは、生まれ故郷を愛し、その土着性を大事に守り育てようとしている思索家である。七十歳の誕生日の折、その町の名誉市民となって挨拶したとき、名誉市民とは、故郷という、ひとがそこから由来し、生い育ち、そこへと結ばれている、そのいっさいのものを大事に守り、故郷という名誉あり尊ばれるべきものを、大事にいつくしみ護る人間のことであろうと言い、そうした理解においてならばこの栄誉を喜んでお受けすると述べている。

ハイデッガーのメスキルヒに対する愛や、そこに託する深い想いを知ろうと思う人は、八十歳の誕生日のさいに、つれづれの折に故郷を想って書き記されたいくつかの珠玉の文章を集めて上梓された小冊子、『マルティン・ハイデッガー――その八十歳誕生記念に。かれの生まれ故郷メスキルヒの町より』を、見るがよい。そこには、よく知られた、

「野の道」や「平静さ」といった文章のほかに、「鐘楼の秘密について」とか、名誉市民となった折の「感謝の一言」とか、メスキルヒ七百年祭のときの挨拶「七百年のメスキルヒ」とは、メスキルヒの学校卒業者の集まりで話した「アブラハム・ア・サンタ・クララについて」とかの文章が収められ、おしまいに、弟フリッツの文章までが収録されている。わたしがハイデッガーの署名入りのこの小冊子を、弟フリッツを通して、贈られたのは、もう大分以前のことであった。

## 3

メスキルヒの聖マルティン教会は、カトリックの教会である。

ハイデッガーは、故郷の町で学校を終えてから、コンスタンツのスゾー・ギムナジウムへ通い、さらにのちにはフライブルクのベルトルト・ギムナジウムに移っているが、この転向の理由は、弟が語ったところによれば、カトリック関係の奨学金の事情によるという。それどころか、ギムナジウム卒業後、一時イエス会の司祭となる訓練のために、オーストリーに行ったことがある、という。しかし、結局卒業した年の秋には、フライブルク大学に入学した。けれども、神学部に入学したのである。かれが、哲学専攻に変わったのは、それからさらに二年後、二十二歳のときである。若いハイデッガーの上には、カトリック神学の影が、落ちているのである。

この事情は、さらに重要な、しかしこの方はすでによく知られている出来事であるが、あの、ブレンターノの著作との出会いという事件と、二重に重なっているのである。メスキルヒ出身の著名な司祭コンラート・グレーバーから、若いハイデッガーは、同じくかつてカトリック司祭であったことのあるブレンターノのアリストテレス論を贈られて、熟読し、はじめて、存在の意味への問いに目覚めたのである。しかも、そのブレンターノの弟子として、当時令名を馳せ始めたフッサールの著作に、それだからハイデッガーは、興味をそそられて、これを手にするようになったのである。これは、ハイデッガー自身が述懐していることである。してみれば、かれがカトリック出身であるという事情は、フッサール現象学の摂取という事態にまで繋がった、重要な事件をなすのである。

カトリック教会の管理人の子供として生まれ育ったハイデッガー、そしてそうした空気の中で、存在への問いに目覚めたハイデッガー、そうしたハイデッガーは、やがて、哲学的思索に徹底しようと決意する。のちにかれが、或る人に語ったように、「哲学者に襲いくるものは、神の現在の仕方としての神の不在なのである」。神という名で崇められるものの不在の中でこそ、むしろ真実には、本当に神々しい存在という場が開かれ、見つめられ、現在化してくるのである。そうした場を切り拓き、これを迎え入れる用意を整えることのためにこそ、思索のすべての努力は捧げられるのである。そしてそのことのためにこそ、或る時期には、厳しい現象学的精神をもって、実存の真相が問い究められていったのである。驕《おご》り昂《たかぶ》った意志を抑え、存在の秘密に心を開き、耳を傾けるよう呼びかける晩年のかれの思索のすべては、その根を、遠くはるか、年若いかれの上にすでに投げかけられていた深い知られざる由来の影のうちで、培われていたのである。「﨟長《ろうた》けるということは、——一筋の思索の道を貫くただ一つの思想が、その枠組の中へと定着しおえたその場所で、折もよし、心しずかに休息する、ということである」。そう、ハイデッガーみずからが、語っている。

## 4

若いハイデッガーが一時ギムナジウムに通ったコンスタンツの町は、ボーデン湖のほとりの、まことに美しい町である。メスキルヒから汽車で南下してラドルフツェルへ、そしてそこから東へわずかのところに、この町がある。その近くのインゼル・マイナウは、初夏には色といどりの花々が咲き乱れて、人々の足を誘う。

ハイデッガーは、教授になって以来は、一時マールブルクにいた以外は、終始フライブルクで暮らした。かれが、最初の教授活動を行ない、意気盛んに、おのれの新たな思索の道を切り拓いたのは、マールブルク時代である。『存在と時間』は、この時期に生まれた。

マールブルクも、美しい町である。駅に着くと、「マールブルク・アン・デア・ラーン」という駅名が告げられる。優しい女性名のラーン河のほとりのマールブルク、ということである。この町の古い情景は、かつてここでハイデッガーに学んだ三木清の回想文の中に詳しい。

かつてわたしもこの町を訪れ、ハイデッガーの古き住居を尋ねたことがある。その家を訪《とぶら》ったとき、姿を現わしたのは、なんとエビングハウス教授であった。わたしは、高齢のこの教授のそのときの親切な応対が忘れられない。

ハイデッガーは、フライブルクでは、郊外のツェーリンゲンに住んでいた。このあたりは、本当に閑静な、思索にふさわしい場所であり、また散歩に最適の地域でもある。通りには、かなり大きな邸宅が並んでいるが、ハイデッガーの住まいは、それらと較べると、割合簡素なものであった。木造りの簡単な柵に、ただMHという表札代わりのイニシャルが、白く書かれていた。二階の書斎には、周囲にあまり多いとは言えない書物が並べられ、窓の向こうには、シュヴァルツヴァルトの森と山なみが、開けていた。わたしが、故原教授と訪れたとき、ハイデッガーは、静かにまた穏やかに、ワイングラスを傾けながら、応対してくれた。落着いた、そして、にこやかな、それでいて、鋭く耳を澄ます、思索的な眼光と、あの相貌が、やや小柄でがっしりした体軀の上で、ほほえみ、考え、語ってくれた。

ただし、それはレーテブックヴェーク通りの家でのこと、死の数年前からは、二階の書斎への上がりおりが不便とかで、裏手のフィリイバッハ通りの住まいに移ったと聞く。

## 5

ハイデッガーと言えば、誰でもすぐ想い起こすのが、シュヴァルツヴァルトの中の保養地で、スキー場でもあるトートナウベルクの、かれの山荘であろう。

この一帯は、冬になると雪に埋もれ、厳しい天候に支配される。わたしは一度、ドイツの友人数名と、ここで無謀にもスキーを企てたことがある。急な斜面と凍りついた雪、スキー場とはいえほとんど人気ない荒涼とした風景は、土地になれた熟練者以外のいっさいの者を拒むかに見えた。しかし、初夏には緑が萌え、放牧の群れや、農夫たちの働く姿が見られた。

ハイデッガーの山荘は、山荘とは名ばかり、本当に質素なスキー小屋で、急な斜面に一軒だけぽつんと建っている。かれは、一九二二年以来、ここで集中的に思索に耽り、著述の筆に励んだようである。

かれがいかにこの山荘を愛していたかは、すでに、一九三四年、二度目のベルリン大学招聘を断って書いた、小文「なぜわれわれは田舎にとどまるか」に、一目瞭然である。海抜一一五〇メートルのこの高原に立つ、床面積四方が、六、七メートルしかない、天井の低い、三部屋（台所、寝室、仕事部屋）から成るこの山荘は、そこで思索に沈潜するとき、またそのときにこそ、周囲の風物が惻々《そくそく》として身に迫ってくる。そしてとりわけ吹雪の夜こそは、思索にふさわしい時となる。本質的なものを、ひたすら問い求める、厳しい思索は、吹雪に向かって立つ樅《もみ》の樹々のようでなければならない。また、思索の営みは、あたりに開ける農夫の仕事と、一番ふさわしく融け合う。思索が打ち切られる夕べには、言葉少なに、農夫たちとの談笑の時がもたれる。木々の伐採が今日終わったとか、牝牛があす子供を産むだろうとかの、ささやかなありふれたことが、そのとき話題になる。「私の仕事の全部はしかし、こうした山々やその農夫たちの世界によって担われ、導かれている」と、ハイデッガーは言う。この山の中でこそ、本当の思索の時間がもたれ、下のあのフライブルクの町では、ただ忙しげな会議やら教職活動があるだけである。山に戻れば、ふたたび以前の思索に帰り、それをすぐさま続行できる。「山の中で、農夫たちと過ごすだけでは退屈で孤独感に陥るのではないですか」とよくひとはいぶかる。けれども、それは、孤立《アラインザイン》ではなくて、むしろ孤独《アインザームカイト》である。しかし、孤独は、ひとを孤立させるのではなく、じつは、ひとを、「あらゆる事物の本質の広い近み」の中へと、解き放ち、投げかえしてくれるのである。農夫たちこそは、単純で、確実で、ゆき届いた、誠実な心くばりと、渝《か》わらぬ想いを抱き続けてくれる人たちである。親しい八十三歳の一老農婦などは、自分がひとり山荘に一週間も籠った折、険しい斜面を登ってきて、「先生が誰かに連れ去られやしないかと心配で」と言って、わざわざ見にきてくれた。その老農婦は、臨終のとき、「あの山荘の先生にもよろしく言っておくれや」、と言って死んだという。「このようか渝わらぬ想いこそは、私の哲学に関する下界でのどんな巧みな解説よりも、ずっと嬉しいのだ」、とハイデッガーは語る。「ベルリン大学への招聘の話を聞いた七十五歳の親しい農夫は、じっと私の眼を見据え、口を固く閉ざして、あの誠実な思慮深い手を私の肩に当てて、かすかに首を振った。それは、断じて駄目だ、と言う表情であった」、という。

## 6

これが、ハイデッガーの世界なのである。これが、ハイデッガーの人となりであり、その思索が見守り、育て、擁護しようとするものなのである。

右の農夫の描写から、ハイデッガーが『芸術作品の根源について』の中で語る、ゴッホの靴の絵のことを想い起こす人があるであろう。また、トートナウベルクの山荘周辺の風景を知る人は、そこでこそ、あの『思索の経験から』という書物が生まれたであろうことを、本当によく理解するであろう。シュヴァルツヴァルトの森とドイツの自然を見てはじめて、ハイデッガーの心が、ヘルダーリンやリルケやトラクルなど、多くの詩人の心と相通じ合うゆえんが、察知されるのである。そして、メスキルヒの森や野の道、南ドイツの田園風景、そこで大きな自然の恵みにあずかって働く、杣人《そまびと》や農夫の姿を想うとき、ハイデッガーが、おそらくはかれの絶品の一つをなすであろう『講演論文集』

中の諸章で語る、「四つなるもの《ゲフィアト》」の世界が、その現実の背景を与えられて、わたしたちに迫ってくるのである。アレマーニエン・シュヴァーベンの古き土の香りと伝統の重みの中で、存在の根源への帰郷を思うかれであればこそ、その土地の方言で「家の友」を語ったヨハン・ペーター・ヘーベルを、かれは愛するのである。

むろん、かれは、この存在の土着性の中に、ただひたりきっているだけなのではない。そこに没入している者には、その美しさのすべてを、本当に隅々まで味わうことはできないであろう。その美と深さを会得し、それが心の琴線に触れてくるのは、一度その故郷を捨てた者にとってのみ、であろう。本当に帰郷しようと思う者は、一度故郷を離れ、異郷にさすらったことのある者であるはずなのである。根源は、忘却を通してのみ、真実はじめて、再発見される。これは、じっさい、ハイデッガーのヘルダーリン論が告げている最も重要な思想の一つなのである。そこにまた、存在忘却の世界の夜を通って、存在への帰郷を準備しようとするハイデッガーの晩年の思索も、繋がってきている。

ハイデッガー自身にとっても、メスキルヒから出て、メスキルヒに帰る八十七年の道程には、故郷を離れた、厳しい学問的世界への研鑽やら、時代の動乱からする、さまざまな迷路や深淵のほとりに立つ危うい瞬間が、数多くあったことであろう。

けれども、世人への頽落を嫌い、実存の本来性と全体性を護り、そこから存在への問いを敢行するかれの思索の試図のすべての背後には、シュヴァルツヴァルトの森と、沈黙がちの農夫、そしてその心変わりせぬ誠実が、控えている。そうした背景の中から、厳しい思索において、神の不在のうちに神の影を見るかれの一貫した試みが、展開したのであった。神の不在即現在とは、晩年の概念におきかえれば、そのまますなわち、エルアイクニスとエントアイクニスにほかならないであろう。不在と現在、顕現と秘匿、この、存在者と存在をめぐる思索のうちに、ハイデッガーのすべてがある。そしてそれが、とりわけ、実存の深い根底から、見つめられ、問い尋ねられている。そしてその思索は、おのれを託し打ち明ける言葉の世界を大事に取り扱う。言葉の中に、存在が宿るからである。

ハイデッガーの思索を支えるものは、学校的な哲学ではない。南ドイツの土着性の中から、労苦と辛酸を経て、生み出され、問いかけられた、実存の声なのである。

## 7

さきに挙げた小文の中で、ハイデッガーは、「思索を言葉に刻む努力は、ちょうど、嵐に向かってそそり立つ樅の木のようである」と言っていた。

シュヴァルツヴァルトには樅の林が多い。ハイデッガーの山荘の前にも、雷に打たれた樅の木のあることは、或るドイツ人著者がそのハイデッガー論で書いている通りである。いつも渝《か》わらぬ緑の樅の木の森、それは、ほとんど黒々として、あのシュヴァルツヴァルトの広大な全域に林立している。

樅の木と聞いて思い起こすのは、あのクリスマスの歌であろう。クリスマスになると、家の中に樅の木を飾り、みんなで、この樅の木の歌を歌う。飾りにする樅の木は、ヴァイスタンネンの方がよい。これは、針葉の裏側が白《ヴァイス》くなっているので、そう呼ばれている。ヴァイスタンネンは、枯れても決して葉が落ちない。そうでない普通の樅の木は、部屋に飾ってしばらくすると、葉が落ちて、部屋中が葉だらけになってしまう。

樅の木の歌は、こう歌う。

おお、樅の木よ、樅の木よ、
おまえはなんと誠実なことか。
おまえが緑なのは夏の間だけではない。

雪降る冬にもおまえは緑だ。

夏の美しい、あたりすべてが燃えるような時にだけ、樅の木は、緑なのではない。厳しい冬のドイツの、あの吹雪や、凍てついた辛苦の季節にも、樅の木ばかりは、渝《か》わらずに、誠実に、ずっと緑でいてくれる。その心変わりせぬ樅の木のさまが、すばらしい。そう、この歌は告げている。

たしかに誠実さは、すばらしい。けれども、このように誠実をたたえ、求めるのは、ひょっとしたら、現実的世界で、冷酷で情けない不誠実な所業の数々に、さんざん労苦を味わわせられ、辛酸を嘗《な》めさせられたからではないであろうか。人の世が不誠実であるからこそ、樅の木の誠実が美しく見えてくるのである。樅の木の誠実を思う心は、悲しい痛手をいっぱい背負った心ではなかったろうか。裏切られ、傷を受け迷路と逆境のただ中に放り出されたことのある者だけが、はじめて、雪降る冬にも、毅然として緑の梢を天に向けて聳え立っている樅の木の心変わりせぬ誠実が、ひとごとならず、いとおしく見えてくるのである。

農夫の誠実を愛し、渝わらぬ心で存在を思い、樅の木の鋭く突き入るあのさまで思索をじっと吹雪の夜に研ぎ澄まそうとする者を想うとき、わたしは、厳しい張りつめた孤独と、思索の営為にみずからを賭ける勇気と、下界の混濁に傷つきやすい心とを、感じないわけにはゆかないのである。

# 「永劫回帰」小考

## 1

ニーチェの『ツァラトゥストラ』は、魅力に溢れた、美しい書物である。ここでは、様々な主題が、ニーチェの深い想いを籠めて、簡勁な、韻文ふうのスタイルの中で、華麗な調べを奏でながら展開され、ニーチェ的世界の全貌が隈なく繰り拡げられている。しかし、そこに漂っているものは、ニーチェ自らも言うように、「孤独」と「純粋性」に捧げられた「酒神讃歌」の気配である（『この人を見よ』）。いわば、深い内面性の次元が、この書物全体を貫流している。そして、多様性を湛えた奥深いこの内面的世界の核心を形作るものが、永劫回帰の思想にほかならない。しかしそれにしても、永劫回帰の思想とは一体何であろうか。

まず第一に、ニーチェには、宇宙万物全体が永劫回帰しているという根源的直観があったように思われる。『ツァラトゥストラ』第三部「快癒しつつある者」の章で、ニーチェは、動物たちに、万物の舞踏ということを、こう美しく語らせている。「一切は行き、一切は帰る。存在の車輪は永遠にまわっている」と（以下すべて手塚訳による）。絶えず繰り返し、日は昇り、また沈み、春は来たり、また過ぎ去り、人は生まれ、また死に、こうして万物全体が、円環的な回帰運動を行っているというこの根源的直観を、今ここで「宇宙論的永劫回帰」と呼んでおこう。実際ニーチェは、右と同じ箇所で、「永遠の歩む道は曲線である」と動物たちに言わしめている。ニーチェは時折、遺稿の中で、この根源的直観を、力と時間の関係からする物理学的説明方式によって説くこともあるが（『生成の無垢』参照）、しかし『権力への意志』最終断片にあるように、それはやはり「ディオニュソス的世界」と言われるべきものであろう。

しかし第二に、重要なことには、この「宇宙論的永劫回帰」に、どういうわけか、人間だけは、直ちにそれと一体化しながら、これに参入することができないのである。というのも、永遠にめぐる存在の車輪は、人間にとっては、あまりにも大きな苦悩と嘔吐を孕んで現われてくるからである。実際、さきの「快癒しつつある者」の章でも、万物の舞踏は動物たちによって説かれ、一方ツァラトゥストラ自身は、その動物たちを「道化師」「手回し風琴」と呼んでたしなめ、自らは永劫回帰の嘔吐で病み疲れているのであり、また第三部「幻影と謎」の章でも、時を円環と見る侏儒に対し、ツァラトゥストラは、「あまり手軽に考えるな」と叱りつけるのである。一般に、ニーチェにおいて、動物たちは、何の倦怠も苦悩も知らずに、「宇宙論的永劫回帰」に参入している存在者と捉えられ、人間はこれを羨望の念をもって眺めやる、と考えられていることは、例えば『反時代的考察』第二論文冒頭の印象的な文章がこれを明示している。むろん人間も、時には、自然の生命と夢うつつの中で一体化することはある。『ツァラトゥストラ』第四部「正午」の章が示すように、人間は、今や完全となった世界に浸りきってまどろむこともある。しかし、ツァラトゥストラはやがて自ら「起きあがれ」と言って、再び歩き出す。人間は自分の人生の午後を自ら歩み進まねばならないのである。

「宇宙論的永劫回帰」が人間に対して持つこの特別のかかわりを、「永劫回帰の人間的側面」と、今呼んでおくことにする。そして、永劫回帰は、この「人間的側面」においては、嘔吐と肯定、すなわち病気と健康という二面性をもって出現する。むろんニーチェにおいて、人間は、最終的には、永劫回帰の嘔吐と病気を超克し、そこから快癒しなければならないとされる。しかし、この二面性の葛藤こそは、ニーチェ的人間の最も深い部分を成すことを忘れてはならない。

## 2

永劫回帰の嘔吐を一般的に表現すれば、こうなろう。「あるがままの生存は、意味も目標もなく、しかもそれでいて不可避的に回帰しつつ、無に終わることもない。すなわち、永劫回帰。これが、ニヒリズムの極限的形式である。すなわち、無が（「無意味なもの」が）永遠に！」（『権力への意志』）。今、この内実を、とくに『ツァラトゥストラ』から汲み取られうる三つの特徴において捉えてみよう。

一、かりに一切が永遠に同じことの繰り返しであるならば、第二部「ある予言者」の章で告げられるように、「一切はむなしい。一切は同じことだ。一切はすでにあったことだ」と、人間はこれに無意味を感じざるをえないであろう。「快癒しつつある者」の章でも、この予言が再度引かれて、これが永劫回帰の嘔吐の一つであることが明言されている。このように、嘔吐はまず「一切」のものに向けられる。

二、しかし次に嘔吐は、とくに「人間」に向けられて生じてくる。「快癒しつつある者」の章に示されるように、かりにすべてが永劫回帰するならば、「飽き飽き」するような

「小さな」「人間」も永遠に出現してこざるをえず、人は生存に対し、うんざりした「倦怠」を覚えるであろう。

三、さらにこの嘔吐感は、「自己自身」に向けられ、もはや取り返しのつかないおのれのおぞましい過去が絶えずおのれに立ち戻ってくる悔恨、苦悩ともなるであろう。第二部「救済」の章で語られるものが、まさにこれにほかならない。

右のような永劫回帰の嘔吐に苛まれ苦しめられる人間の在り方を、ニーチェは、「幻影と謎」の章で、黒い蛇を喉につまらせて苦しむ牧人の姿として描き出している。とぐろを巻く黒い蛇とは、嘔吐に充ちた永劫回帰の象徴であろう。

では一体、この嘔吐からの転換はどのようにして起こるのか。蛇を喉につまらせてもがき苦しむ右の牧人に対し、ツァラトゥストラは、「蛇の頭を嚙み切れ」と叫び、また実際牧人はそれを嚙み切るのだが、そうすると牧人は、「すっくと立ち上が」り、今や「一人の変容した者、光につつまれた者」に変貌して、「高らかに笑」うのである。ここに、永劫回帰の嘔吐から、その肯定への転換が暗示されている。

一、ここで注意すべきなのは、「黒い蛇」が嚙み切れと言われている点である。ここには、永劫回帰の「宇宙論的なもの」と「人間的なもの」との区別が明瞭に現われている。宇宙論的永劫回帰、例えば四季の循環、日出日没等を、人間は変えることなどできはしないであろう。したがって、噛み切らるべきものは、永劫回帰の人間的側面、しかもその嘔吐感なのである。実際、「快癒しつつある者」の章を見れば明らかなように、喉につまって苦しみの種となったものは、嘔吐感だったのである。

二、この嘔吐感の断ち切りは、「幻影と謎」の章が示すように、ひとえに「勇気」によってのみ起こる。勇気とは、周知のように、「これが生だったのか。よし。もう一度」という内容のものである。これが過去形で表現されている点に十分留意したい。すなわち、或る時点まで人生を歩んだ者にとって、いわば「人生の半ば」の「暗き林」の只中で、もはや引き返せず、だからこそ取り返そうという切ない気持において、しかも「瞬間」の「門」を前にして、今や、もう一度という形における自己の円環的全体の引き受けの覚悟が、成就するのである。「救済」の章が明示するように、おのれの過去を肯定し引き受け、それを将来と結び合わせた自己の円環的全体の達成への覚悟が、この勇気であり、そしてこれが、人間にとってのみ可能な永劫解禁肯定への態度決定であり、すなわち、運命愛にほかならない。

三、しかしそれだけではない。「快癒しつつある者」の章が示すように、ニーチェ・

ツァラトゥストラは、「世界の花園」と向き合いつつ、また動物たちと語り合いつつ——ということは、実際はニーチェ・ツァラトゥストラ自身が自らと語り合いつつ——、あの嘔吐から肯定への快癒をなし遂げるのである。すなわち嘔吐から肯定への転換は、世界と向き合った孤独な自己の内面での、言葉の境域もしくは自己対話の瞬間として、成就するのである。しかも、そのとき、自己の円環的全体の引き受けがなされると同時に、その自己が、宇宙論的永劫回帰にその一環として帰属することさえもが、肯定的に承認される。そこには自己の没落すなわち死への覚悟が響きわたるとともに、それでいておのれの円環的全体が、永劫回帰すべき永遠性を持ったものであることへの希望もが、仄めいてくる。否、それどころか、おのれがこうした永劫回帰の肯定の覚悟を、永遠に繰り返し、取り返し、生き直す心境さえもが、看取されうる。こうした深い内面性の世界が、永劫回帰の肯定の境涯にほかならないと言うべきであろう。

## 増補に際しての補注

本書『自己を見つめる』が装いも新たに刊行されるのを機に、著者のエッセイ二篇を増補した。円熟期の名作『自己を見つめる』は、哲学書からの引用を差し控え、独自の思索を結晶させているが、その歩みに同伴している数多の思想家のうち、著者が愛読してやまなかった二人の哲学者、ハイデッガーとニーチェに関するものを選んだ。「樅の木の歌」は、一九七六年に死去したハイデッガーを偲ぶ、紀行文的味わいに満ちた追悼文。「「永劫回帰」小考」は、「運命愛」の定式化であるニーチェの中心思想を「内面性」から解き明かしている。いずれも著者四十代半ばの作品。

（森一郎／東北大学教授）

解説

# 放送大学における渡邊先生

佐藤康邦

私は、渡邊先生の二代後に放送大学の哲学分野の教授となった者として、この度、先生の御著書『自己を見つめる』を放送大学叢書の一冊として刊行することに関わることができて光栄なことだと思っている。私にとって、先生は先輩の世代に属する方であり、直接教えを受ける立場にはなかったが、若くしてすでに巨大なスケールで書かれたハイデッガーの研究書を通じ、また活発な学会での御活躍を通じ、ドイツ哲学研究の世界の逸材として私たちを圧倒する存在であった。その後、同業者として親しくお付き合いしていただいたが、そこでも、先生の、研究者としての能力、また語学力から事務処理能力に至るまでのずば抜けた能力を思い知らされることが常であった。たとえば、ドイツでの学会でご一緒した時など、会場までの分かりにくい道を行くのを他の日本人が不安がっているのに、先生だけは確信有り気にすたすた歩いて行かれる。先生がおっしゃるには、「私は道を間違えたことがない」

というのである。こうなると人間業を超えている。その能力を遠慮会釈なく御示しになられるのだから、後輩にとっては、敬愛の対象というより畏敬の対象となることが多かったとも言える。

ところが、である。縁あって放送大学に職を得て、私が発見したことは、それとは大分異なったことなのである。放送大学では、先生は学生達から慈父のように慕われ、その授業、ことに「自己を見つめる」は、空前の人気授業として、定年退職された後もずっと流され続けているのである。私が卒論指導している年配の男性など、渡邊先生逝去の報を知り、涙を流されたという。また、卒論の審査を担当した、長い間実務に従事してこられハイデッガーなどからは縁遠く見られる女性は、「自己を見つめる」に触発されてといって、御自身の生涯を振り返り、哲学用語も交えた論文を提出された。このような、ただ有能、謹直な哲学研究者というのとは違った渡邊先生、しかし、それでも、人生について寛いで語っている時でも、愚直なまでに、哲学研究者の姿勢は貫こうとされた渡邊先生の御姿が、ここには認められると思う。

（さとう・やすくに／放送大学教授　肩書は旧版刊行時）

解説

# 渡邊哲学の真髄

榊原哲也

このたび放送大学叢書の一巻として刊行される本書『自己を見つめる』は、著者、渡邊二郎氏が放送大学のテキストとして公刊した計十冊の掉尾を飾った著作である。

渡邊氏は、ハイデッガー研究を中心に、カントとドイツ観念論、ニーチェ、ディルタイ、フッサール、ヤスパース、ガダマーなど、主として近現代ドイツ哲学を広く深く研究し、解釈学的現象学的な存在論の立場に立って哲学上の諸問題を考察した、現代日本を代表する哲学者の一人である。その厳密かつ精確なテキスト読解には定評があり、生前、公にされた著作や論文は、その研究方法を反映して、諸文献からの数々の引用をもとに、厳密に考察を進めていくスタイルのものが多かった。しかし本書はそれらに対して、渡邊氏が、自身の文献研究を背景にしつつも文献的な議論は一切差し控え、生き甲斐、孤独、老いといった人生の諸問題について、氏自身の考えを平易な言葉で率直に披瀝している点に、その大きな特徴がある。

渡邊氏の長年の研究成果は、「世界を見ることは自己を見ることであり、自己を見ることは世界を見ることである」という哲学上の根本洞察と、「意味と無意味が力動的に交錯する世界のなかで他なるものの媒介を経ながら自己を実現していくのが人間である」という世界観・人間観に結実したが、こうした渡邊哲学の核心が、本書ではたとえば、「内面性」という「孤独」こそ「そこで私たちがほんとうの自分を取り戻し…自己自身と世界と人間のすべてを見直し、存在の真相に触れ直す瞬間」だ（「孤独」の章）とか、「どこからも、どこへも見通せない、その投げ出された底なしの」「自分の存在の根底」をみつめつつ、「まことに定めなく、当てにならず、油断のならない魔物である」「世間」のなかで「徐々に自らの理想を目指して努力する漸進主義的な考え方以外に、人間の生きる道はない」（「世間」の章）といった平易かつ説得力ある表現で語られている。本書でたびたび言及される「これが、生きるということだったのか。よし、それならば、もう一度」というニーチェの言葉は、世界観・人生観上の根本問題に対する渡邊哲学の真髄を一言で表したものといっても過言ではない。

本書は、一般の読者が人生の諸問題を自分にひきつけて哲学的に考え、「自己を見つめる」ことを可能にする好著であり、また渡邊哲学への格好の入門書でもある。

放送大学叢書の一冊に加えられることになった本書が、さらに多くの読者を獲得することを願ってやまない。

（さかきばら・てつや／東京大学大学院准教授　肩書は旧版刊行時）

本書は『自己を見つめる』（放送大学教育振興会、二〇〇二年）を底本として刊行された『自己を見つめる』（放送大学叢書、左右社、二〇〇九年）に左記の二篇を増補したものである。

樅の木の歌　ハイデッガーの訃音に接して
出典：『渡邊二郎著作集第3巻　ハイデッガーⅢ』筑摩書房、二〇一一年
初出：『現代思想』青土社、一九七六年七月号

「永劫回帰」小考
出典：『渡邊二郎著作集第6巻　ニーチェと実存思想』筑摩書房、二〇一〇年
初出：『中公バックス世界の名著57　ニーチェ』手塚富雄責任編集、中央公論社、一九七八年、付録

# 創刊の辞

この叢書は、これまでに放送大学の授業で用いられた印刷教材つまりテキストの一部を、再録する形で作成されたものである。一旦作成されたテキストは、これを用いて同時に放映されるテレビ、ラジオ（一部インターネット）の放送教材が一般に四年間で閉講される関係で、やはり四年間でその使命を終える仕組みになっている。使命を終えたテキストは、それ以後世の中に登場することはない。これでは、あまりにもったいないという声が、近年、大学の内外で起こってきた。というのも放送大学のテキストは、関係する教員がその優れた研究業績を基に時間とエネルギーをかけ、文字通り精魂をこめ執筆したものだからである。これらのテキストの中には、世間で出版業界によって刊行されている新書、叢書の類と比較して遜色のない、否それを凌駕する内容のものが数多あると自負している。本叢書が豊かな文化的教養の書として、多数の読者に迎えられることを切望してやまない。

二〇〇九年二月

放送大学学長　石弘光



〒261-8586千葉市美浜区若葉2-11
Tel: 043-276-5111　Fax: 043-297-2781　www.ouj.ac.jp

**渡邊二郎**（わたなべ・じろう）

哲学者。放送大学名誉教授、東京大学名誉教授。専攻は西洋近現代哲学。著書に『ハイデッガーの実存思想』『ハイデッガーの存在思想』（以上勁草書房）、『ニヒリズム』（東京大学出版会）、『構造と解釈』『英米哲学入門』『芸術の哲学』『はじめて学ぶ哲学』『現代人のための哲学』（以上ちくま学芸文庫）、『歴史の哲学』（講談社学術文庫）、『人生の哲学』（角川ソフィア文庫）などがあり、『渡邊二郎著作集』全12巻（筑摩書房）に集成されている。

1931年　東京に生まれる
53年　東京大学文学部哲学科卒業
58年　東京大学大学院人文科学研究科哲学専門課程博士課程単位修得退学
成城大学文芸学部専任講師
62年　成城大学文芸学部助教授
63年　論文「ハイデッガー哲学の研究」で東京大学より文学博士の学位
64年　東京大学文学部助教授
78年　東京大学文学部教授
91年　日本哲学会会長（95年まで）
92年　放送大学教養学部教授
2008年　死去

シリーズ企画：放送大学

増補　自己を見つめる

2021年4月10日　第一刷発行

著者　渡邊二郎

発行者　小柳学

発行所　左右社
〒151-0051 東京都渋谷区千駄ヶ谷 3-55-12 ヴィラパルテノン B1
Tel：03-5786-6030　Fax：03-5786-6032
http：//www.sayusha.com

装幀　松田行正＋杉本聖士

印刷・製本　創栄図書印刷株式会社


Printed in Japan.　ISBN978-4-86528-025-8

**放送大学叢書**

〈中国思想〉再発見
溝口雄三　定価一六一九円+税〈二刷〉

西部邁の経済思想入門
西部邁　定価一七〇〇円+税〈三刷〉

芸術は世界の力である
青山昌文　定価一九〇〇円+税

立憲主義について　成立過程と現代
佐藤幸治　定価一八〇〇円+税〈五刷〉

哲学の原点　ソクラテス・プラトン・アリストテレスの知恵の愛求としての哲学
天野正幸　定価三六〇〇円+税

ヘーゲルを読む　自由に生きるために
髙山守　定価二二〇〇円+税

古代ギリシアにおける哲学的知性の目覚め
佐藤康邦　定価二〇〇〇円+税

## はじめに…「学力」だけでは生き残れない時代に親ができること

**これからは、教育熱心な家庭の子どもほど伸び悩む。**


そんなことありえないでしょう。

そう思うのも無理はありません。

なぜなら、子どもの幸せな将来のために、「できるだけのことをしてあげる」のが親の役割だと多くの人が思っているからです。だから、

●**「手遅れ」にならないように、できるだけ情報収集をして、受験でも習いごとでも、早めに手を打とうと思っている**
●**子どもがきちんと勉強するよう、毎日声かけし、勉強させている**
●**子どもの選択肢を増やすために、習いごとはできるだけ多くやっている**
●**イタズラをしたら、しつけのためにすぐに叱っている**

こうして、日々、子どもに多くのことを「してあげている」方が、多いのではない

でしょうか。

でも、ちょっと立ち止まって考えてみてください。

時間やお金、労力をかけて、頑張ってやっているこれらが、実は「子どもの成長や可能性の芽を潰している」ことにつながるかもしれません。

時代は大きく変わっています。これからは、「言われたことをきちんとこなせること」より、「自分で考えて選択していくこと」が重要になってくるのです。

私はこれまで、2人の子どもを育てながら、教育ジャーナリストとして、教育の現場を20年以上にわたって取材してきました。

校長先生やカリスマ講師といわれるような塾の先生、「学び」や「人の育ち」について研究している大学の教授、ビジネスの第一線で活躍されている方々、そして、「やりたいこと」を見つけ、才能を輝かせているお子さんとそのご家族などに話を聞き、さらには、国内だけでなく海外の教育機関も視察をして、教育や子育てに関する最新の知見を得てきました。そして、一斉に知識をインプットする従来型の教育に疑問を持ち、探究型スクールの実践者とも交流を深めています。

また、自分が子育てに悩んだ経験から、子育てに関する本や論文もたくさん読み、コーチングや幸福学、ポジティブ心理学も学んできました。

これらの経験から、**世界の最先端の教育で重視されていることと、幸せに自立して生きている子たちに「共通していること」が見えてきたのです。**

**それは、幸せに生きている子ほど、「自分のやりたいこと」を見つけているということ。そして、その実現のために、親や先生は子どもに寄り添い、サポートをしている**ということです。

時代が大きく変化している今、「やりたいこと」を見つけられるか、見つけられないかで、人生の方向は大きく変わります。

ただ、この「やりたいこと」は、多くの場合、そう簡単に見つかりません。

それを見つけるために必要なのが、「探究力」です。探究力とは、自ら問いを立てて考え行動し、自分なりの答えを見つけていく力です。この探究力を育てることが、子どもの幸せな一生にとって何より重要なのです。

**今、教育の世界でもこの「探究」が注目されています**。

なぜなら、知識を詰め込む教育では、予測不可能な時代に対応できないからです。教育の現場や受験の世界も変わってきており、「知識重視の受け身の教育」は、もはや時代遅れとも言えます。

私たちが受けてきた、みんな一緒に同じゴールに向かって走り、学力という一つの物差しで優劣が測られるという教育から、**それぞれの個性を尊重し、得意を生かし、自ら社会のために行動できる力を育てる教育へ転換しようというパラダイム・シフトが世界的に起きている**のです。

そして、その動きは、新型コロナウイルス感染症という想定外の出来事によって、さらに加速し、元に戻ることはないでしょう。

もちろん学校という組織が変わるにはそれなりに時間がかかります。でも、探究力は、日々の生活の中で育てていくことができます。

**「これからは、自分の好きなこと、得意なこと、やりたいことを見つけられ、それが実現できる人は幸せに生きられる。そういう大人になるために、家庭で探究力を育てよう」**

これがこの本で私が最も伝えたいことです。

そして、本書では、子どもの探究力を育てるために、親は何をすればいいのかを、これまでに得た知見を元に導き出し**「焦らない・決めつけない・コントロールしない」**というキーワードを使って、紹介していきます。

ここでまた、「焦らないって……、それはわかっているけれど、なかなかできないのよ」という声が聞こえてきそうです。

そうです。親にとっては、これはけっこう難しいことです。私自身も親でしたからよくわかります。でも、あえて言いたいのです。

子育てとは、親が子どもを育てるのではなく、その子自身が育つ手助けをして社会に送り出すことです。

だから、親の手元にいる間に、社会に出た後、お子さんが自分で考え、選んで、しっかり生きていけるような力を育てましょう。

そのために親は何をすればよいのか、反対に何をしてはいけないのかを、これから解き明かしていきます。皆さんも一緒に探究していきましょう。

『成功する子は「やりたいこと」を見つけている』 目次



## 第1章 これからを幸せに生きるカギは「探究力」にある

# 第2章 探究力がある子の親がしていたこと、していなかったこと

# 第3章 自ら「好き」を見つける子になる「焦らない育て方」

# 第4章 〝やりたい！〟が育ち、やり抜けるようになる「決めつけない育て方」

# 第5章 自分で考え、動ける子になる「コントロールしない育て方」

カバー・本文イラスト：河合美波
本文デザイン・DTP：黒田志麻
企画協力：ブックオリティ

第1章

# これから幸せに生きるカギは「探究力」にある

## 正解のない時代、子どもたちに必要なのは〝自分軸〟だった

世界的ベストセラーになっている『ＩＫＩＧＡＩ』（エクトル・ガルシア、フランセスク・ミラージェス著、ペンギン・ランダムハウス）という本を知っていますか？

日本語の生きがいが、そのまま世界で通用する単語になっているのですが、この本では、「**自分が好きなこと。得意なこと。社会のニーズがあること。そして、報酬が得られること**」その４つが重なるところを生きがいと定義しています。私は、子どもたちには、ぜひこの「ＩＫＩＧＡＩ」を見つけてほしいと思っています。

これまでは、なんだかんだいっても「有名大学に入り、いい会社といわれる大企業に就職することが安定した人生と成功への道」といった考え方が王道として信じられてきたフシがあります。

なぜなら、今、子育てをしている親世代が育ったのは、世間的によいといわれるレールに乗っていればある程度安心という「正解がある時代」だったからです。

でも「終身雇用」や「年功序列」という制度が崩れ、たとえいい会社といわれる大企業に入れたとしても、それで一生が保証されるわけではありません。

しかも、新型コロナウイルス感染症の出現によって、人々の生活は一変。将来を見通すことが一層難しい、正解のない時代になったことをみんな実感したはずです。

もちろん、よい変化もあり、「どこに住んでも仕事ができるし、いくつ仕事を持ってもいい」ということがニューノーマルになりつつあります。それによって、仕事のやり方も変わり、時間の自由を手に入れ、ハッピーになったという声も聞こえてきます。

**自分がワクワクして取り組めること、本当にやりたいことがある人にとっては、可能性にあふれた時代になってきました。**

しかし、「自分の好きなこと、やりたいことはこれ」とわかっていて、毎日をワクワクしながら暮らしている大人はどのくらいいるでしょうか。周りを見回しても、あまり見当たらないように感じます。

それどころか、急に「自由にしていいよ、やりたいことをやりなさい」「あなたはどう考えるの？」と言われて、「えっ？　そんなこと言われても……」と困っている人が多いようです。

それは、これまで、新しいことに挑戦しようとしたときに、親や先生から否定されたり、人と違う意見を言ったら白い目で見られたりという経験を繰り返した結果、自分の考えを持たないほうが生きやすいということを学習してきてしまったからかもしれません。

## 探究しなければ「自分軸」は見つからない

確かにこれまでは、社会に出てからも、組織に従順で、指示されたことをきちんとできる人が重宝されてきたので、それでよかったのかもしれませんが、これからを生きる子どもたちは違います。

すでに、入試でも、就職試験でも、「あなたはどう考えるのですか」「あなたはどうしたいのですか」ということが問われ、指示通りに動ける人ではなく、自分の意見をしっかりと言える人が評価されるようになってきています。つまり、**社会でも、「他人軸」ではなく、「自分軸」が求められるように変わっているのです。**

もちろん、社会で求められるから、それに適合するために、自分軸を育てようと言っているのではありません。

どんな時代、どんな社会になろうともお子さん自身が、自分らしく幸せに生きるために、「自分がどう生きていきたいのかを考えていくこと＝自分軸をつくっていくこと」が必要なのです。

目に見えるものから見えないものに価値を置き、個人の自由が尊重される「風の時代」が到来したといわれていますが、これからはさらにこれまでの常識がくつがえされる、多様性の時代になっていくでしょう。

そのときに、**自分らしくいきいきと生きるためには、子ども自身が「自分は何が好きで、何がしたくて、何ができるのか」を探していくこと、つまり、自分にとっての生きがいを見つけていくことが欠かせません。**

**そして、それを見つけるプロセスこそが、「探究」なのです。**

# 子ども時代に、探究力を育てたほうがいい理由

「子どもには、自分が本当にやりたいことを見つけて、楽しくいきいきと生きていってほしい」きっとこの本を読んでくださる方は、そう思っていることでしょう。そのためには、**子どもの頃から、自分で考え、選択し、行動する体験を重ねることが大切です**。

なぜなら、特別な人を除いて、本当にやりたいことなんてそんなに簡単に見つかるものではないですし、たとえ見つかっても、それで食べていけるかなんてわからないからです。その一方で、偶然の出来事から思いがけない方向に運ばれて、そこでやりたいことを見つけることもあります。

実際、キャリアの世界では、それをプランド・ハップンスタンス理論（計画的偶発性理論）といいます。これまで主流だった「目指すゴールを定めて、それを実現する

ための経験を積み重ねる」という考え方と違い、まず**現在の仕事など目の前のことを全力で頑張る、それが将来の可能性を広げてくれる最も有効な手段だという考え方です**。そして、変化の激しい時代には、キャリアの8割は、こうした偶然によって形成されると結論づけられています。

偶然によってキャリアが形成されるとはいえ、親や先生から言われたからと、気が進まないことを無理やりやっても楽しくないし、たとえそれで社会的に成功したとしても、幸せにはなれません。

反対に、自分が興味があることなら楽しいし、多少困難があっても、挑戦する力も湧いてきます。その力は、子どもが自分のやりたいことを見つけていくときの大きな力になります。

ですから、子どものうちから、自分は何をしているときが楽しくて、どんなことなら苦にならずできるのかをいろいろな経験を通じて、探してほしいのです。

子どもはいつどこで開花するかは誰にもわかりません。なので、いろいろなことに触れさせながら、探究力を育てていきましょう。

## 大事なことを「自分で決めてきた子」ほど、幸せになれる

探究力を小さな頃から育てたほうがいい理由は、他にもあります。**自分のやりたいことを自分で決め、それを探究する力があることは、子どもの将来の幸福度にも大きく影響するからです**。順を追って、説明していきましょう。

神戸大学経済経営研究所の特命教授・西村和雄氏と同志社大学教授・八木匡《ただし》氏が、2万人の日本人を対象に調査を行った結果、所得や学歴よりも自己決定、つまり**「大事なことを自分で決めたか否か」が幸福を左右する大きな要因だとわかりました**。

アンケートの中では、「中学から高校への進学は誰が決めましたか?」をはじめとする3つの質問によって、対象者が人生においてどの程度自己決定をしてきたかが分析されています。そして、自分で進路を決め、自分で将来をつくり上げていくことが、お金持ちになったり、よい大学に行ったりすることよりも、幸福に関して重要な要素

であり、人生の岐路を自分で決定してきた人ほど「前向き志向」で「不安感が少ない」という結果が示されたのです。

この結果と探究力がどのように関係するのでしょう。

自己決定をするには、「自分のやりたいこと」を、わかっている必要があります。大前提として、自由に選択できる環境が整っていなければいけませんが、「自分は何が好きなのか」「何をやりたいのか」がわかっていないと、さまざまな選択肢の中から、何かを選んで決定することは、できません。**小さな頃から自分のやりたいことを自分で考え、選び、それを探究するというプロセスを続けてきた子は、進学や就職など、人生の大事な分岐点でもスムーズに自己決定ができる**でしょう。

探究と自己決定は切っても切れない関係と言ってもいいかもしれませんね。

とはいえ、進学・就職なんて、まだまだ先の話だと思ったお父さん、お母さんもいらっしゃるでしょう。ただ、「自分で好きなことを探して、決める」という〝自己決定〟の機会は、小さな頃からたくさんあります。

小さいときから、親が何でもお膳立てをしたり、子どものやりたいという気持ちを無視して、指示や命令をしていては、子どものやる気や自律性は育ちません。毎日の生活の中で、できるだけ、自分で決める経験をさせることが大切です。

## 親がすべきこと、すべきでないことを知ろう

自己決定できる子に育てるには、親にも覚悟が必要なときがあります。「子どもにはよりよい将来を」と願うあまり、子どもの進路や就職先などに口を出してしまう保護者は少なくありません。でも、その行動は、必ずしも子どものためにならない可能性があるのです。

**親がやるべきことは、子どもが幸せな人生を歩んでいけるように、「やりたいこと」を見つけて、それを選ぶ力をつけるためのサポートをすること**なのです。現在外務省に勤務する大谷壮矢さんのお母さんは、まさにそんな親の姿を象徴する一例。

壮矢さんは、東大に入学しますが、入学後、学部を決めるための勉強に興味が湧かず、留年してしまいます。しかし、この「留年」が人生を変えたのです。留年中、海外で環境保全のボランティア活動に参加。この経験によって帰国後、当初の予定とは

違う「地球惑星環境学科」に進学する決断ができました。この学科は、就職に不利というイメージから人気がないそうですが、壮矢さんは「初めて、やりたい勉強だと思えた」と言います。

その後、大学院時代に、海外のフィールドワークの現場で、多くの日本人の国際協力の足跡を目の当たりにし、自分もその世界で働きたいと思うようになります。こうして「やりたいこと」を見つけた壮矢さんは外務省に入省したのです。理系の院卒は異色だそうですが、本人は首尾一貫しており、回り道をした分、引き出しが増え、今の仕事に生かされていると言います。まさにプランド・ハップンスタンスです。

一般とは違うルートで、やりたいことを見つけていった壮矢さん。それを裏でサポートしてくれたのがお母さんでした。壮矢さんはお母さんについて「**怖かったけど、小さいときから自分のやりたいという気持ちを尊重してくれた**」と言います。結果的に今の道を選ぶターニングポイントになった留年をしたときも「どこかで一度挫折の経験をしたほうがいい」と励まされたそうです。回り道をさせないようにする親が多い中、安心して試行錯誤ができたからこそ、今にたどり着けたのでしょう。

自己決定をサポートすることで、子どもは親の想像以上の成長を遂げていくのです。

# なぜ、探究力はここまで注目されているのか

今、学校でも「探究」が注目されています。**日本の学校教育は、明治以来といわれる大改革が行われようとしているのですが、そのキーワードが「探究」なのです。**

高校では2022年度からその名も「古典探究」や「地理探究」「日本史探究」「世界史探究」「理数探究」など、「探究」のついた科目が新設されます。

それに先駆けて、小中学校でもすでに、「探究型学習」が取り入れられるようになってきています。**学校で行われる探究型学習は、正解を暗記する勉強法ではなく、「自ら問いを立てて、課題を解決するために情報収集をし、皆で意見を出し合い、解決へと導く能力を育んでいく学習」のことです。**

授業も少しずつですが、先生が教科書に書いてあることを、板書しながら一方的に

教えて、生徒は黙って先生の話を聞いてノートを取るというスタイルから、自分で情報収集をし、現場に出て調べたり、グループをつくって話し合ったりして導き出した答えを発表するというようなスタイルが取り入れられるようになっています。

ではなぜ今、こんなに「探究」がキーワードになっているのでしょうか。

それは、私たちが生きている社会がものすごい勢いで変化し、複雑化しているからです。さまざまなことにおいて将来の予測が困難になっているこの状況は「ＶＵＣＡ《ブーカ》（Volatility：不安定さ、Uncertainty：不確実性、Complexity：複雑性、Ambiguity：曖昧性の頭文字を取ってつくられた略語）」と呼ばれ、２０１０年代から注目されていますが、そんなＶＵＣＡな時代が、今まさに訪れているように感じます。

数年前に、「ＡＩ（人工知能）の進化で今後10年から20年で、今ある仕事の半分が自動化されてなくなってしまう」とか、「子どもたちの65％（３人に２人）が、今は存在しない職業につく可能性が高い」という論文が発表され、人間はＡＩに仕事を奪われると大騒ぎになりました。

実際、アメリカの大手証券会社ゴールドマン・サックスでは、６００人いたトレーダーが2人になっています。代わりに採用されたのは、SE（システムエンジニア）とＡＩ。金融トレーダーといえば、豊富な知識と判断力を持つ、高給取りのエリートビジネスマンの象徴でしたからびっくりです。高度な情報処理作業を伴う仕事ほど、まっさきにＡＩに取って代わられるのです。

しかし、**これまで学校で行われてきたのは、このＡＩに取って代わられるような人間を育成する教育でした**。

教科書に書かれている正しいとされる知識を覚えて、テストでそれを正確に再現できるかに偏りがちで、答えが一つではない問題に対して、「なぜ?」を繰り返し、異なる意見を持つ人と対話しながら、自分なりの答えを導き出す訓練をする機会は、学校教育の中にはほとんどありませんでした。

もちろん、全国どこでも一定のレベルの教育が受けられる日本の学校教育は世界でも高く評価されていて、すばらしい面もたくさんあります。しかし、変化のスピードが加速している今、4年に1回しか改訂されない教科書の内容は、すでに古くなっている可能性が高いですし、知識だけなら検索すればいくらでも出てきます。**これから**

**は、そこにある情報を活用して、自分の考えを持ち、それを人とシェアしながら納得できる解を導き出すことが求められるのです。**

## ようやく変わり始めた日本の教育

一方、社会に出てくるワカモノたちはというと、「優秀な大学を出ていても、自分で考えて行動できなくて困る」などと言われている現実があります。

でも、自分で行動できないのは、そのワカモノたちのせいではないですよね。だって、これまで、「本当は何をしたいのか」を考える機会も十分に与えられないまま、目の前の受験を突破する勉強に追われ、正解が決まっていない問いについて、意見を出し合いながら考えるなんていう練習もできず、大人になってしまったのですから。

でも、それではＶＵＣＡな時代を生き抜いていくことはできませんし、国の維持すら危うい……。そんな社会の変化と学校教育のギャップを解消するために、２０００年代に入ってから「教育を変えよう」という動きが起きてきて、ようやく日本の教育も変わろうとする中で「探究」がクローズアップされているのです。

## 世界の教育も、「探究重視」に変わっている

教育改革の先駆けとして、変わったのが大学入試です。2021年度から、これまでのセンター試験が廃止され、大学入学共通テストに代わりました。この出題内容を見た、ある高校の理科の先生は、「これまでの正解や公式を教える授業では、通用しない」と授業を一新。生徒に実験方法から考えさせています。なぜなら問題の中にすでに正解はあり、それを導き出す過程が問われるようになったからです。

そして2020年度から施行された学習指導要領では、学校で学んだことを社会に出てからも生かせるように、次の図のように、知識・技能、思考力・判断力・表現力、**そして学びに向かう力・人間性を学力の3要素として、育成することを目指しています。**

先ほど説明したように、そのような力を育てるために、高校で探究のついた科目ができたり、授業で「探究型学習」が取り入れられたりしているのです。

## 学校で育成を目指す3つの力

**3つの力をバランスよく育むことを目標にしている**

学校によってさまざまなアプローチがあり年齢によってやることも変わりますが、「新商品やサービスをつくろう」とか「地域の活性化について考えよう」など、さまざまなテーマについて考えたり、社会の授業で死刑制度について学び、それが是か非かを考えたりしています。数学の教科書に出てこない解法を自分で考えるというような、教科学習の内容を深めていく取り組みをしている学校もあります。

実は、探究的な学習を行っている生徒ほど、国語や数学など各教科の正答率が高いというデータもあります。

それは、**やらされる勉強ではなく、自分**

**が疑問に思ったことや、関心のあることについて、主体的に調べたり深めたりしていくので、勉強が苦にならないからでしょう。**

この教育を変えようという動きは、日本だけでなく、世界中で始まっています。OECD（経済協力開発機構）が2030年のあるべき学びの姿を示した「ラーニング・コンパス（学びの羅針盤）」というものがあります。これには何のために学ぶのかという目的が示されています。それが、なんと「ウェルビーイング」なのです。「ウェルビーイング」というのは、身体的・精神的・社会的に健全な状態を示している言葉で、「幸せ」と言い換えてもいいでしょう。この羅針盤では、自分が幸せに生きるために学ぶと同時に、環境問題、貧困や格差、戦争など、地球上のあらゆる課題を解決できる力を身に付けていくために、学ぶのだと言っているのです。

**探究型学習へのシフトは世界的な潮流で、世界的な学力調査として有名なPISA調査で1位、2位を争っている上海やシンガポールの学校でも、日本以上に積極的に探究的な学習を取り入れていることからも、「探究」が21世紀の学校教育の中心になることは間違いないでしょう。**

# 大学入試も、学力より「やりたいこと」重視

大学入試も、センター試験の廃止だけではなく、学びへの意欲を見るようになってきていることを知っていますか？　推薦入試（２０２１年度からは学校推薦型選抜）やＡＯ入試（２０２１年度からは総合型選抜）の割合が増えていて、２０１８年度は、国公立大学と私立大学の入学者のうち45・２％となっています。私立大では10年ほど前からＡＯ・推薦入学者が半数以上を占めているのですが、今後これをもっと増やそうとしています。

たとえば、**早稲田大学では、今後、募集定員全体に占める割合を一般入試と逆転させて、６割まで引き上げる目標を掲げています**。６割ってすごくないですか。

国立大学では、２０２１年度までに、推薦入試、ＡＯ入試の割合を、入学定員の３割を目標にすると決めています。

なぜそうなっているのでしょう。一番の理由は、多様な学生を集めたいということです。今、大学は、グローバル化に対応できる人材を育成することと、世界に引けを取らない研究拠点として新たな価値を創造することが求められています。あらゆるところで多様性が求められるようになってきている今、ペーパーテストという一つの物差しだけでは、一面的な能力しか測れず、学生の質も画一的になってしまいます。だから、「多面的・総合的な評価」が重んじられるようになってきているのです。

しかも、偏差値で序列化される入試では、いかに難易度の高い大学に入るかということが目的になりがちでした。何のために大学に行くのか、自分は何をしたいのかを深く考えないまま受験をした結果、せっかく難関大学に合格したのに、やる気をなくし、ドロップアウトしてしまう学生のことが、以前から問題になっています。そこで、**学生の多様な資質を見極めるためにも、ミスマッチをなくすためにも、大学のアドミッション・ポリシー（入学者受け入れ方針）に合う学生を集められる推薦入試・AO入試の枠を増やそうとしているのです**。

推薦入試やAO入試というと、一般入試より楽に合格できるというイメージがあるかもしれませんが、そんなことはありません。学力は、共通テストで測り、書類審査を通過したら、小論文と面接やプレゼンテーション、グループディスカッションなどが行われるところが大半です。

東大・京大も推薦入試を実施していますが、京都大学が実施している「特色入試」は、「意欲、買います」というキャッチコピーの通り、学びへの意欲を重視しています。入学後に大学が定めたカリキュラムについていける学力も必要ですが、それ以外に高等学校での活動内容についてまとめた「学びの報告書」や、京大で何を学びたいのか、卒業後、何をしたいのかといった、「学びの設計書」を提出しなければなりません。

## 勉強が苦手でもチャンスがある

AO入試を突破できる子は「何が好きで、何がしたくて、何ができるか」ということと、大学で「何をしたいのか」を、きちんと言葉にして論じられる力があります。そういう子は意欲が旺盛で学ぶ力も強いので入学後はそれぞれの「やりたい!」ことに邁進《まいしん》していくのです。

**今後は、入試でも偏差値的な学力より、「物事に主体的に取り組んでいく意欲」や「学**

**んだことを人生や社会に生かそうとする姿勢」が重要視されていくでしょう。**

日頃から自分の好きなことや興味のあることに意欲的に取り組んできた結果が評価されるので、学校から与えられる勉強は苦手でも、自分のやりたいことに一生懸命取り組んできた子どもにとっては、またとないチャンスになります。

さらに、新型コロナウイルスの影響で大学の授業がオンライン化されたことによって、大学に行く意味までも問い直されています。

すでにインターネットを通じて無料で世界各国の有名大学の授業を受けられる、MOOCs《ムークス》というサービスもあり、英語ができて自分の学びたいことがある子は、どんどん世界のトップクラスの先生から学んでいるのです。

大学卒という学歴を求めて大学に行くというのも一つの考え方ですが、これからは、そこで何をしたいのか、何を得たいのかが曖昧なままだと、入学してからドロップアウトしてしまう可能性がますます高くなるのではないでしょうか。

**自分は「何が好きか・何がしたいか・何ができるか」を探究していくことが、結果的に、将来の道を開くことにつながる時代になってきたことは間違いありません。**

## 「正解を教え込む教育」は、すでに過去のもの!?

さて、ここまで「探究」をキーワードに、学校教育と入試の変化について見てきました。子育てのゴールは、もちろんいい学校に入れることではありませんが、入試も避けては通れません。親世代が受けてきた教育から大きなシフトチェンジが起きている今、親自身が脳内データをアップデートしておかないと、子どもに時代遅れのアドバイスをしかねないので、どうして今、日本は教育を変えようとしているのか、なぜ「探究」が注目されているのかをお伝えしました。

ここまでの話をもう一度まとめると、

● **子どもたちが社会に出たとき、どんな変化にも柔軟に対応し、活躍できる力を育てるために、学校は、正解を教え込む「教育」をするところから、生徒が自ら「学**

**ぶ」力を育てる場に変わろうとしている**

**●自分で考え行動できる力を育てる学びとして探究型学習が広がっている**

**●入試も、「どれだけ知っているか」ではなく「どれだけ考えたか」をテストで測ったり、好きなことや夢中になってやってきたことが評価されたりするようになっていく**

ということです。

今は改革途上なので、学校はまだまだ「やりたいこと」より「やらねばならないこと」のほうが多いと思いますが、世の中の流れも変わっているので、正解を教え込む教育に後戻りすることはないでしょう。

**どんな道で生きていくとしても、少なくともお子さんが成人するまでに、自分の進む方向は自分で選べる力を育てておかなくては、困るのは子ども自身です。**

親の手元にいる間に、子ども自身が考える機会をたくさんつくり、小さな失敗とそれを乗り越える経験をさせましょう。その繰り返しが、主体的に探究する力を育みます。

# 親の一番の仕事は、「好き」を見つけるサポートをすること

好きなこと、やりたいこと、得意なことを見つけていく道は、2通りあります。

**一つは小さい頃から大好きなことがあって、それを一直線に極めていく道。**たとえば、イチローや将棋の藤井聡太さんのような人です。

**もう一つはいろいろなことに触れながら、自分のやりたいことを見つけていく道。**

こちらの道をたどっていく人がほとんどなのではないでしょうか。

私がこれまで取材してきた人たちも、多くは後者の道から自分のやりたいことを見つけていました。

日本ではまだ珍しいスポーツアナリストという職業についた竹内佳乃さんも、その一人。スポーツアナリストとは、「選手及びチームを目標達成に導くために、情報戦

略面で高いレベルでの専門性を持ってサポートする職業」で、佳乃さんは、ラグビートップチーム「ＨｏｎｄａＨＥＡＴ」と、女性で初めてプロアナリスト契約をしました。

しかし、子どもの頃からこの職業を目指していたわけではありません。

佳乃さんがラグビーに出合ったのは、高校生のとき。女子ラグビーが五輪種目に採用された年、近畿地区で女子ラグビー選手を募集するという新聞記事をお母さんが見つけて、お父さんが応募したことが、きっかけでした。

保育園時代から水泳を続けていた佳乃さんは、公立中学校に進学後、水泳部に入部します。しかし、「本当はバレーボールをやりたかった」と、中１の途中でバレー部に転部。習いごとの水泳もやめてしまいます。その後、副キャプテンになるほど、バレーボールに熱心に取り組んでいましたが、高校進学と共にバレーボールもやめてしまいます。

当時を振り返って、「高校進学後、それまで熱心にやっていたバレーボールをやめて、部活にも入らず遊んでいた娘を見て、何か夢中になれるものが見つかるといいなと思って、こっそり応募しました」とお父さん。

「練習場が近いし行ってみようかな」と、両親のすすめを受けてトライアルに参加した佳乃さんは、見事アカデミーの選手候補生に選ばれ、そこから、ラグビーに夢中になったのです。

## 思いを貫く姿勢と両親のサポートで、夢をつかんだ

高校時代は、ラグビー選手として活躍した佳乃さんですが、大学進学後は選手ではなく、トレーナーとしてラグビー部に入部します。その当時から「とにかくラグビーに関わる仕事がしたい」と模索していた彼女のもうひとつの転機が、大学2年生のときに訪れたニュージーランドでの出会いです。

たまたま見学に行った現地チームの練習に、当時のＨｏｎｄａ ＨＥＡＴのヘッドコーチが来ていました。佳乃さんは思いきって話しかけ、ラグビー関係の職につきたいという思いを伝えます。そこでアナリストという職業があることを教えてもらったのです。

帰国後にさっそく大学のチームでもトレーナーからアナリストに転向した佳乃さん

は、週2回、片道2時間をかけてＨｏｎｄａ ＨＥＡＴに通う修業の日々を過ごします。同級生が就職活動をする中、ひたすら努力を積み重ね、プロのアナリストとして契約を結び、現在に至ったのです。

自分の力で新たな道を切り開き、アナリストという夢をつかんだ佳乃さんの原動力は、「とにかくラグビーが好き」という気持ち、そして「なんとしてでもラグビーに関わる仕事をしたい」という強い意思にありました。そして、その意思を尊重し、子どものやることを信頼して見守った両親の存在があったからこそ、今の道にたどり着くことができたのでしょう。

このように、**子どもが自分で「好きなこと、やりたいこと、得意なこと」を探していく力を育むために親がやるべきことは、子どもが「好き」や「やりたい」ことを見つけるサポートをして、それを伸ばす環境をつくることなのです。**

それが、この本でおすすめする探究力を育む子育てです。

第3章から、その具体的な方法をお伝えしていきます。

# 第1章 まとめ

☑ 世界的な価値観の変化や、先行きの不透明さから、
これからをいきいきと生きるために
必要な力が変わってきている。

いきいきと生きる人の定義が変わっている

| | これまで | | これから |
|---|---|---|---|
| 時代背景 | 正解を見つけやすい | ➔ | 正解がない |
| 求められる人材 | 指示されたことを確実に実行できる人 | ➔ | 自ら考え行動できる人・新たな価値を創造できる人 |
| 成功 | いい大学に入って、いい企業に就職すれば将来は安泰 | ➔ | 自分の人生を自分の力で切り開くこと |
| 教育 | 知識 | ➔ | 幸せになるための学び・探究 |

☑ 本書での探究とは、主に「自分は何が好きで、何がしたくて、何ができるのか（生きがい）」を、考え行動しながら探すこと。

☑ 教育の現場でも「探究」を軸に、大きな変化が起きている。

1. 社会の変化と学校教育のギャップを解消するために、教育改革が行われようとしていて、「探究」がクローズアップされている。
2. 子どもたちが社会に出たとき、どんな変化にも柔軟に対応し、活躍できるような資質・能力を育成することが探究学習の狙い。
3. 教育改革は世界的な流れ。探究は、自分の幸せ・社会の幸せ・地球の幸せを実現する力を身に付けることにもつながる。
4. 大学入試でも、推薦入試・AO入試の割合が増えていく。その狙いは、多様な資質と意欲のある学生を採りたいということ。

COLUMN

## 中学受験も「思考・表現重視」に変わりつつある！

中学入試も知識を問うものから、思考力や表現力などを問うものにどんどん変化しています。

これまで算数・国語・理科・社会の４科目か、算数・国語の２科目入試が主流だった中学入試ですが、数年前から新タイプ入試を実施する学校が増えているのです。

その一つが、適性検査型入試。これは公立中高一貫校ができたときに導入された試験で、複数の教科の内容を組み合わせた問題が出題されるのが特徴です。

よくあるのが、図表などの資料と長文の問題を読み解き、自分の意見を記述するもの。どれだけ覚えているかという知識の確認ではなく、答えが一つではない課題について考える思考力や、それをまとめて自分の言葉で書く表現力などが求められているのですね。他にも得意なことをプレゼンしたり、レゴを使って思考力を問う「新タイプ入試」を行う学校も増えています。たとえば「もし、現在の原子力、天然ガス、石油、石炭のエネルギーがなくなったとしたら、どうするか」ということについて、資料を参考にしながら、自分の考えを150字で書き、その後、グループになって、自分の考えについて説明し、他人の着眼点や発想を聞いて気づいたことをワークシートに書く……なんてものもあります。

どうでしょう。みなさんだったら、どう答えますか？

大人でも、日頃から社会問題に関心を持って考えていないと解けない問題ですし、答えが一つではない課題に対して、まず自分の頭で考え、その後対話を通して新たな結論を出すという思考方法は、社会人にも必要とされる力ですよね。こんな問題に12歳の子どもたちが取り組み、突破していくのです。

# 第2章

# 探究力がある子の親がしていたこと、していなかったこと

# 学校の勉強大嫌いの小学生が、大ヒット化学ゲームをつくれたワケ

「探究力」を持ち、やりたいことを見つけていきいきと過ごせる子は、どうやって育ってきたのか……。私はそれを知るため、自分らしさを発揮して活躍している人たちを訪ねて、本人にどんな育ち方をしたのか、親御さんに何を大事にして育ててきたのかを聞き、その内容を元に『「自分のやりたい！」がある子はどう育ったのか』というコラムをウェブメディアで書いてきました。

まず、これまで取材させていただいた中でも、特に印象に残っている「特徴的なエピソード」をお伝えしましょう。**このエピソードには、探究力を育てるためのヒントがちりばめられています**。

シリーズ累計13万部突破の大ヒットになった化学結合ゲーム『ケミストリークエスト』（幻冬舎）の考案者で、小学6年生でケミストリー・クエスト株式会社を設立して、

社長に就任した米山維斗《ゆいと》さんの話です。

始まりは、小学3年生のときに友達と遊びたくて考えたカードゲームでした。

当時、友達の間で、学校への持ち込みが禁止されていたカードゲームの代わりに、折り紙で自前のカードゲームをつくるのが流行っていて、自分も何かつくりたいと思ったのがきっかけだったそうです。友達の多くがバトルゲームをつくる中、自分は相手を仲間に入れるゲームをつくりたいと思い、結合すると何かが生まれるものをと考えて維斗さんがつくったのが、「ケミストリークエスト」(通称ケミクエ)でした。

「約100種類の元素が結合して、世の中の物質がつくられることを友達にも伝えたかった」という維斗さん。

できあがったカードゲームは、分子構造などまだ知らない同級生にも好評で、友達が喜ぶ姿を見て、もっと多くの人に知ってほしいと思うようになったそうです。そこで、小5の秋に「東京国際科学フェスティバル(TISF)」に応募してケミクエの原型を披露すると、小さい子どもから研究者までがゲームに夢中に。商品化をすすめられ、本人も真剣に考えるようになったのです。そして、お父さんと一緒に会社を立ち上げ、商品化するや大ヒットとなり、シリーズ累計13万部突破。今も売れ続けているロングセラーになっています。

## 親に感謝しているのは「きっかけ」を与えてくれたこと

そんな維斗さんが化学に興味を持ったきっかけは、4歳の頃。当時通っていた幼稚園で太陽系について学んだことでした。そこから宇宙に興味を持ち、地球の成り立ち、化石はどうやってできたか、化石に埋まる古生物と、どんどん興味の対象が広がり探究を続けた結果、鉱物を組成する元素へとつながっていったのです。

そんな探究心あふれる維斗さんですが、実は学校の勉強は大嫌い。宿題もやらずに済むならやりたくない。一方、自分の興味のあることにはものすごい集中力を発揮するタイプでした。お母さんは、そんな維斗さんの特徴を理解していたので、小学校入学後、学校で問題児にならないように、本人には学校でのふるまい方について話しつつ、先生には維斗さんのことを理解してもらうように説明して協力を求め、一緒に対応を話し合い、乗り切っていったそうです。

**平均より能力が高かったり、個性が強い子は、一斉教育を前提とする学校では一歩間違うと、せっかくの資質を理解されずに問題児扱いされ、不登校になってしまうケースが多いのです。**ここはお母さんが、賢い対応をしたと思います。

維斗さんはその後、中学受験を経て、中高一貫校に進み、一浪して東京大学に進学します。高校在学中も、勉強へのモチベーションが上がらず、学校の成績は低迷していたそうですが、いったん目標が決まったら集中できたそうです。自分が行きたい場所にたどり着くためなら、受験勉強もこなせたのですね。

将来は、てっきり化学者になるのかとおもいきや、土木工学や交通計画を研究したいと思っているそうです。

実は、小さいときから化石と同じくらい鉄道好きで、いったん離れていたものの、中高で友人たちと話すうちに、鉄道だけでなく、都市の構造、最適な交通網、都市計画、交通工学など学問的分野にまで興味が到達したのです。

では、せっかく起業して販売も好調なケミストリークエストについてはどう思っているのかというと、「**ビジネスとして大きくしていきたいというより、カードゲーム**

**を普及させたいという思いが強い**」と言います。

維斗さんは勉強はやらされるものではないと考えていて、ケミクエのような「遊び」の中で自然に学べたり、本質が理解できれば一番だと思っているそうです。

ケミクエがもっと広がれば、子どもたちが、小さいときから遊びながら化学に触れる機会も増えます。遊びの中で化学を「おもしろい」と思うことができれば、その先の学びにも自然とつながっていくでしょう。この「遊びから学びへのつながり」が広がることも、イメージしているのです。

維斗さんに、親に感謝していることを聞くと、**「きっかけを与えてくれるが、その後は放っておいてくれたし、自分が興味のあることを話せば、最後まで聞いてくれたことです。また、おもしろそうな本を買ってくれるけれど、ちゃんと読みなさいとか、読んでないとかは言われなかった**。だから、知りたかったら自分で調べる力がついた」と話してくれました。

子どもがさまざまなことと出合うきっかけは与えるけれど、それを強制はしない。ただ、興味を持ったことを深める「サポート」は、しっかりと行う——。この親御さんの姿勢が、維斗さんの探究力を育んだと言えるでしょう。

# 探究力がある子の親に共通していた3つのこと

取材をする中でわかったのですが、維斗さんのような「やりたいことを見つけて活躍する子」を育てた多くのご家庭には、実はいくつかの共通点があります。

さっそくその共通点を紹介していきたいのですが……その前に、皆さんに質問です。

子どもが何かに夢中になっているとして、それが、親からしたら、何がおもしろいのかわからない、何の役にも立ちそうにないこと、親としては受け入れがたいものだったら、どうしますか？

**A　そのまま見守る**

**B　「いつまでも、そんなことやってないで、勉強（親がやってほしいこと）しなさい！」などと言ってしまう**

私が取材したやりたいことを見つけた子の親は、共通してA（見守る）の人が多かったです。人型ロボット「OriHime《オリヒメ》」を開発した吉藤健太朗さんの親御さんも、その一例だと言えるでしょう。

## 共通点1
## やりたいことは、とことんやらせる

ロボットコミュニケーターの吉藤健太朗さん、通称オリィさんは、小中学校での3年半の不登校経験を経て、高校時代に世界最大の科学大会で栄冠に輝き、ロボット研究者の道を歩み始めました。

自身も体験した「人間の孤独」を解消するというミッションのもと、分身ロボット「オリヒメ」を開発し、難病ALS（筋萎縮性側索硬化症）などで身体的な自由を奪われている人たちの社会参加を可能にしました。その功績が認められ、青年の国民栄誉賞【人間力大賞】を受賞。アジアを代表する30歳未満の30名にも選出されました。

そんなオリィさんの子ども時代を支えていたのが、「やりたいこと・好きなこと」である〝折り紙〟。

オリィさんは、小学生のとき折り紙にハマって、ときには16時間も没頭して折り紙を折っていたこともあったそうです。しかし、本の通りにきちんとつくる折り紙は不得手で、一生懸命つくったものはシワくちゃ。ゴミと間違えられて先生に捨てられたこともあったとか。**それでも好きで続けていたら、そのうち机も使わず折り目もつけずに、感覚だけで大人も驚くような立体的な折り紙が折れるように。しかもその立体成型が、後のロボットづくりに生かされていくのです。**

それだけでなく、3年半不登校だったときに、その孤独を救ってくれたのも折り紙でした。オリィさんという通称は、折り紙からきています。

人とのコミュニケーションが苦手だったオリィさんが、初めて科学のオリンピックといわれる大会に日本代表として出場したときに、そのウエルカムパーティで、外国人との会話の糸口をつくってくれたのも折り紙。そしてなんと、そのときの会話が自分の生涯の使命に気づくきっかけになって、今の仕事につながっていったのです。好きなことが、思いがけない方向に人を運んでいくことがあるエピソードです。

**折り紙に16時間没頭は、かなり特殊な例ですが、オリィさんの親御さんは、それを**

**妨げずに見守っていたそうです**。きっと、折り紙が学校が楽しくない息子にとって大切なものだということを理解していたのではないでしょうか。まさに、「やりたいことをやらせて、見守る」代表例だと言えるでしょう。

前述の米山維斗さんのお母さんも維斗さんが小さい頃、公園で真剣に遊んでいたら、時間だからと打ち切って帰るのではなく、飽きるまで待つなど、臨機応変に対応していたそうです。

子どもって、本来好奇心のおもむくまま行動し、大人から見たら何がおもしろいのかわからないことに夢中になったりしますよね。

何かに没頭しているとき、いわゆるフローの状態になったとき、脳の中では、「ドーパミン」という神経伝達物質が放出されます。**ドーパミンは記憶を司《つかさど》る海馬や情動に関連する扁桃体《へんとうたい》など、脳のさまざまなところに作用しています**。ドーパミンによって好奇心が生まれ、「やりたい！」という心理状態になることができます。

好奇心は探究力を育む最初の一歩です。直接何につながるかわからなくても、**子どもが何かに夢中になっていたら、それを途中で遮《さえぎ》るのはやめましょう**。

共通点2

## 子どもに多くの習いごとをさせていない

2つ目は、**〝余白〟を大事にしていて、幼少期にたくさんの習いごとをさせていない**ということです。

私はこれまで有名人から一般の親子まで、多くの方々を取材してきましたが、大きくなって自分の好きなことを見つけて、意欲的に活動している人の子どもの頃の習いごとの数はせいぜい一つか二つ。**幼少期は遊びが中心で、「詰め込まれていない人」が多いのです**。

昆虫食を開発して注目を集めている篠原祐太さんも、その一人です。

小さい頃から、自宅近くの野山を駆け回り、虫捕りをして遊び、幼稚園では昆虫博士と呼ばれるほど、虫が大好きな子どもでした。昆虫を食べてみたこともありましたが、それは言ってはいけないと子どもながらに思い、誰にも言えなかったそうです。

大学生になったある日、FAO（国連食糧農業機関）が「昆虫食は食糧難を解決する一つの切り札になる」というレポートを出したことを知って、「自分の好きなものが地球を救う可能性がある」と勇気づけられ、小さい頃に昆虫を食べていたことを告白。その後は小さい頃の経験が花開き、昆虫食を開発するに至ります。
今では、昆虫食を産業として成り立たせたいと起業し、期待のワカモノとして、マスコミにも何度も取り上げられるほど活躍をしていますが、その原点は、幼少期に野山を駆け回っていたことなのです。

**反対に、よかれと思って小さい頃から習いごとを詰め込んだ結果、大きくなってから問題を抱えることになってしまったという例も多い**です。

たとえば、幼少期から利発で、勉強もピアノも運動も得意だったあきこ(仮名)さん。親御さんは、せっかくの才能を伸ばそうと小さい頃から、ピアノと水泳教室、塾を掛け持ちして通わせていました。小学生になると、見込みがあると言われて、遠くの有名なピアノの先生のレッスンにも通う生活が始まり、家でも練習時間を取るために睡眠時間を削ってピアノの練習を頑張っていました。
しかし、だんだん夜は寝付けず朝は起きられないという状態に。どれも成果を出せなくなり、やる気自体がなくなり、自信も失って、結果的には高校を中退して引きこもることになってしまいました。

こうなった理由について、詳しくは次の章で説明しますが、子どもの才能を伸ばそうとした結果、反対に追い詰めることになってしまったら元も子もありません。

中学受験の世界でも、早く始めないと間に合わないと焦る方がいますが、カリスマ家庭教師の方も、本当に頑張らないといけないときに伸び切ったゴムになって挫折する子をたくさん見てきたと言います。

早期教育の効果を謳《うた》う情報が多く、何もしないと手遅れになってしまうのではと焦ってしまう方もいると思いますが、余白がなければ、子どもが自分で何かを「探究しよう」と思う余裕も生まれません。いったん立ち止まってみてください。

## 共通点3 子どものことを否定せず見守る

3つ目、探究力がある人に共通しているのは、「**親に自分がやろうとしていることを否定されなかった**」ということです。

取材した方々は皆さん、親への感謝を口にします。好きなこと、やりたいことを見つけて形にしていくまでには、どの人も失敗や挫折の経験があり、試行錯誤をしているのですが、親御さんは、子どもの試行錯誤を見守り応援していました。

小学生から一人で開発途上国を何度も訪れ、「困っている人の力になりたい」と、国際的に活躍できる医師を目指してスイスの高校に留学中の飯嶋帆乃花さんの両親もそうでした。

帆乃花さんが、初めて一人で海外に行ったのはなんと小学校4年生のとき。たまたまテレビで、ベトナムの枯葉剤の被害者である「ベトちゃんドクちゃん」のことを見て、「どうしても現地に行きたい」と自分で旅行会社を訪れてどうすれば行けるか相談し、事後報告で「ベトちゃんドクちゃんの病院や孤児院を回りたい」と両親を説得しました。これには、さすがのお母さんもびっくりしたそうですが、子どもの真剣な思いを否定できないので、現地の知人に受け入れを頼んで一人で行かせたそうです。

その後、マレーシア・ラオス・カンボジアなど東南アジアの発展途上国を中心に何度となく訪れます。中でもカンボジアは、中学3年間で10回以上訪れました。

そのきっかけは、中1で参加した塾主催のサマースクールでした。カンボジアの魅力にハマり、その後、訪れた電気・ガス・水道がない「チョンボック村」が大好きになって、一人で何度も訪れるようになります。

当時を振り返ってお母さんは、「小さい頃から、『失敗はすればいい』と教えてきましたし、サマースクールの記録動画で、嬉しそうな顔をして活動をしている様子を見て、子どもがやりたいという気持ちを大事にして、応援しようと思いました。今はどこにいてもネットでつながりますし、そもそも子どもは親の所有物ではありませんので、子どもの可能性を閉ざしてしまうのはもったいないと思います」と話してくれました。

そうなんです。**子どもは親の所有物ではありません**。それはわかっていても、親は子どもが迷っていたり、苦しんでいる姿を見るのは辛いし、何より親自身が不安になってしまって、あれこれ口を出したり、手を出したりしがちです。そして、自分が安心できる方向に子どもを導こうとしがちではないでしょうか。

でも、**帆乃花さんの両親は、子どもがうまくいかなくて悩んだり、試行錯誤している状態も含めて、ありのままを受け止めたからこそ、帆乃花さんは安心して挑戦ができたのです**。

当の本人は、とにかく「行きたい！」という気持ちが強くて、怖い、心配、という気持ちは本当になかったそうです。そして、「周りからよく『諦めないね』と言われますが、そうしようと思ってやっているわけではありません。意識せずにそうできているとしたら、それは両親や塾の先生からの教えの影響があると思います。これまで親から自分がやっていることを否定された記憶が一度もなく、先生方も、私がどんなに遠回りしていても、何も否定せず見守ってくださったので、諦めずにやり通す力がついたのかもしれません」と言います。

**やり抜く力は「GRIT《グリット》」と呼ばれ、テストなどでは測れないけれど、生きていく上で欠かせない「非認知能力」の一つとして、注目されています。**この提唱者で、アメリカの心理学者、アンジェラ・ダックワース博士も「人生のあらゆる成功を決める究極の能力である」と言っています。

「**信頼できる人がいて、たとえ失敗しても余計な口出しせず見守ってくれた、やりたいことを応援してくれた**」――それが、帆乃花さんの探究力を育て、さらにやり抜く力を伸ばしたのでしょう。

# 「〝ありのまま〟を受け止める」と健康の意外な関係

好奇心のおもむくまま自分のやりたいことを選択して、楽しかったという体験をたくさんした子どもは、自分に自信を持ち、新しいことにもチャレンジするようになります。その繰り返しが、探究です。

反対に、自分のやりたいと思うことを否定され、親から与えられることをやればほめられるという体験を繰り返したら、どうなるでしょうか。自分に自信を持てず、親の指示を待つようになり、親の顔色を伺うようになってしまうかもしれません。

では、どうしたら探究力のある子に育つのでしょう。

もう一度、探究力のある子の親たちの共通点を思い出してください。

- **子どもが何かに集中しているときには、妨げない**
- **小さい頃から習いごとなどを詰め込まず、〝余白〟を大事にしている**

## ●子どものやろうとしていることを否定せずに見守る

でしたね。

3つ目の、**「子どものやろうとしていることを否定せずに見守る」とは、失敗も含めて子どものありのままを受け止めるということです。**

私も、かつて子育てで悩んだときに、「子どもを愛するということは、子どものありのままを受け止めること」という言葉を聞いて、ハッとしました。もちろん私は、子どものことを愛していました。だからこそ、思うようにならないことに悩んだりもしていたのです。でも、もしかしたらそれは、「こうあってほしい」「こうするべきだ」という自分自身のフィルターを通して、子どものことを見ていたのではないかと気づかされたのです。

親子関係はときに複雑で、すれ違い、こちらの本当の思いが伝わらなかったりします。そして、いくら子どものありのままを受け止めるべきとわかっていても、それができないこともあると思います。むしろ親は期待があるので、「ありのままの子どもを愛する」って当たり前のようで、難しいかもしれません。

それでもやはり、親から愛されたと感じることができた子どもは幸せです。しかも、それは、身体の健康にも影響を与えるのです。

こんな研究があります。ハーバード大学の80年間にわたる成人発達に関する追跡調査で、「親から愛されている」と感じていた人は、30年後（およそ50歳くらい）に25％しか病気になっていなかったのに対して、「親から愛されていない」と感じていた人は87％も病気になっていたのです。

親から「愛されている」と感じられていたかどうかが、こんなにも長く、深刻な影響を与えていたとは驚きです。

**ありのままの自分が愛されていると感じられれば、子どもは安心してチャレンジができます**。そして、自分のやりたいことに集中することが許されていたら、脳内ではドーパミンが放出され、その作用によってポジティブな考え方をするようになり、さらにやる気が出てきます。まずは、子どもが興味を持っていることを否定せずに、見守りませんか。

**親にしてあげられることは、子ども自身が、自分は何が好きで、何が得意で、何をしたいかを見つけていけるようにサポートし、自分で選択した人生を自分の力で歩いていける底力を育てることだけなのです。**

# キーワードは「焦らない、決めつけない、コントロールしない」

親ができることは、子どもが好きなことを見つけるサポートをすること、という話をすると、「いつもやりたいことを見つけなさいと言っているのですが、何もないって言うんです」と言うお母さんがいました。でも、よく聞いてみると、「子どもには○○させてきた」という言葉がたくさん出てきました。もしかしたら、この子はやりたいことより、親から言われたことをすればほめられるという体験を繰り返してきた結果、本当は何がしたいのかわからなくなってしまったのかもしれません。

行動遺伝学という学問によると、**遺伝によって子どもの能力や特性のすべてが決まるわけではなく、環境による影響も大きいということが科学的に裏付けられています。**

では、子どもが伸びていくためには、どんな環境を与えたらいいのでしょう。

子育ては、よく植物を育てることに例えられます。

まったくの荒れ地ではなかなか育ちませんが、逆に肥料や水を与えすぎても枯れてしまいます。また、ひまわりなのに、バラにしようとやっきになったとしても、絶対にバラにはなりません。種類によって育て方も違うので、それぞれの植物にあった環境を用意することが大切です。環境が整えば、植物の種は自分の力で発芽し、大きく育っていきます。

人育ても同じです。**子どもはもともと、伸びようとする力を持って生まれてきます。**その証拠に、赤ちゃんは、誰に教えられたわけでもないのに、日に日に成長しますよね。赤ちゃんは自分では何もできないからお世話をしてあげていると思っているかもしれませんが、そうではなくて、持って生まれた力が伸びるように、その子にあったサポートをしてあげればいいのです。

皆さんも、初めて我が子を抱いたときには、きっと「生まれてきてくれてありがとう」「元気に育ってくれたらそれだけで十分」そう思ったのではないでしょうか。

でも育てていくうちに、「こうなってほしい、ああなってほしい」という気持ちが出てきて、あれこれ手をかけていき、そのうち、親の思うようにならない子どもを前にして、「言うことを聞かなくて困る」とか、「あれだけ言っているのに、勉強をしない」など、少なからず悩みを抱えるようになっていくんですよね。

その気持ち、よくわかります。だって、我が子はかわいいし、少しでもよくなってほしいし、期待もします。だからこそ、子どものためには、できるだけいい環境を与えてあげたいと思うのは当然です。

でも、よかれと思ってやったことが、子どもの伸びようとする芽を摘み取る結果になってしまったら残念です。

人生100年時代、親の手元を離れた後に自分で人生を切り開いていけるように、子どもの探究力を育てたいと思ったとき、具体的に何をすればよいのかを、エビデンスや取材結果を元にまとめたところ、3つのキーワードを導き出すことができました。

それが、**「焦らない・決めつけない・コントロールしない」の3つです**。このキーワードを元に、変わる未来を見据えた上で、それぞれの子どもが持っている可能性という種を伸ばすためにやりたいことを次の章から紹介していきます。

## 第2章 まとめ

☑ やりたいことを見つけた子の親に
共通していたことは、次の3つ。

1. 子どもが何かに集中しているときには、妨げない
2. 小さい頃から習いごとなどを詰め込まず、〝余白〟を大事にしている
3. 子どものやろうとしていることを否定せずに、見守る

☑ 探究力を発揮して、幸せに暮らすためには、
失敗も含めて親からありのままを受け止められ、
愛された経験が欠かせない。

☑ 親から愛された経験は、
子どもの将来の健康にもつながる。

☑ 自分の足で人生を切り開ける、
探究力を持った子どもを育てるために大事なのが
「焦らない、決めつけない、コントロールしない」で、
子どもと関わり、育てること。

COLUMN

# ノーベル賞受賞者が子ども時代にしていたことって？

第2章で、子どもの探究力を育てるためには、スケジュールに余裕を持たせることが大事、幼少期は「余白」を持って子育てをしよう……と、お伝えしましたが、この「余白」が結果的に子どもの将来につながるということを裏付けるようなエピソードは多々あります。

実は、多くのノーベル賞受賞者にも、子ども時代は勉強もしないで外で遊んでいたとか、ボーッといろんなことを空想していたとか……。そんなエピソードを持つ人が多いことがわかっているのです。ノーベル物理学賞を受賞した益川敏英さんもその一人。小学校時代は宿題もしないで日が暮れるまで外で遊んでいたそうですが、家では理科好きのお父さんから、宇宙の不思議や電気のしくみなどの話を聞き、家にあった科学雑誌を読んで付録のキットを組み立てたりしていました。そして、高校生のときに、地元の大学の先生が新発見を成し遂げたという記事を読んで、「今科学がこの地元でつくられている。それに自分も加わりたい！」という強烈な思いにかられ、物理学者になりたい一心で受験勉強をしたそうです。

これは、もしかしたら幼少期に好きな遊びに没頭した経験が、非認知能力（やり抜く力や粘り強さなど、テストで測れない力）を伸ばし、それがいわゆるIQといわれる学力を伸ばすことにつながったのかもしれません。

第3章

# 自ら「好き」を見つける子になる「焦らない育て方」

# すべては、じょうぶな脳を育てることから始まる

自分の好きなこと・やりたいこと・得意なことを見つけられる子に育てる。それがこの本で伝えたいことですが、そのためにも絶対忘れてはならないのは、私たち人間は地球に暮らす動物の一種だということです。しかも、朝起きて太陽が出ている間に活動し、夜は眠る昼行性動物です。そして、生まれてから大人になるまでの発達の順番も決まっています。

なぜ、自分の好きなことを見つけられる子に育てるための本の中で、そんなことを改めて言うのか……と思われたかもしれませんが、**どんなにやりたいことが見つかっても、元気な「からだ」と「あたま」と「こころ」がなければ、それを実現することはできないからです**。

でも、教育の現場を取材したり、多くの方のお話を聞く中で、どうもそのことが軽

視されている、あるいは当たり前すぎて忘れられているのではと感じます。

この章では、**子どもたちが自分の好きなこと・やりたいことを実現していくための土台を育む方法を「焦らない育て方」として、まず紹介したいと思います**。

では、元気なからだとあたまとこころを育てるために、何をすればいいのでしょう。

まず、一番にやっていただきたいことは、じょうぶな脳を育てることです。なぜなら、子どものすべての成長のカギが脳にあるからです。

「脳を育てる」と言われると、いわゆる知育のような脳トレを思い浮かべるかもしれませんが、そうではありません。

**じょうぶな脳にするということは、脳のしくみを知って、順番を守った育て方をするということです**。

どういうことでしょうか。

生まれたばかりの赤ちゃんにも、もちろん脳はあります。体重比からいうと15％くらいです。これに対して大人は、2・5％くらいなので、割合からいうと赤ちゃんのほうが圧倒的に大きいですが、機能はほとんどゼロ。

だから、最初は首もすわっていないし、自分で身体を動かすことはできません。

また、昼夜の区別もなく寝たり起きたりしますし、もちろん言葉は話せません。脳が未熟で、まだほとんど機能していないからですね。

そんな赤ちゃんも、やがて首がすわり、お座りをして、ハイハイができるようになり、1歳頃には歩き始めます。

そして、言葉を覚え、やがて文章でおしゃべりができるようになり、人との関係を結べるようになっていきます。

**どんな天才でも、この順番を飛び越えて、いきなり歩きだしたり、しゃべりだしたりはしません。**

しかし、今、この発達の順番や地球のリズムを無視した子育てによるものと思われる問題が、子どもたちの間でたくさん見受けられるようになっているのです。

どういうことでしょうか。順を追って紹介していきましょう。

# じょうぶな脳を育てるコツは「順番を守る」こと

発達脳科学者で小児科医の成田奈緒子先生は、臨床経験をベースに脳科学の研究を続けると共に、長く発達障害が疑われる子どもの治療に関わる中で、**子どもの脳の発達に「寝る・食べる・身体を動かす」という基本的な生活習慣の影響が大きい**ことに気づいたそうです。そこで「**子育ては脳育て**」という発信をされています。

実は第2章で紹介した、高校生になって引きこもってしまったあきこさんも、心配したお母さんに連れられて、成田先生のところにやってきた患者さんの一人です。

診断した成田先生は、あきこさんが、幼児期から習いごとで忙しく、睡眠時間を削って予定をこなしてきたことが原因で、うまく脳が育たず、ちょっとしたマイナスの出来事に打たれ弱い脳になってしまったと言います。

「え？ 勉強でもスポーツでもピアノでも優秀な成績を収めたのに、うまく脳が育っていないってどういうこと？」と思われたかもしれませんが、最近は、あきこさんのように「一見、できる」お子さんが、後々問題を抱えてしまうケースが多いのです。「脳育て」は子どもの成長にとって、とても大事なことなので、脳の機能と発達の順番についての基本的な知識はぜひ押さえておきましょう。

まず、脳の機能についてです。脳は次の図のように、からだ・あたま・こころ、それぞれを司る形で大きく3つに分かれています。それぞれの働きと発達の順番は次の通りです。

### ❶からだの脳（0～5歳に育つ）

脳の奥のほうにある部分で、姿勢を保つ、食べる、寝る、呼吸するなどの生きていくために必要な機能を司っています。0～5歳くらいにかけて主につくられます。

### ❷あたまの脳（1～18歳に育つ）

大脳新皮質というしわしわの部分と小脳を指します。私たちが「脳」というと思い

## 脳は大きく3つに分かれている

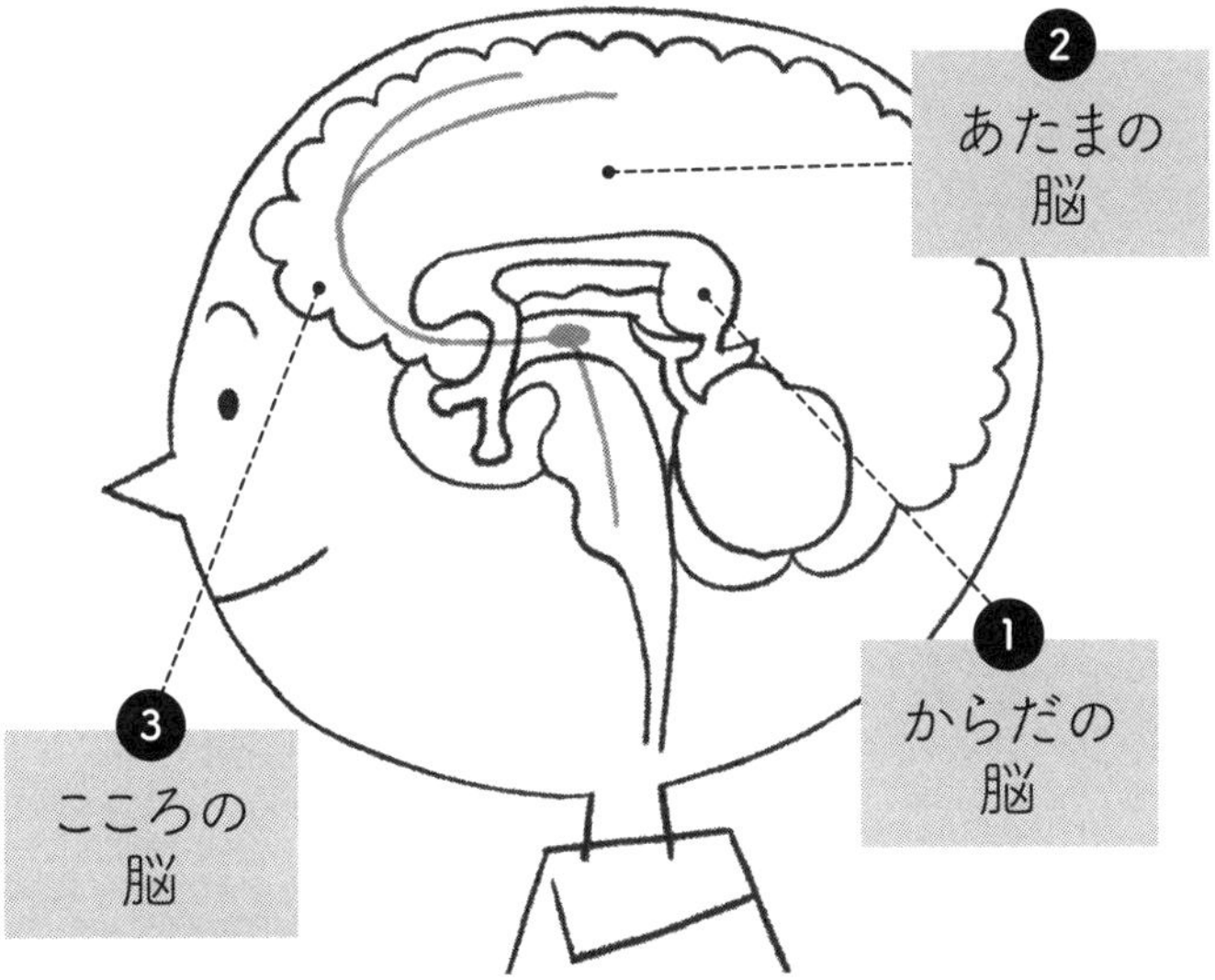


浮かべる場所のこと。一般的に、脳トレとかいうときにイメージする部分です。ここは、言葉の発達を促す、手先を使った細かい動きをする、話す・読む・計算する・考えるといった認知や記憶の機能を司るなど、さまざまなことをするときに使う部分です。

1歳くらいから育ち始め、18歳くらいまで時間をかけて発達しますが、6歳以降に本格的に使うようになり、小中学生の時期を中心に発達していきます。

学校での学習など、外側からの刺激を受けながら発達していくので、義務教育がこの時期に設定されているのは、脳科学的にも納得がいきます。

## ❸ こころの脳（10歳以降に育つ）

前頭葉といわれる、脳の前の部分。人を思いやる、想像力を働かせる、感情のコントロールをする、コミュニケーションを取る、行動を抑制し我慢するなど、人間らしい脳の働きを担っています。およそ10歳すぎから15歳くらいにかけてつくられ、18歳くらいまで発達し続けるといわれています。

## 脳育ちの順番が変わると、起きやすい問題とは

よく、10歳の壁といわれますが、幼少期から思春期に移行する時期は、いよいよこのこころの脳が発達し始める時期と一致します。

このとき、いもむしが蝶になるためにさなぎに変態していくのと同じくらい、大きな変化が起きます。親からしたら「かわいかった子どもがつっかかってくるようになった」「何も話してくれなくなった」と、戸惑いを感じるかもしれませんが、それは順調に発達している証拠。親から離れて自我を確立しようとしているのです。

## 脳育ては「土台から」

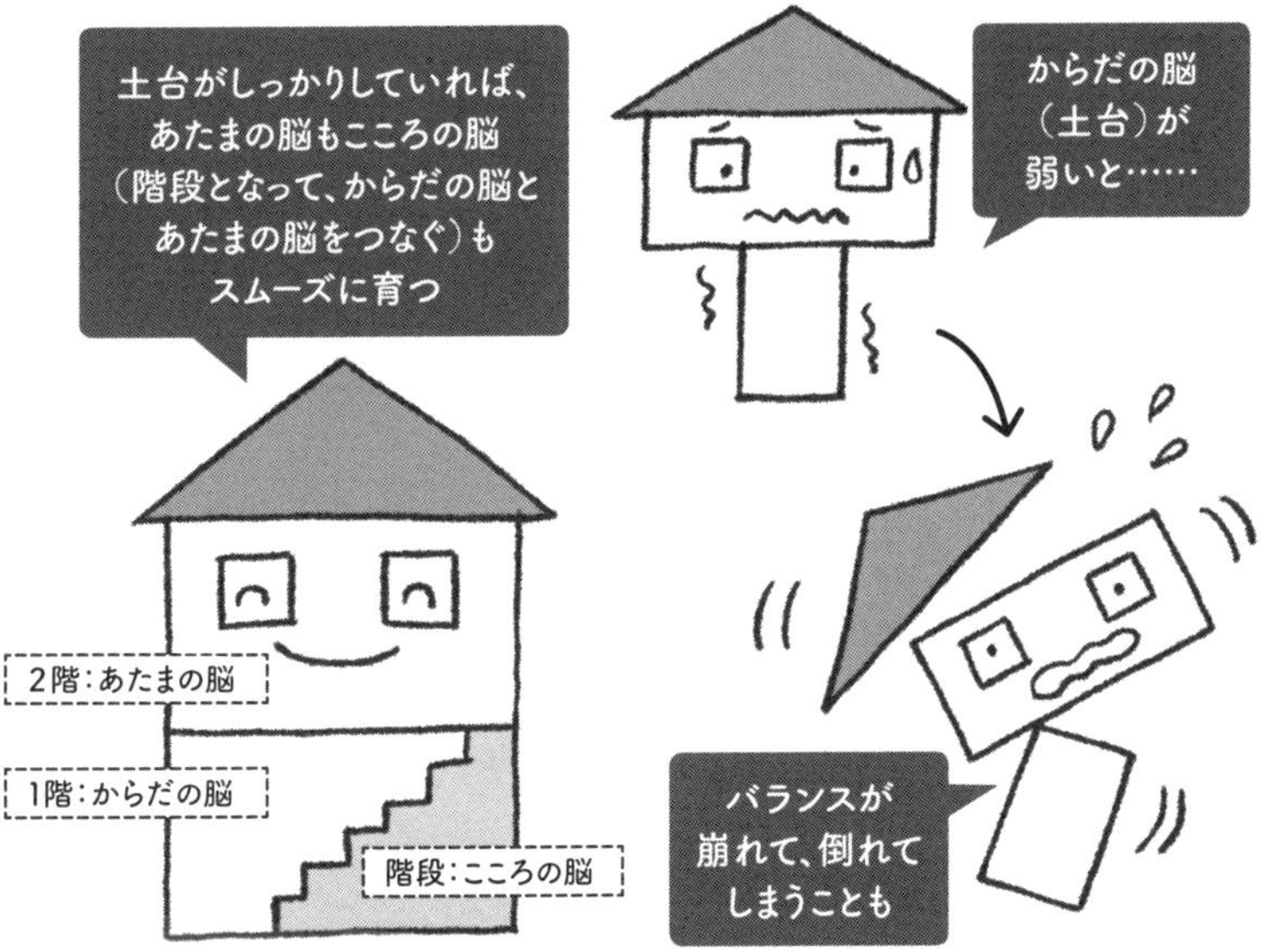

土台がしっかりしていれば、あたまの脳もこころの脳（階段となって、からだの脳とあたまの脳をつなぐ）もスムーズに育つ
からだの脳（土台）が弱いと……
2階：あたまの脳
1階：からだの脳
階段：こころの脳
バランスが崩れて、倒れてしまうことも

子どもの中では、神経回路がつながることで、自分を取り巻く周りの人との関係や、自分が置かれている立場などを考えながら物事を判断するようになっています。「からだの脳→あたまの脳→こころの脳の順で発達する」という順番と発達の時期は、どんな子でも決して変わりません。

しかし、**幼児期に土台となるしっかりとしたからだの脳がつくられていないうちに、あたまの脳ばかり刺激してしまうと、土台が育たないので脳全体のバランスが崩れます。その結果、こころの脳も育たず、ちょっとしたことでバランスを崩すようになるのです。**

**こうして、ただでさえ不安定になる思春**

**期に、我慢ができずすぐにキレたり、ちょっとしたことで不安になって問題が起きてしまうようになります。**

しっかりとした根を張った木は、嵐が来ても倒れないのと一緒で、まず土台となるからだの脳をしっかりと育てることが、子どもの健やかな発達には欠かせません。焦って情報を詰め込む教育をするのではなく、焦らずに「発達の順番に沿った脳育てをすること」が、何よりも大切です。

## 早寝早起きが脳を育てる科学的根拠

ここからは、どうやったらじょうぶな脳に育てられるのか、より具体的な話をしていきましょう。

**じょうぶな脳を育てるのに重要な役割をするのが、「良質な睡眠」と「地球のリズムに合わせた生活習慣」です。**

「早寝・早起き・朝ごはん」。

「基本的にこれが守られていれば、子どもはちゃんと育つ！」と、成田先生も太鼓判を押しています。

では、十分な睡眠ってどのくらいなんでしょうか。

年齢によって成長に必要な睡眠時間は変わりますが、日本小児保健協会では、0歳児で14〜15時間、1歳児で14時間、3歳児で12時間、小学生で10時間が理想といわれています。しかし、日本全国の小学生の平日の平均睡眠時間は8時間15分なので、理想より2時間近くも短いのです。

お子さんは毎日何時頃に寝て、何時頃に起きていますか？　平均の睡眠時間は何時間くらいでしょうか？

大人でも睡眠不足は不調の原因になりますが、子どもの睡眠時間が短いことは、私たちが思う以上にさまざまなことに影響を及ぼします。

## 自己肯定感の低下は、寝不足のせいだった⁉

まず、自己肯定感への影響です。

文部科学省の「睡眠を中心とした生活習慣と子供の自立等との関係性に関する調査の結果」（2015年）でも、**寝る時間が遅くなるほど、自分のことを好きだと感じる割合が減ることがわかっています**。

なぜ自己肯定感と睡眠が関係するのかと疑問に思われるかもしれませんが、その理由が脳科学の研究で明らかにされつつあります。

夜間に強い光を浴びて夜更かしをするうちに、本来持っている昼行性動物としての活動リズムが狂い、その影響が心身の不調となって表れてしまうのです。

その結果、就寝時刻が遅い子どもほど、「自分のことが好きだ」と回答する割合が低く、「何でもないのにイライラする」と回答する割合が高い、という結果にもつながってくるのです。

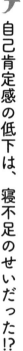

**日本の子どもたちは世界と比べて、自己肯定感が低く、うまくいくかどうかわからないことに挑戦しようとしないということがさまざまな調査結果で出ていて、問題視されています。**

日本人の気質の問題とか、教育の影響とかいろいろ言われていますが、世界と比較しても、日本の子どもたちは遅寝で、睡眠時間が不足している影響も大きいのではないでしょうか。

「自分は大丈夫だ」と思えないと、何にもチャレンジすることはできません。

子どもの中から出てくる「これをやりたい！」という気持ちを開花させ、探究力を発揮させるためにも、何よりもまず、生活習慣を見直し、早寝早起きを実行することが大切なのです。

# ちゃんと寝ている子は「意欲」も「学力」も高くなる

睡眠時間は、学習意欲や学習の成果にも影響を及ぼすことがわかっています。

全国学力調査でも、睡眠時間を8時間以上取っている児童の正答率が高いという結果が出ています。

さらに、勉強した後で睡眠を取ったほうが、学んだことが定着しやすいことも明らかになっているのです。

**睡眠には、脳を休ませる働きだけでなく、学習したことを整理したり、記憶を定着させる役割がある**からです。

5~18歳の日本人290人の脳のMRI画像を検証した研究では、睡眠時間を十分に取っている子どもは、短い子どもに比べて記憶の処理に関わる海馬の体積が大きいこともわかっています。

寝る間も惜しんで勉強したほうがテストの結果もよさそうにも思いますし、寝てしまったらせっかく覚えたことを忘れてしまいそうな気がしますが、実は逆なんですね。

また、授業中に集中できず立ち歩く子ども、ちょっとしたトラブルにキレて暴言を吐く子、学校に通えなくなる子の増加などがニュースでも取り上げられていますが、それらの一因として睡眠習慣の乱れがあるということも、はっきりしています。

成長期にある子どもたちにとっては、睡眠不足で成長ホルモンが十分泌されず、発育が遅れたり、自律神経が乱れることでイライラすることは多々あります。**睡眠不足が子どもの困った言動を引き起こしてしまうのです。**

さらに今、発達障害といわれる子どもたちが増えていますが、**成田先生のもとに発達障害といわれてやってくる子どもたちの5人に3人は、生活習慣を見直すと問題行動がなくなる「発達障害もどき」だそうです。**

睡眠不足は、このような現在の困った言動の原因になるのはもちろん、その後の成長にも深刻な影響を及ぼす可能性が高いことも数々の研究でわかっています。

世の中には、短時間睡眠でも成果が上がるというような情報が流布していますが、子どもにとっての睡眠の役割は、大人のそれとは同じではありません。**探究する力の源である好奇心や意欲も、睡眠不足では湧いてこないのです。**

## 朝型に変えるだけで、うまくいく

私が代表を務めているマザークエストという、「親が子育てを探究する学び場」でも、何回か成田先生にお願いして、ワークショップを開催してきました。

「**睡眠第一にすれば、すべてうまくいく**」という先生の強いメッセージに開眼した親御さんたちから、「周囲が習いごとをしているから、私もさせなくちゃいけないかなとか、いろいろ不安だったけれど、とにかく生活リズムを整えることを第一優先にすればいいとわかって安心した」「子どもが変わった」という嬉しい感想をたくさん寄せてもらっています。

実際、早寝早起きし、朝型に変えることでうまくいくというのには、理由があります。**幸せホルモンといわれるセロトニンが分泌されるピークが朝の5時から7時。早起きして朝日を浴びることで、セロトニンが十分分泌されるのです。**

セロトニンは神経伝達物質の一つで、心と身体を安定させ、幸せを感じやすくする働きを持つといわれています。

朝の光を目に入れることで、体内時計もリセットされ、頭が覚醒。セロトニンが分泌されて心身のバランスも取れて、自然に物事に対する意欲が出る。朝から食欲が出てしっかりと栄養が取れる。早起きは三文の得とはよく言ったもの。いいことずくめなのです。

夜更かしの人が朝型に変えるのって大変と思われるかもしれませんが、**まずは早起きから始めて、夜に眠くなったらさっさと寝てしまいましょう**。その生活をとにかく続けるのです。朝、なかなか起きられないお子さんでも続けることで、乳幼児期なら1週間で体内のリズムが整って朝型に変えることができます。

「子どもが大きくなってもう手遅れ!?」と思ったあなたも大丈夫！　可塑性《かそせい》といって、脳の細胞は、いつも余りがあって、いつからでもつくり変えることができるそうです。

正しい睡眠習慣は、これから続く長い人生を幸せに送る上で、とっても大事なこと。まずは睡眠第一で、じょうぶな脳を育てましょう。

# スケジュール帳を習いごとで埋めてはいませんか？

自ら「やりたい！」を見つけられるような意欲のある子に育てる上で、**睡眠と同じくらい大切なのは、「詰め込みすぎないこと」です。**

第2章でも、探究力がある子の親御さんは、子どものスケジュールに余白を持っているよと、お伝えしましたね。

そうはいっても、日々多くの方にお会いする中で感じるのは、毎日何らかの習いごとや塾などで、放課後の予定が埋まっているという子が多いなぁということです。

偏差値の高い学校に入っても、それだけではその先が保証されないことがわかってしまった。だけど学歴を完全に否定もできない。そこで、学歴プラスαの能力を身に付けさせようと、勉強以外にも、子どもにいろいろな習いごとを掛け持ちさせるケースが多くなっているようです。

この流れの背景には、世の中の急速な変化とそれに伴って求められる能力の定義が変わったことがあるでしょう。また、小学校で英語が必修科目になり、プログラミングも取り入れられるようになったことも、習いごとが増えている要因だと思います。英語もプログラミングも、親世代が小学校のときにはなかったことなので、それらの習いごとへの関心が高まっているのです。

さらに、想像力や感性、好奇心など、非認知能力を育てることが大事だともいわれているので、芸術系の習いごとが気になる親御さんも、多くいます。**選択肢が増えすぎて、何をやればいいのかがわからない方が増えているように感じるのです。**

3~6歳の幼児期の子を持つ親1000人に聞いた「子育てに関する意識調査」では、2人に1人が「子どもの将来が不安」だと答えていて、将来のために「早期教育に興味があるか」という質問では全体の約7割が興味ありと回答しています。

巷《ちまた》にはそんな親の不安につけこむような情報があふれており、「脳の発達は3歳で決まる!」というような記事を読んで不安になる親、自分の子どもを「手遅れ」にしたくないと焦る親たちを取り込んで、習いごと市場の低年齢化も進んでいます。

私の周りでも、何が子どもに合うかわからないので、試しにいろいろやらせているうちに、子どもがどれもやめたがらず、習いごとの掛け持ちでスケジュール帳が埋まってしまったという話はよく聞きます。

その結果、子どもたちは、忙しい毎日を送ることになります。中には、人気アイドル並みに、分刻みのスケジュールで動いている子も少なくありません。

しかし、それが反対に子どもの意欲を削《そ》いでしまう結果になっているとしたら、どうでしょう。**実際、スケジュールがいっぱいになっていることによる弊害は、いろいろあります**。

## 多すぎる習いごとより大切な、毎日の〝余白〟

まず、**忙しくて睡眠時間が削られてしまいかねないこと。それによって心身共に疲れてしまうのです**。小学生ママの実感として、小学生の4人に1人が疲れていると感じているという調査結果もあり、その理由として「勉強や習いごとが多い」がトップにあがっているのです。

また、予定がぎっしり詰まっていると、それをこなすことで精一杯になってしまい、せっかくの習いごとの成果が出ないだけでなく、受け身の姿勢が身に付いてしまいます。これでは、自分から学ぼうという意欲は育ちません。**もっと知りたい、もっとやってみたいと思うには、〝余白〟を与えることが大切**です。

習いごとが多すぎて、子どもも疲れていそうだと実感しているのに、やめさせることができない理由としては、共働きのため放課後の預け先として、習いごとを掛け持ちしているというものも多いようです。

私が取材したあるママは、「遊びが中心の学童はお金がもったいないから、同じお金をかけるなら、習いごとに行ってもらいたい」と言っていました。

その気持ち、わからなくもないのですが、子どもたちを受け入れる側の習いごとの先生からは、「親に言われて来ているけれど、子どもたちは忙しくて疲れている」「スケジュールをこなすだけで精一杯になっていて、集中できていない」といった声も聞こえてきます。そうなってしまったら、お金をドブに捨てるようなもの。実際、「お金をかけてあれこれやらせたけれど、ほとんど身に付かなかった」という話は、子育てを終わった人の間ではよくある話です。

**何が向いていそうかを見極めるために、体験をしてみるのはよいことですが、どれを優先するかを見極めるのも親の仕事ではないでしょうか。**

参考までに、習いごとを続けるか否か決めるときのヒントを、少しだけご紹介しましょう。まず、始めるときは、親が習いごとを決めるのではなく、子どもに選ばせること。そして、子どもが「自分からやりたい」という気持ちでやっているかを、普段からよく見て感じ取り、「やらされている感」があるようだったら、やめるという選択肢を考えるのがおすすめです。

## 自分で決めたことなら、頑張れる

子どもには幸せになってほしい。親なら誰もが願うことです。

子どものために「できるだけのことをしてあげたい」と思うのも当然です。しかし、いきすぎると、子どもを追い詰めてしまうことにもなりかねません。

勉強を強いる「教育虐待」とは違って、習いごとは、それが子どもを追い詰めていると自覚しづらいのが困ったところです。なぜなら、先の例のように「子どももやりたいと言ったからやらせている」し、「楽しそうに通っている」ように見えるから。

確かにやってみないことには、それに興味があるかどうかはわからないし、よほど意志が強い子でなければ、親がすすめたことには素直に応じる場合が多いので、見極めは難しいですね。

第2章で紹介したあきこさんは、多すぎる習いごとに疲れてしまった一人ですが、あきこさんとの話で印象的な言葉がありました。「自分はだめな人間だ」と言うあきこさんに話を聞いたときのことです。「ピアノも水泳もこんなにすばらしい成績を出しているのに、なぜだめな人間だと思うの」と尋ねたら、「どれも自分がやりたくてやったことじゃない。ママが喜ぶからやってきただけ」と言うのです。

親からしたら、子どもの可能性を広げたい、幸せにしたいと思って与えた環境だったのだと思いますが、時間とエネルギーを費やして取り組んで、しかも一定の成果も出してきたことなのに、「自分がやりたくてやったことではない」と言われてしまったら、辛いですよね。

自分で決めたことなら、少々大変なことがあっても頑張れたかもしれないし、せっかく才能もあったのに残念です。

後日談として、あきこさんは、成田先生のところに通って自分のよいところを探すために1行日記を書いているうちに、ネイルやメイクが好きという気持ちに気づき、専門学校への入学を目指すことになったそうです。自立の一歩を踏み出せたのはよかった。今度は自分で見つけたやりたいことなので、頑張れるでしょう。

## 「ボーッとする時間」のすごい効用

いろいろなことを詰め込んでも、それほど効果が上がらないというのには、実は理由があります。脳科学の研究で、ボーッとしている時間に、脳の活動が盛んになるということがわかっているからです。

これまでは、意識的に頭を使っているときだけ脳が活動し、何もせずぼんやりしているときには、脳は休んでいると考えられてきました。でも、実際は何もしないときにも脳はいつでも動けるように、車でいうアイドリング状態を保っていて、そのときに使っているエネルギーは、意識的に頭を使っているときの20倍にも達するということがわかってきたのです。

**これをデフォルト・モード・ネットワーク（DMN）といい、「感情」や「運動」「記憶」などの脳内の情報ネットワークをつないで束ねる役割を果たしています。そして、DMNが正常に働いていれば、ネットワークが、脳の中に散らばる「記憶の断片」をつなぎ合わせ、脳内の情報がスッキリと整理されるのです。**また、蓄えられた情報がそれぞれ結びつきやすくなり、ときに思わぬ「ひらめき」を生み出しているのではともいわれています。つまり、DMNが活性化すると、創造力が高まるのです。

皆さんも、じっと考えているときより、リラックスしているときのほうが、いいアイデアが浮かんだという体験をしたことはないですか？

親から見ると、子どもが何もしないでボーッとしている様子を見たら、「ごろごろしていないで、勉強しなさい」と言ったり、つい予定を入れたりしがちですが、こんなときこそ、デフォルト・モード・ネットワークが働いている時間。子どもの頭の中では、脳内が整理され、画期的なアイデアが浮かんでいるかもしれないのです。

娘さんが2017年の全米最優秀女子高生コンクールで優勝を果たしたボーク・重子さんにも、話を聞きました。

娘さんが通っていた学校では、4年生くらいまで宿題も出ません。「他の学校の子に遅れを取るのではないか」と心配になって学校に相談したところ、「人より早い時期に、速く計算ができるようになることがそんなに大事なの?」と逆に質問されて「そんなに宿題がほしいなら」と課された宿題が、一日20分間の空想タイムを取ることでした。そんな宿題、日本では考えられませんが、これはまさにDMNが起きる時間です。子どもは、暇になると必ず何かを始め、それが、好きなことを見つけるきっかけになったとボークさんは話しています。

また、何かを空想するときは、ポジティブなことを想像することが多いので、心を健全に保つのにもいい影響がありそうです。**一見無駄のように思える時間が、子どもが好きなことにじっくりと取り組み、クリエイティビティを育くむ上で、とても大事な時間なのです**。

## 探究学習の専門家が、子育てで大事にしてきたこと

ここで、「待つ・急がない」を子育てのポリシーにしてきた佐藤由美（仮名）さん親子の例も紹介しましょう。佐藤さんには、現在高校生になる娘さんがいます。佐藤さん自身は、教員向けに探究型学習プログラムを開発していて、本も書くほど教育現場での探究学習に詳しい方です。そんな佐藤さんが、どのような子育てをされたのか聞いてみました。

**佐藤さんの子育てのポリシーは、「待つ・急がない」**。この考え方に出合ったきっかけは、認証保育園で行われていたモンテッソーリ教育でした。「本人が集中しているなら、親にとって迷惑でも手を出さない。着替えも自分でやりたいときはできるだけ手を出さない」など、子どもの自発性を尊重するのが特徴です。

子どもの自発性を重視する考えは習いごとについても同じでした。佐藤さんは小学校からアメリカで子育てをしているのですが、それ以前も習いごとをさせなかったそうです。

その一番の理由は、子ども自身がやりたいと思っていることを、自分のペースでや

ってほしいと思っていたから。自分自身が、幼少期に親のすすめでピアノを習ったもののの、本当は嫌だった……という記憶があったそうで、自分の子どもには無理に何かをさせたくないという思いが強かったのです。

一方、子どもの自発性と共に、子育てでは次の3点を大切にしていました。

**・夜9時半までに就寝する**

**・寝る前の読み聞かせ**

**・土日はできるだけ子どもと一緒に遊ぶ**

とてもシンプルだけれど、これもまた、親子の日々の関わりの基本として最も大事なことではないでしょうか。

親子共に探究型学習に多く触れてきた中で、娘さんは好奇心や探究心を持ち、自ら考えて行動できる子に成長してきているそうですが、佐藤さんは、「探究型学習は確かによいけれど、それよりも子どもにとって大事なのは、精神的・時間的な〝余白〟を取ることだと思う」と言います。

そんな佐藤さんも、日本で子育てをしていたときには、やはり小さいときから、何か習いごとをさせたほうがいいかと悩んだことがありましたが、子どもにとって余白が大事と自分に言い聞かせて踏み留まったそうです。

一方、「アメリカで出会った人たちは、小学校の間は存分に遊ばせるものだという価値観を持っている人が多かったので、安心して遊ばせられた」と話しています。

それくらい、**日本では、余白をつくるって、信念を持って取り組まなくてはできないことかもしれません**。

しかし、先にお話しした脳育ての順番からもわかるように、幼児期には早期教育などの直接的な「学び」以上に、生活リズムを整えることと、親との楽しい関わりや、友達とたくさん遊ぶことが大切なのです。

もしスケジュールがいっぱいなら、一度見直してみませんか？

## やりたいことを実現する力は、運動から生まれる

自分の好きなこと、得意なこと、やりたいことを見つけていくためには、発達の順番に沿って、司令塔となる脳を育てていくことが大切。

**そして脳育てのためにもう一つ大切なことが「運動をすること」です。**

運動と、脳の成長というと一見関係がなさそうに思えるかもしれませんが、そんなことはありません。

**脳の発達には、リズミカルな運動が効果的だといわれているからです。**

人には「運動神経が著しく発達する時期」があるのをご存知でしょうか。

それは、ゴールデンエイジと呼ばれるおおよそ幼児期から小学生の頃。具体的には6〜12歳（年長〜小学6年生）の期間で、「プレ・ゴールデンエイジ（6〜9歳）」と

## スキャモンの発達曲線

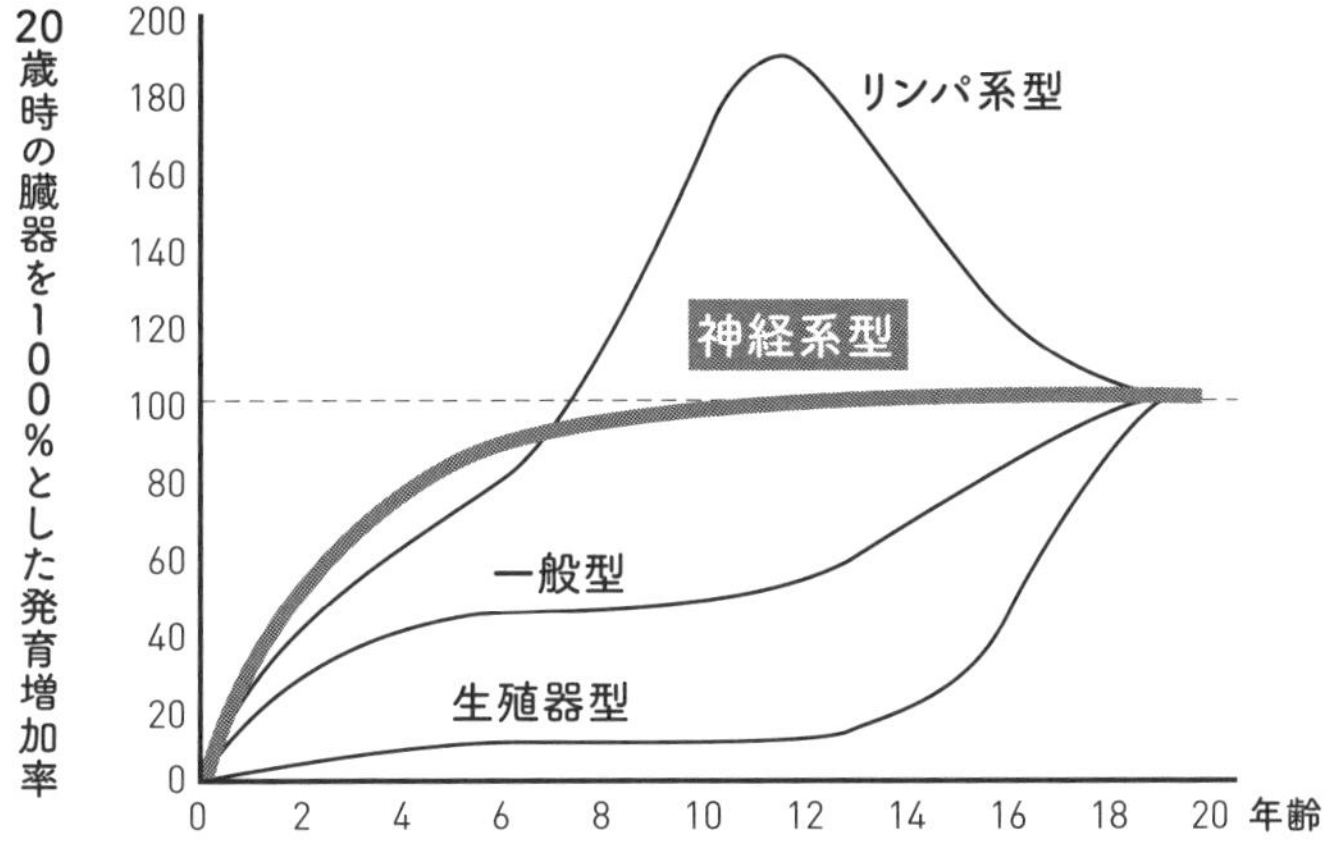


「ゴールデンエイジ（10〜12歳）」に分けて考えられています。

このグラフは、「スキャモンの発育曲線」というものです。これを見ると、子どもの神経は5〜6歳までに急激に発達し、大人の80％にまで達します。12歳では神経系の発達はほぼ100％で大人と同じに。

この神経系がグンと伸びる時期に適切に身体を動かすことで、子どもの運動神経をしっかりと伸ばすことができます。そして、この運動神経の発達が脳の神経の発達にも大きな影響を与えるといわれています。

特にプレ・ゴールデンエイジには、脳の神経回路の発達が急速に進むので、この時期に運動を通して、できるだけさまざまな動きをすると、神経回路のつながりもより豊かなものになるでしょう。

## 「活動の源」体力を伸ばすのも、親の仕事

さらに、やりたいことを意欲的に行うためには、体力が欠かせません。体力は人間の活動の源で、健康を保つことはもちろん、発達・成長を支える基本的な要素です。また、意欲や気力といった精神面の充実にも大きく関わっていますから、体力が落ちると、気力も低下してしまいます。**好きなこと、得意なこと、やりたいことを実現していくためには、じょうぶな脳を育てると共に、運動をして体力をつけていくことが欠かせないのです。**

しかし、子どもたちの体力は１９８５年辺りをピークに、明らかに低下し続けていることがわかっており、問題視されています。

生活が便利になり、身体を動かす機会が圧倒的に少なくなっている上に、子どもた

ちは習いごとや塾の勉強で忙しく、友達と一緒に外遊びをすることすら、難しくなっているのが、その原因でしょう。

さらに、新型コロナの影響で、身体を動かす機会が一層減ってしまい、子どもが家で一人、ゲームやテレビのような身体を動かさない遊びをして過ごす時間が増えたという家庭も多いのではないでしょうか。

これでは体力が落ちてしまうのは、無理もありません。

繰り返しになりますが、体力はさまざまな活動の源。「やりたいこと」を思いのままに探究するためにも欠かせないものですから、意識して運動を取り入れて、子どもの体力向上を図りたいものです。

このようなお話をすると、「でも、うちの子は運動オンチなので、運動が嫌いなんです」とおっしゃる方がいるのですが、それは間違い。**そもそも運動オンチな子はいません**。その誤解があると、親が子どもを無意識に運動から遠ざけてしまうこともあるので、まず、「運動オンチ」にまつわる誤解を解いていきましょう。

# 「運動オンチ」な子どもはいない

小さな子どもはそもそも身体を動かすことが好きなはずですが、大きくなるにつれて、運動好きな子と苦手な子に二極化してしまいます。

これに対して「子どもが運動が苦手なのは、私が運動オンチで、それが遺伝したからだ」と言う人がいますが、これはまったくの思い込み。

名だたるスポーツ選手の動作を解析してパフォーマンスを上げるためのアドバイスをしてこられたスポーツ科学の第一人者、東京大学名誉教授・深代《ふかしろ》千之《せんし》先生は、**「親の遺伝によって子どもが運動オンチになるということはなく、足が遅い人は、走り方を知らないだけ。正しい走り方をちゃんと頭で理解すれば足が速くなる」**と、おっしゃっています。

以前NHKで放送された『助けて！　きわめびと』という番組で深代先生は、運動が苦手だけれど、足が速くなりたいという小学生9人を指導していました。

番組ではアスリートの走り方と子どもたちの走り方を比べたり、走り方のコツを覚えるドリルを使って反復練習をしたりして、身体の動かし方を脳にインプットしていったのです。**その結果、30分後にはなんと9人中5人のタイムが上がりました。**

運動がうまい・へたの本当のカギを握っているのは筋肉ではなく、脳。脳内にそれぞれの動作の「運動パターン」をつくれているかどうか、ということによるのです。

先生は、身体を動かして、脳にたくさんの神経パターンの引き出しをつくる力を「**運脳神経**」と名付けています。

たとえば、箸を使えるようになったときのことを思い出してください。最初は指をうまく操れず、じょうずに使えなかったけれど、練習を重ねるうちに少しずつ慣れてきて、ある日、コツをつかんでできるようになったという経験を多くの方がしていると思います。これは、脳の中で指を適切に動かすための神経パターンができあがったということなのです。しかも、一度できあがった神経パターンによる動きは、そう簡単には忘れません。運動も同じです。「生まれつきの運動オンチ」や「運動オンチの遺伝」は存在しないのです。

## 「身体を動かすと楽しい！」という経験をたくさんさせよう

深代先生によると、運脳神経を伸ばすためには、特別なスポーツをする必要はないそうです。たとえば鬼ごっこのようにその辺を駆け回る、キャッチボールをするといった身近な運動で十分とのこと。

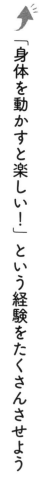

考えてみたら、昔の子どもは、特に何かスポーツをするのではなく、おしくらまんじゅうをしたり、相撲を取ったり、缶けりをしたり、メンコをしたり、遊びの中に運動がありました。遊びを通して、運脳神経を鍛えていたのですね。

**特に運動に苦手意識があるお子さんにはまず、「身体を動かすって楽しい」という経験をさせることが大切です。**

そのときのコツは、ちょっと頑張ればできそうなことを選ぶことです。子どもは、簡単にできることには飽きてしまうし、あまりにも難しそうなことにはなかなか興味を持てないもの。ですから「ちょっと頑張ればできるかも」と思えることを親子で一緒にやって、「できるようになるって楽しい」という体験を積み上げるといいでしょう。

そこで、親子の遊びのアイデアとして、新聞紙を使ったゲームをいくつか紹介します。まず、新聞紙を丸めてボールをつくって、ちょっと離れたゴミ箱に入れるゲーム。足で挟んでボールを落とさず運べるかを競うゲームなんていうのも、家で手軽にできる運動です。親子で少しずつ距離を伸ばして競うと楽しいですね。また、キャッチボールの代わりに、新聞紙でつくった紙鉄砲で、どれだけ大きな音を出せるかを競って遊ぶ（108ページ参照）だけでも、ボールを投げるのと同じ動作を体得できます。

日本スポーツ協会のサイトには「アクティブ・チャイルド・プログラム」というコーナーがあり、家でできる運動の事例がたくさん出ているので参考にしてみてください。身体を使った遊びには、体力以外にも、発想力、コミュニケーション能力、考える力などを伸ばす効果もあります。

日常生活の中で、楽しみながら、できるだけ身体を動かす機会をつくりましょう。

ここまで読んで、人の育ちにはどんな人にも共通の順番があること、しっかりした土台をつくるために必要なことを理解していただけたと思います。

子どものためと思って手をかければかけるほど、子どもが自分で伸びようとする芽を摘み取ってしまいかねません。**まずは焦らずじっくりと、じょうぶな土台づくりをしていきましょう。それが、子どもの探究力を育てる早道です。**

# 紙鉄砲のつくり方

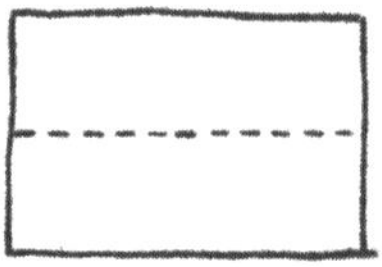

❶ 横半分に折って、折り目をつける

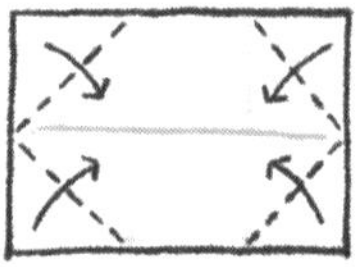

❷ 四隅を内折りにする

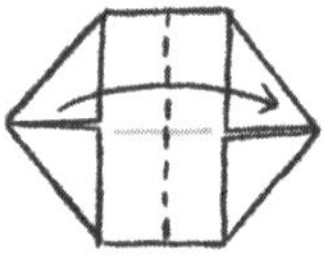

❸ とがった部分が重なるよう折り合わせる

❹ 半分に折り合わせる

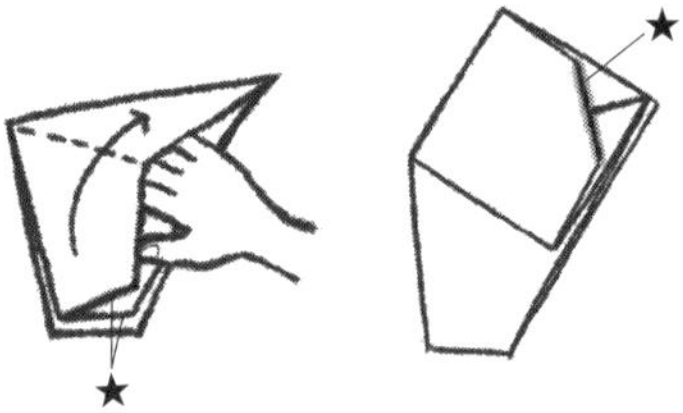


❺ ふくろに手を入れて、開き返す。反対側も同様に

❻ さらに半分に折り、合わせて完成

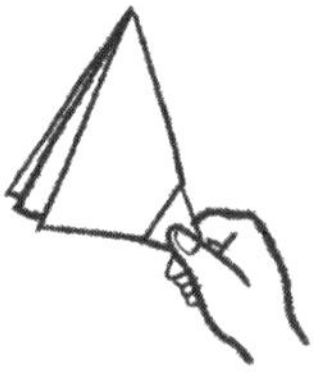

❼ 図のように持ち、上から振り下ろすと音がなる

※上から真下に向かって振り下ろすと鳴りやすいでしょう。
※パンと大きな音が出るので、周りに注意して遊びましょう。
※大きくてやわらかい紙（新聞紙など）のほうが、大きな音が出しやすいです。

# 第3章 まとめ

☑ 探究力を身に付けるためには、
まず、土台である脳と身体の健全な成長が欠かせない。

☑ 土台（脳と身体の健全な成長）をつくるために
子育てで大事なのが「焦らない」こと。

☑ 脳は「からだの脳→あたまの脳→こころの脳」の
順で発達する。
この順番が前後してしまうと（早期の詰め込み教育などで、
からだの脳よりあたまの脳が重視されるなど）後々、
メンタルが弱くなるなど、問題が起きる可能性がある。

☑ 脳と身体を育てるために大事なことは、次の3つ。

1 発達に合わせた「脳育て」を意識する。
まずは、早寝早起き、朝ごはん。
生活のベースを整えることから始める。

2 習いごとなどの予定は詰め込まない。
習いごとが多すぎると、生活リズムが崩れることも。
できるだけ、何をしてもいい自由な時間をつくる。

3 遊びや運動で脳を育て、体力をつける。
運動をすることで、筋肉だけでなく、脳神経も育つ。
ゴールデンエイジ（6～12歳）は
運動神経が著しく発達するので、特に運動を大切に。
ただ、無理せず日常の中で、
身体を動かす機会を増やせばそれで十分。

COLUMN

## 英語が小学校で必修に。
## 英語学習の秘訣を専門家に聞いてみた

全国の小学校で英語が必修になり、大学受験も「読む・聞く・話す・書く」の４技能を測るテストに変わる。そんな中、親の英語教育への関心も加熱気味です。「子どもには英語を使えるようになってほしいけれど、いったいいつから始めたらいいの？」という声もよく耳にします。そんな親たちの疑問を解くために、「教育学」を超える「学習学」の提唱者であり、英語学習にも造詣が深い、本間正人先生に英語学習について聞きました。本間先生によると、ノンネイティブが英語を使えるようになるには0からスタートして、2000時間あれば十分で、いつから始めても遅くはないそうです。2000時間といえば、1日1時間で、５年半で達成です。学校の英語の授業で使えるようにならないのは、圧倒的に英語に触れる時間が足りないから。焦らなくてもいいのですね。小学校で英語が教科になると言われて、親はついつい「やらせなくては」というモードになりがちですが、楽しくないことはやりたくないのは大人も子どもも同じ。英語学習も、楽しいからやり続けられ、やり続けるから上達するので、苦手意識をなくすためには「今どき英語くらいできないと」という強迫観念から押しつけるのではなく、子ども自身に楽しいと思ってもらうことが先。

「豊富な言語体験と好奇心を抱くきっかけをたくさん与え、親自身が楽しむことが大事です」と本間先生。つまり、英語学習も親子で楽しく探究することからなのです。

# 第4章

# 〝やりたい！〟が育ち、やり抜けるようになる「決めつけない育て方」

## 子どもは、遊びながら探究する

自分の好きなこと・やりたいこと・得意なことを見つけられる子に育てるための2つ目のポイントは、「**子どものことを決めつけない**」ということです。私たち親って、子どもの可能性を広げたい！　と思っている割には、子どもの行動を制限したり、枠にはめようとしたり、自分の中にある「こうあってほしい」という理想の子ども像に近づけようとしがちではないでしょうか？

私もかつてそうなりがちだったので、その気持ちがよくわかります。その裏にあるのは、心配だったり、失敗する姿を見たくないという思いだったり……、それも愛情ではあるのですが、いきすぎたら、伸びようとする芽を摘んでしまいかねません。

また、**世の中がこれほど早く変化している時代に、古い価値観や自分の思い込みで子どもの行く末を決めつけたら、それこそ子どもの将来を潰す結果になりかねません**

**し、子どもの「やりたい気持ち」や自主性は育ちません。** そこで、この章では、子ども自身のやりたい！ という気持ちを育てるために何をすればいいのか、あるいはしないほうがいいのかを紹介していきます。

まずは、遊びについてです。

子どもは遊びの天才といわれます。わざわざおもちゃを与えなくても、何でも遊びにしてしまう才能を持っています。

赤ちゃんがティッシュの箱からティッシュペーパーを全部出してしまったり、小さい子が、砂場でひたすら穴掘りをしたり、何度も失敗しながら砂山にトンネルをつくったり。皆さんも幼い頃にそんな遊びに興じた記憶があるのではないでしょうか。大人から見たらくだらないことだったり、ちょっと迷惑なことだったりしても、それが子どもの探究力を育てる大事な機会になっているのです。

私も小さい頃、折り紙を水に浸して色水をつくってジュースの空き瓶に詰めてお店屋さんごっこをして遊んでいたとき、赤と青を混ぜると紫色になる発見をしたことを鮮明に覚えています。遊びの中で発見をしていたのですね。

しかし、最近は、自由に遊んでいいよと言われても何をすればいいのかわからず、戸惑ってしまう子どもが増えているといいます。

その理由は、子どもが自由に遊べる場所がなくなっていることや、いろいろなものを与えられすぎて、子どもが工夫して遊ぶ余地がなくなっているから。

また、「危ないから」「服が汚れるのが嫌」などの理由から、親が「これで遊びなさい」などと細かく指示してしまい、子どもを自由に遊ばせない家庭が増えたためだともいわれています。習いごとで忙しく、自由に遊ぶ時間がない子も多いでしょう。

しかし、**子どもの成長にとって自由に遊ぶことはとっても大事な時間です。自由に遊ぶ中で、子どもは想像力を働かせて遊びを変化させていきます**。心配してしまう気持ちなどはよくわかるのですが、できるだけ自由に遊ばせてあげたいものですね。

「子どもを自由に遊ばせてあげたい……」そう思っていても、日常生活の中で、無意識に子どもの行動を制限してしまうこともあります。皆さんにも、心当たりがあるのではないでしょうか。

たとえば、3人の子どもを持つあるお母さんは、長男が幼稚園の頃、「長い棒は危ない」と言い聞かせて、一切持たせなかったそうです。周りのお母さんがそう言っているのを聞いて、自分もそう言わないといけないと思っていたところもあったと言います。男の子は、棒を見つければ剣や鉄砲に見立てて振り回したがりますからね。

しかし、歳が離れて生まれた次男は、禁止しなくても、危なさはわかっていて、じょうずに棒を使って友達と遊んでいるのを見て、心配や周りの目を気にしすぎて、子どもの楽しみを奪っていたのかもしれないと反省したと話してくれました。

そうなんですよね。特に初めての子育てでは、何をどこまで許していいのか、その兼ね合いがわからず、周囲のお母さんたちの考えに同調してしまいがちです。でも、**何事も最初から禁止をしていたら、子どもはその扱いや加減を学ぶこともできません。**

本当に危ないときには止める必要はありますが、子どもは、危ないということも含めて、経験しながら学んでいくのです。「危なそうだからやらせない」ではなく、「やらせてみて危ないときは止める、違う遊び方を示す」などして、できるだけ子どもの自由な遊びをサポートしましょう。

## 何かをつくり出す力は、遊びの中で生まれていた

遊びの大切さは、専門家の方々も指摘しています。

日本を代表する教育学者である東京大学の汐《しお》見《み》稔《とし》幸《ゆき》名誉教授は、著書（『汐見先生の素敵な子育て「子どもの身体力の基本は遊びです」』旬報社）の中で「**遊びは、たくらむ能力を訓練する**」と言っています。

実際子どもは、何もない広場でも自在に遊びをつくり出しますよね。それこそ、**自分のやりたい！という気持ちをベースに、そこにない新しいことを遊びを通して、つくり出している**のです。

子どもの教育に30年以上関わってきた花まる学習会代表の高濱正伸さんも、「子どもは、ゾーン（集中状態）に入って、心を奪われたときに一番伸びる。その体験総量がすべての土台になる。遊びの中には想像力、集中力、すべてがある」と言います。

夢中になって遊ぶ中で、さまざまな感情を身体で受け止めながら探究していく。それが、これから特に必要とされている、何かをつくり出す力＝たくらむ能力の基礎に

もなるのです。

特に外遊びは、自分で工夫しながら遊びをつくり出す喜びを体験できる絶好の環境。できるだけ、自然の中で体を動かして遊ぶ機会をつくってあげたいものです。

## 「へこたれない力」も、遊びの中で育っていく

何か新しいことを探究したり、挑戦するときには、失敗が欠かせません。むしろ、失敗や問題に出合ったときに、どうそれを乗り越えようかと考えることで、思考が深掘されます。探究することは、失敗すること、そしてそれを乗り越えることとセットと言ってしまってもいいかもしれません。

しかし、今、失敗を恐れて挑戦をしない子どもや、ちょっとしたことで気持ちが折れてしまう、打たれ弱いワカモノが増えているといわれています。

**多少の困難や逆境があってもへこたれず前向きに物事に取り組める力、そして前向きに生きていける力は、どうやったら身に付くのでしょうか。**

子どもの頃の体験とへこたれない力の相関を測った研究があります。国立青少年教育振興機構・青少年教育研究センターが行った「子供の頃の体験と社会を生き抜く資質・能力の関係」という研究では、「へこたれない力」「意欲」「コミュニケーション力」「自己肯定感」を、社会を生き抜くために必要な資質・能力と位置づけて、家族行事やお手伝い、友達との外遊び、学校での委員会活動や部活動などをどのくらいしていたかと、それぞれの力の相関を測っています。

この調査では、「家族行事」（家庭）、「友達との外遊び」（地域）、「委員会活動・部活動」（学校）を多くしていた人ほど、社会を生き抜く資質・能力が高いという結果が出ました。

さらに、家庭、地域（放課後や休日）、学校での体験の質とへこたれない力の関係をより詳しく見ると、**子どもの頃、家族でスポーツをしたり自然の中で遊んだりした人ほど、失敗しても再び挑戦する「へこたれない力」が高いこともわかったのです。**

うまくいかないことを乗り越えた体験やそのときに感じる喜び、夢中になって楽しかった記憶が、大人になって、多少の困難なことに出合っても、へこたれず前を向いて生きていける力の源になっているのでしょう。

## 「小さな頃の夢中」ほど、学びにあふれている

プレイフル・ラーニングという言葉を聞いたことはありますか？　遊びながら学ぶ。楽しく学ぶのではなく、楽しさの中にこそ学びがあふれているという考え方です。この言葉をつくった教育工学の専門家、上田信行先生は、「プレイフルとは、本気で課題に取り組み、自分が周りの世界を動かしている・創っている・コントロールしているると実感するときに感じる、あのワクワクドキドキする心の状態のことを指す。そして、ただ、楽しいだけでなく本気で関わること。真剣に向き合い、夢中になって限界にチャレンジしていくことで初めてクリエイティビティは生まれてくる」と言います。

さらに、発達心理学者で、お茶の水女子大学名誉教授の内田伸子先生らによる20代の社会人の子どもを持つ保護者1000人あまりを対象に行った研究によると、大学受験や資格試験などの難関を突破する力や夢を実現する力と、就学前の遊ばせ方には相関関係があることがわかりました。これはどういうことでしょうか。

高い意欲で「難関」といわれる大学の受験や医師・弁護士などの難関資格試験などの狭き門を突破したり、タレントやスポーツ選手などの憧れの職業についたりしている人の親は総じて「遊び」を重視する傾向があることがわかったのです。

この結果について内田先生は、「遊びを通して、意欲とか探究する喜びを味わったことが、その後の学力などにもつながった」と分析しています。

## 「外遊び」と「算数力」の意外すぎる関係

外遊びの大切さを力説する高濱正伸さんは、著書『本当に頭のいい子の育て方』（ダイヤモンド社）の中で**算数力を伸ばすには、なんといっても「外遊び」が効果的だと言います**。外遊びと算数って、どこでつながるのでしょう。

高濱さんは、「算数の問題は、学年が上がるほど『抽象度』が高くなり、計算の処理能力だけでは、徐々に太刀打ちできないようになっていく。特に、子どもがつまずきやすい『繰り上がりの計算・繰り下がりの計算』『文章題』『3ケタ÷2ケタの割算』『分数』『図形』では、『考える力』が不可欠になっていくけれど、この力は、『計算ドリル』などをただ積み重ねても、身に付くものではなく、特に外遊びの中で培えることがたくさんある」と言うのです。

たとえば、公園での「かくれんぼ」や「缶蹴り」。公園全体を3次元的にイメージし、子どもたちは「空間認識力」を使っているそうです。「○○ちゃんが、あの木の裏に隠れているのかもしれない」「××くんは、あっちの方向から走ってくるかもしれない」と想像する。

また「木登り」は、縦方向の動きが入るので、「どの枝に、どう手足をかけるか」を考えながら登る過程で、身体全体で立体を把握することになるとのこと。

こうした経験によって、「五感で空間を捉える」ことができるようになっていくのだそうです。

## 意欲を育てる遊びの3条件

ここまで遊びの重要性をお伝えしてきましたが、子どもと一緒に遊ぶときに、何をしようかつい迷ってしまうという方は、次の基準で遊びを選んでもよいかもしれません。子どもの「意欲や想像力」をかきたてやすい遊び道具の選び方、親の関わり方があるのです。

内田先生によると、「遊び道具の選び方」のポイントは、次の3つだそうです。

**1 想像力を働かせる〝余白〟がある**

**2 子どもができることより少し上のレベル感**

**3 親の願いより子の興味**

ゴールや目的が決まっている遊び道具より、子どもが自由に遊びを変化、発展させられる〝余白〟のある遊び道具を選んだほうが、子どもの想像力を刺激します。まさに外遊びはこれに当てはまりますね。

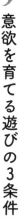

また、**簡単にできる遊びより、少しだけ難しいもののほうが、試行錯誤しながら取り組めるので、できたときの達成感を得られます。**逆に難しすぎても逆効果なので、「何歳用だから」と一律に与えるのではなく、目の前にいる子どもの発達段階をよく観察して、子どもが興味を持って遊べるものを用意するといいのです。

## イタズラの中にある、可能性の芽を育てる方法

先の項目では、遊びの重要性や遊び道具の選び方をお伝えしましたが、ここでは続いて「子どもの意欲を育む親の関わり方」についてお話ししていきます。

やりたい！　と物事に取り組むときに発揮される意欲は、子どもたちが自分の好きなことや得意なことを探究していく上で欠かせませんが、親の目が行き届きすぎて、与えられたもので遊んでばかりいると、なかなかそういう力は育ちません。

また、その気になっていないのに、外遊びが学ぶ力を伸ばすからと、「外で遊びなさい！」と強制するのもよくないのです。

高濱さんも「遊び」といっても、子どもが「強制感」を覚えたり、大人の顔色を見ながら「嫌々やる遊び」では意味がないと言います。**子どもが「自分から夢中になれる」瞬間を妨げないようにしましょう**。

子どもは本来、興味が湧けば遊びをつくり出し、次々に遊びを変化させていきます。そして、大人が思いも寄らないような遊び方をします。

しかし、それが大人からするとくだらないイタズラに見えて、叱ってしまったり、途中でやめさせたりしてはいないでしょうか？

親からしたら怒りたくなるようなイタズラでも、子どもには別の意図がある場合も多いものです。

ある家庭で、お客さんが来るのでその準備で忙しくしている間に、お子さんがソファーにクレヨンで絵を描いていたそうです。当然お母さんは子どもを叱ったのですが、よくよく聞いてみたら、お母さんがお客さんを迎える準備をしていたので、自分もお客さんを喜ばせようとお花の絵を描いたというのです。確かにソファーに絵を描かれたら困りますが、その気持ちは嬉しいですよね。

このケースでは、「お客さんを喜ばせたいと思ったんだね。その気持ちは嬉しいけれど、お母さんが困るから、ソファーはやめてね」と説明したら子どもも納得したそうです。そして、画用紙に絵を描いてもらってそれを飾ったら、お客さんもほめてくれて、子どもは大喜びしたと教えてくれました。

このように、大人からしたら問題行動にしか見えないような行動の裏にも、子どものポジティブな思いや理由があるのです。

**探究力を育てるためには、このような子どもの行動の裏にある、ポジティブな思いや理由に気づくことが大切です。**

## イタズラも遊びも、子どもが伸びている瞬間かもしれない

「好奇心伸び放題!」という探究型オルタナティブスクール(ラーンネット・グローバルスクール)を日本で初めてつくった炭谷俊樹さんは、好奇心が「探究の入り口」だと言います。**親から見たらくだらないイタズラの中に、探究力の種があるかもしれ**

**ないのです**。その種を潰さずに育てるには、親の関わり方にも工夫が必要ですね。

先に紹介した内田先生の調査でも、困難を乗り越え、やりたいことを実現した人の3人に2人の親が、子ども自身が考える余地を持てるような援助的なサポートをする「共有型」といわれる子育てをしていて、逆にそのような経験がない（困難を乗り越えた経験がない）という人の親の半分以上が、大人目線で子どもに指示を与えてしまう「強制型」の子育てスタイルであることもわかりました。

第2章で紹介した「探究力がある子」の幼少期の過ごし方や、親の関わり方も、この内田先生の調査結果と共通するところが多く、子どもをサポートし、寄り添うご家族がほとんどでした。

子どもの頃から、遊びに夢中になって試行錯誤する経験をしていくことは、将来大人になったときに、必ずよい影響を与えます。

これまであまり子どもを自由に遊ばせていなかった、指示や口出しが多かったとしても、今からでも遅くはありません。**子どものイタズラも、遊びに没頭する時間も、子どもが伸びている瞬間に立ち会っていると思って、楽しんでみませんか**。

# 遊びと学びを両立させる「親の得意」に巻き込む作戦

遊びが大事なのはわかったけれど、「子どもと遊ぶのは、苦手」という人もいるかもしれません。私もどちらかというと、そのタイプでした。でも、出かけるのは大好きだったので、休みの日には自分も子どもも一緒に楽しめる場所を探しては、出かけていました。一日中狭い部屋の中にいるよりも、私にとってもよい息抜きになったものです。

よく行っていたのは、アスレチック系の遊具や走り回れる広場がある公園。遊園地とかも確かに楽しいけれど、子どもは自由に遊べる場所に行ったほうが飽きずに遊びますし、お金もかかりません。

うちは、夫が体育会系で身体を動かすのが好きだったので、運動系の遊びはもっぱらお父さんに任せていましたが、運動が苦手という方やもっとダイナミックに自然の中で遊ぶ体験をさせたいというときには、外部のリソースを使うのもおすすめです。

我が家は、親にキャンプの経験がなかったので、キャンプ好きな家族に頼んで合流させてもらったり、年長くらいからは、子どもだけでYMCAのプログラムに参加させていました。スキーキャンプで、大雪で7時間もバスに閉じ込められたり、電気もガスもない無人島で生活をしたり、家庭ではなかなか味わえない体験を、異年齢の子どもたちや大学生のリーダーと一緒にすることで、驚くほど成長して帰ってきたことを覚えています。第2章で紹介した飯嶋帆乃花さんも、通っていた塾が主催する野外体験の積み重ねがあって、一人で海外に出かけるほどの行動力を身に付けたのです。

**外部のリソースもじょうずに使ってみてはどうでしょう。**

**インドア派には、博物館や科学館もおすすめです。**私はよく、子どもたちをプラネタリウムや科学館のサイエンスショーに連れて行きました。横に一緒にいて、同じ体験をすることで共通の話題が増えますし、自分も楽しめたので一石二鳥でした。

また、私は歴史が好きなので、子どもが中学受験の塾に通っていたときには、テキストに出てきた古墳や寺院を訪れたり、正倉院展に行って実物を見たりしていました。子どもより私のほうが夢中になっていたのかもしれませんが、子どもも写真だけで見るより記憶に残ったはずです。

もちろん親の興味と子どもの興味は違うので、当然子どもはハマらない場合もありますけれど、親が楽しめないと続かないので、ときにはお母さんの好きなことに付き合ってもらうというスタンスで、連れて行くこともありました。遊びと学びを同時にできるおすすめの方法です。

**前述の上田先生は、「プレイフルな発想方法（プレイフル・シンキング）によって、今ある環境をいくらでもワクワクドキドキする場に変えることができる」と言います。これって、人生を豊かにするためにも大事なことですよね。**

私も、人生の後半に差し掛かって振り返ってみると、若いときに遊び人といわれていたような人のほうが、引き出しが多くて豊かな生き方をしているなと感じるようになりました。若いときの遊びの経験は、能力云々だけでなく、人生を豊かにする効用があるようです。

大人も、いつまでも、プレイフルでいたいものです。

# YouTube・ゲームは「禁止」より、じょうずに使いこなす

遊びはクリエイティビティを育てるということには共感できても、じゃあゲームに没頭していたらどうすればいいの？　という疑問が湧いてきたかもしれません。

確かに、外遊びやスポーツ、読書やアート、科学遊びなど、大人から見て「これならいい」と思えるものに没頭している姿は微笑ましく見守れたとしても、マンガやゲーム、YouTubeに没頭している姿を見ると、複雑な気持ちになってしまうかもしれませんね。

ゲーム問題は、昔から子育てのお悩みベスト3に入る難題でした。皆さんのお家では、どうしていますか？

- 制限をしていない
- 時間制限などルールを決めて認めている

## ●ゲームは禁止

実際子どもたちは、どのくらいゲームをしているのでしょう。公文教育研究会が小学校低学年の家庭を対象に行った「家庭学習調査 ２０２０」によると、４人に１人が毎日1時間以上ゲームをしていました。30分以上ゲームをするという回答を含めると2人に1人が毎日ゲームをしています。

では、実際に家庭ではどのように対応しているのでしょう。子どもの年齢によって対応も違うでしょうが、ゲームに対する考え方は、親自身の体験によっても変わってくるようです。

小学4年生までゲームを禁止にしていたある家庭では、子どもが親に隠れてゲームで遊べる家に行って遊ぶようになり、それがバレてお母さんとトラブルに。それを見ていたゲーム好きのお父さんが、お母さんに内緒でゲームを買い与えたものだから、今度は家庭内トラブルにまで発展。最終的に、家族で話し合いをして、成績が下がったら禁止するという条件のもと、認めました。夜寝る時間は決まっていたので、そのお子さんは、ゲームをしたい一心で早起きするようになり、登校前にやるようになったそうです。

当時を振り返ってそのお母さんは、「自分がゲームをしてこなかったので、そのおもしろさがわからなかった。ゲーム＝依存という悪いイメージしかなかったけれど、そこまで必死に禁止にしなくてもよかったのかもしれない」と言っていました。なぜなら、子どもはゲームをするようになってから勉強も頑張るようになったし、「5時間もやる子がいるらしい」と話したら、中学生になったお子さんが「それはやりすぎだね」と言ったからです。**親が思っている以上に、お子さんには自分で判断する力が身に付いていたのですね**。

反対に、中学生になるまでゲームを一切やらせなかったある家庭では、解禁したところハマってしまってなかなかやめられず、条件を決めるのに一苦労したそうです。**小さいうちのほうが、親の提案を聞き入れやすく、ルールをつくるのも簡単かもしれません**。

別の家庭では、特に禁止はせず、小さい頃から家族も一緒に楽しめるタイプのゲームをやっていたそうで、ゲームに関してはそんなに困っていないけれど、今悩んでいるのがYｏｕTｕｂｅだと言います。「ゲームの攻略法をYｏｕTｕｂｅで探すのはもちろんですが、見始めると次から次とオススメ動画が出てくるので、きりがない。

制限が難しい」と話してくれました。

そうですよね。子どもの遊びも時代と共に変わります。ゲーム機をテレビにつながないとゲームができなかった時代から、スマホひとつあればいつでもゲームができるようになりました。勉強も習いごとも、オンラインでできる時代です。親が体験してこなかったことを子どもたちは当たり前に扱うようになっています。テクノロジーはどんどん進化していくので、それらを使いこなせないことが、リスクになるかもしれません。

**私たち大人でも、ネットにつながらずに生きていくのは不可能なのですから、むやみに禁止するのではなく、むしろその特性を知って、じょうずな使い方を身に付けていくことのほうが大事ではないでしょうか。**

## 気になる依存性……実は親のほうに原因が!?

ただ、iPhoneを開発したスティーブ・ジョブズも自分の子どもには触らせなかったというくらいですから、気になるのは依存性です。

新しい文明の利器なので、それが子どもの成長にどのような影響を与えるのかは、検証しきれていませんが、東京大学大学院情報学環の橋元良明教授の研究室が、0歳から6歳の第1子を育てる母親を対象に実施した調査によると、スマホへの依存傾向が、1歳児の1割ですでに見られ、年齢が上がるにつれて高くなるとわかっています。

また、母親と子どものスマホ依存傾向には相関関係があり、母親の育児ストレスが高いほど、子どもと過ごしていてもスマホをいじってしまう傾向が高くなり、子どももスマホに依存しやすくなることも明らかになりました。

依存を母親のせいにされるのは納得がいかない部分はありますけれど、お母さんは子どものすぐ近くにいて影響力が大きいので、子どもに見られているということは意識しておいたほうがいいですね。

また「育児ストレスが高い」と、スマホを触りたくなってしまうことがわかっているので、自分一人で何でも抱え込まず、できるだけ周囲に頼るなどして、お母さんのストレスを減らすことも重要です。

忙しくて手が離せないときや、乗り物の中で静かにさせたいときなど、子どもの好きな動画を見せると静かになるので助かりますが、便利なだけにスマホに頼りすぎると、きりがなくなり、今度はやめさせるのが大変になってしまいます。

子育ての大変さは私もとてもよくわかるのですが、子育てが終わった立場からすると、授乳時にスマホばかり見ていて赤ちゃんと目を合わさなかったり、電車の中やレストランで、親がスマホの画面ばかり見ていて、子どもが寂しそうにしている光景を見ると、もったいないなと思ってしまいます。

子どもの今は、今しかありません。ちょっとスマホをしまって、お子さんのことを見て、笑顔でひと言声をかけてあげてください。そんなささいなことでも、お子さんの安心感を育みます。

# メディア依存より怖いのは、「学ぶ機会」を奪うこと

依存性は怖いけれど、これからの時代、デジタル機器にまったく触れさせないというわけにもいきませんよね。

子ども向けの動画や教材は種類も豊富で、優れた内容のものもたくさんありますし、学校でも、今後ノートや教科書代わりに、パソコンが使われるようになります。

また、ポケモンGOに代表されるAR（拡張現実）や、非現実の世界をあたかも現実のように感じさせるVR（仮想現実）など、新しい技術を取り入れた商品の市場は拡大し、2030年には、2019年の44・8倍に拡大するともいわれています。eスポーツの世界も、プロ野球機構が参画してプロリーグがつくられるなど、ビジネスとしても本格化し、プレイヤーが仕事として確立してきています。

今、子どもたちの間で人気のゲームの中では、世界中のプレイヤーとコミュニケー

ションが取れたり、自動エレベーターを動かすことにも使われている電子回路の技術や、立体図形をつくる技術を会得することもできます。これらの技術は、精通すればそのまま技術者として重宝される内容だそうです。子どもたちが生きていく未来は、親世代も体験したことのない世界が広がっているのですから、親が「わからないから」とゲームやスマホを遠ざけてしまっていたら、子どもが学ぶチャンスを奪ってしまうことにもなりかねません。

## ルールひとつで、メディアもゲームも活用できる

一方、依存性が強いのは事実なので、これまで以上に、子どもがメディアの使用を自分で制限できるように、自己コントロール力を育てる必要があります。

**そのために大切なのは、親の関わり方です。**

都合のよいときだけ自由に使わせて、都合が悪くなったら頭ごなしに禁止したり、取り上げたりするのではなく、年齢や発達に合ったメディアやアプリを選んで、与えるときには、その使い方やルールを最初に一緒に考えて、子ども自身が使い方を守り

ながら楽しめるようにサポートすることが大切になってきます。

一つの指標として、幼児教育の専門家がまとめたメディアとの付き合い方を紹介します。それが次の3つ。

**1 映像やデジタルメディアは、親子で一緒に楽しむ**

**2 番組やアプリは、子どもの年齢・発達に合った質のよいものを選ぶ**

**3 将来、さまざまなデジタルメディアによって世界を広げられるように、幼いうちから、家族でメディアの使い方を考えて活用する習慣をつける**

メディアの使い方については、親が決めた場合より、親子で話し合って決めたほうがルールを守れる割合が高いという調査結果も出ています。

# ゲームやメディアとうまく付き合える共有型子育て

実際、そのような関わりでゲームともうまく付き合い、プログラミングの世界で可能性を広げ、自分のやりたいことを見つけていったお子さんがいます。

小さい頃から工作が大好きで、その延長で6歳からロボット制作やプログラミングを学んでいた小助川晴大さんは、小学3年生で、国際的ロボットコンテストWROで世界7位に入賞。その経験を通じて世界の食料問題や、地球温暖化などに関心を持つようになりました。そして、自分も将来世界の課題を解決する人になりたいと思うようになります。

孫正義育英財団の財団生にも選ばれた晴大さんは、WROで上位を占めるのが、東南アジアの国々の子どもたちであることや、その国々の発展スピードの速さに刺激を受けて、自分もその中で学びたいと、自らシンガポールの中学校に留学しました。

そんな晴大さんも大のゲーム好きで、小さい頃からゲームをしていたそうです。今はフォートナイトという通信制ゲームの世界大会の常連になっていて、大人に混じって上位を争うほどの腕前だそうです。

参加するときは「今から参加するから邪魔しないで」と宣言してからやっているそうですが、ゲーム以外にもやりたいことがたくさんあるし、夜遅くまでやっていたら次の日に影響するから、自分で夜10時までと決めていると話してくれました。ちゃんと自己コントロールしているんですね。

**お母さんは、晴大さんの生活リズムには目を配りつつ「〇〇しなさい」ではなく、「やることやったの？　これってやらなくてよかったの？」という言い方をするように気をつけている**と言います。

起業して働いているお父さんは、「自分たちもやりたいことがたくさんあるので、子どもには自立してもらわないと大変。なので、基本は子どもに任せています。親が忙しいので、家では早くから子どもたちは自分で食べたいものは自分で調べてつくるようになりました。ゲームに関しては、子どもが夢中になっている世界を知りたいと思って自分もやってみています。でも、子どもには敵いません。その世界の先輩は子どもなので、自分は教えてもらう立場です。子どもには、自ら考えて行動できるようになってほしいと思っているし、将来どうなるかわからない時代に、親が自分の価値観を押し付けるのはリスクでもあると思う」と話してくれました。

小助川さんのお宅では、子どもに関心を持って見守る子育て、いわゆる「共有型の子育て」をしていて、親子の仲がよかったです。**自分のことを信頼してくれる家庭があるから、子どもは自己コントロール力を身に付け、いろいろなことにチャレンジできる**のだと思いました。

ゲームやメディアとの付き合い方については、いろいろな考え方があると思いますが、弊害ばかりがあるのではなく、使い方次第では、子どもの探究力を刺激するためのよいツールにもなります。

私は、最初に与えるときに、子どもと一緒に使い方のルールをつくって約束することと、新しいメディアが出てきたら、状況に応じてルールを見直し、最終的に子どもが自分でコントロールできるようにしていくことが大切だと思います。

親自身がその世界を知った上で、子ども自身が考える余地を与える援助的なサポートをすることで、親子の信頼関係も築けるでしょう。ゲーム＝悪と決めつけて、必要以上に恐れるのではなく、じょうずに付き合っていきたいですね。

# 親に言われてやる気をなくす言葉第1位は……

小中学生の子どもがいる方と話していると、「子どもが勉強をしなくて困る」ということが必ずといっていいほど話題にのぼります。勉強以外の習いごとについても同じです。「どうすれば子どものやる気スイッチが入るのか」「自分からやりたい！と思って、やるべきことに取り組んでくれるのか」これは、多くの家庭でのお悩みトップ3に入る問題です。

私も子育てをしてきましたから、その気持ちはよくわかります。テスト前になるとなぜかよく寝る我が子に業を煮やして、「もう○○時だよ」と何度起こしに行ったことか……。でも、声をかければかけるほど、子どもは布団をかぶってしまったものです。後になって娘から、「ママが覗《のぞ》きに来て、言われれば言われるほどやる気がなくなった。自分が一番わかっていることなんだから、ほっといてほしかった」と言われたものです。

## 子どもが親に言われてやる気をなくす言葉

| | | |
|---|---|---|
| 1 | 勉強を強要する言葉 | 例）勉強しなさい |
| 2 | けなす言葉 | 例）だからあなたはダメなのよ |
| 3 | 友人と比較される言葉 | 例）○○ちゃんは成績が上がったんだって |
| 4 | 我慢を強要する言葉 | 例）ゲームは1日30分までにしなさい |
| 5 | 親の言葉で自分のやる気に変化はない | |
| 6 | 先生を責める言葉 | 例）あの先生は教え方がへたなのよ |

株式会社すららネット「勉強に関する意識調査」を元に作成

そんな子どもの行動を裏付けるようなデータはいろいろあるのですが、その一つ、「勉強に関する意識調査」（株式会社すららネット）では、**子どもが親に言われてやる気をなくす言葉の1位は「勉強しなさい」などの「勉強を強要する言葉」というもので、63・1%を占めていました。**これに続く〝NGワード〟は、「○○ちゃんは成績上がったんだって」などの友人と比較する言葉と、「だからあなたはダメなのよ」といったけなし言葉。どちらも47・7%と高い数値です。

別の調査でも、「勉強しなさい」と声かけをしても、しなくても、5分程度しか差はつかなかったどころか、「勉強しなさい」と言われた子どもの平均勉強時間は、言われなかった子どもよりも3・6分少なかったという結果があります。つまり、**「勉強しろ」という声かけは、子どもの勉強時間を増やすのにほとんど効果がないばかりか、逆効果な場合もあるということです。**

それでも親は、ついつい「ダラダラしないで勉強しなさい」と言ってしまいます。

ここでいったん、考え直してみましょう。なぜ私たち親は、子どもに勉強をしてほしいと思うのでしょうか？

「だって、勉強をしないと、テストで点が取れなくて、レベルの高い学校に入れない。すると、将来の可能性が狭まってしまう……」という現実的な理由を言う人が多いかもしれませんね。

確かに、そういう一面もあります。私も、子どもが自分の行きたい進路を選ぶためには、ある程度の成績は取ってないとダメじゃないかと思っていました。でも、それは逆で、自分のやりたいことが見つかれば、言われなくても自分から勉強するようになるのです。娘たちも親があれこれ言わないようになったら、自分で考え勉強するようになり、最終的には、ちゃんと自分の行きたい大学に進学して、留学もしました。

さらに出産後は子育てしながら大学院に通ったりして、それぞれ自分のやりたいことを見つけて仕事にしています。

もしお子さんがいわゆる学校の「勉強」に興味が持てず、苦手だったとしても、何かやりたいことを見つけ、それを探究していくことで、自分の道は切り開くことができます。つまり**どちらにしろ、「やりたい!」という気持ちのほうが大事なのです。**

## 好きなことを探究すれば、自然に学びたくなる

とはいえ、子どもが学ぶ楽しさを知ってくれれば、それに越したことはありません。

そのためには、どうしたらよいでしょう。

**私は、好きなことを見つける体験の機会、興味を持ったことを広げたり深めたりする機会をできるだけつくり、子どもに与えること、そして親が子どもを信じることが**

**大事なのではないかと、思います。**

このことを体現しているご家族の例を一つ、ご紹介しましょう。

大人に混じって学会に所属し、原生生物の研究をしている春山侑輝さんという10歳の男の子とそのご家族の話です。侑輝さんは、3歳のときにお母さんに買ってもらった『大昔の生きもの（ポプラディア大図鑑WONDA）』（土屋健著、ポプラ社）という1冊の図鑑から微生物・寄生虫など、ミクロの世界で起こっていることに興味を持ち、4歳になると、『DVD付 WONDER MOVE 人体のふしぎ』（講談社）を読み、免疫・ウイルスに興味を持ち始めたそうです。本の中にあった山中伸弥さんやiPS細胞、免疫の戦いというページを読んで、タンパク質に興味が広がり、やがて生物学に興味を持ち、原生生物の世界にのめり込んでいきます。自分の興味のおもむくままに探究を続けた結果、7歳で孫正義育英財団の財団生に選ばれました。

「何かにハマるとそのことを知りたがるので、子どもの興味のおもむくまま、本を与えていた」というお母さん。でも図鑑を与えたのは戦略ではなく、短い本だとすぐ終わってしまって、何度も読むのが自分もしんどいので、図鑑なら長持ちするかなと思ったから……。それが今日につながるのですから、わからないものです。

侑輝さんは小さいときから本が大好きだったので、親子で毎日のように近所の図書館に通い、「この本は○歳用」などといったことに縛られず、図録や写真など魅力的なものが1ページでもあれば大人用のものでも与え、読めないところは読んであげました。侑輝さんに聞くと「単語は知っていたので、内容はほぼ理解できた」そうです。

ときには、1日40冊も読んだことがあるそうですが、実はお母さん自身も熱中すると没頭するタイプで、それは特に驚くことではなかったようです。自分も好きなことに**没頭する楽しさは知っているし、没頭することを許されてきたので、子どもにも同じように対応をした**と言います。

ただ、学校では、自分の大好きな生物や科学について話しても、周囲から理解してもらえず、休みがちに。その時期が一番苦しかったというお母さんですが、財団生になって3年。今はインターナショナルスクールに転校し、楽しく学校に通っています。「年上の財団生と一緒に話ができて、世界が広がるのが楽しい」と侑輝さん。今は数学にも興味を持っているそうです。

自分が興味を持っていることなら、ちょっと難しいことでも喜んで探究し、ここまでいくという事例です。

## 教育のプロは、こうして子どもの興味を深めている

このように、何かに興味を持つことは、探究のはじめの一歩ですが、それを深めたり広げたりするには、やはり大人のナビゲートが欠かせません。

教育界のノーベル賞といわれる「グローバル・ティーチャー賞」トップ10に、日本人小学校教員として初めて選ばれた、立命館小学校の正頭英和先生は、生徒が何かに興味を持ったとき、できるだけ本物とつなぐことを心がけているそうです。

こんなエピソードがあります。

5年生の児童が突然「メガロドンは生きてるんだよ」と話しかけてきたとき、先生は、まったく意味がわからなかったけれど、まず「なんだそれ！　おもしろい！」と返してから、こっそり検索。すると「メガロドンは絶滅した」と書いてあったので、そう伝えると、その子は「いや、僕は生きていると思う」と主張してきました。もちろんその子も「絶滅した」という知識を持ってはいたけれど「それでも生きている」という彼なりの考えを持っていることを知った先生は、サメの専門家を調べて、「沖縄美ら島財団」の研究者に電話をして、児童と話してもらえるようにお願いしたのです。

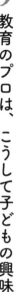

オンラインで研究者と児童をつなぐと、研究者も児童の話を否定せずに聞いてくれた上に、メガロドン生存説で二人は意気投合。正頭先生そっちのけで、熱いトークで盛り上がったそうです。その児童が、その後さらにサメについて探究を深めていったことは、想像の通りです。生徒が最初に話しかけてきたときに、もし先生が検索結果から「メガロドンは絶滅したんだよ」と決めつけていたら、この子の探究心はそこで消えてしまったかもしれません。

先生はこれまでの経験から、**子どもの好奇心は、①もっと知りたい ②つくってみたい ③試してみたい（売ってみたいが代表的）の3つに分かれると言います**。そして、それぞれの欲求に合うプロフェッショナルとつなぐようにしているのだそうです。

これは、家でもできることです。今は何でも検索すれば正解らしいことが出てきますが、それを教えるだけではそこで終わってしまいます。子どもがもし、何か知りたいこと、やってみたいことがあったら、親の常識で決めつけず、その先につながるサポートをしてあげませんか。

# 頭のよさは、IQだけでは測れない

さて、いきなりですが、ここで質問です。

「お子さんの強みは何ですか？」

強みとは、その人が得意とし、強い意欲を持って取り組めること。スキル、才能、身体能力、興味、個性、性格などの側面から見つけることができます。

**親が子どもの強みに注目し、それを使うことを応援し、子ども自身が強みを知って使っていると、子どもの人生満足度が高まり、ストレスが減り、成績が上がります。**

それだけでなく、親のストレスも低くなり、ウェルビーイング度も高まるということもわかっているのです。

そんないい結果が実証されているなら、強みをどんどん使ってみるに越したことはありませんね。

そして、子どもの「やりたい！」という気持ちを育てるのにも、強みを知っていることは大切です。強みの周辺に、子どものまだ気づかない「やりたいこと」が隠れているかもしれないからです。

でも、どうしたら強みってわかるのでしょう。

強みって、無意識に使っているものなので、自分ではなかなかわかりにくいのですが、子どもとなると、なおさらです。

強みを応援するのは大事なのですが、成長期の子どもの強みを親が決めつけるのは危険な面もあります。なので、できるだけ客観的に強みを見つけるためにさまざまな指標を活用しましょう。

有名なものでは、ギャロップ社のストレングス・ファインダーや、ＶＩＡ（強み指標）、エニアグラムなどいろいろなものがあります。ネットで、無料で診断できるものがいろいろ出ているので、いくつか試してみると、自分や子どもの強みや個性が浮き彫りになってくるかと思います。

ここでは、知能（知性）を多面的に見る多重知能（Multiple Intelligences）理論（以下ＭＩ理論）を紹介します。これは、ハーバード大学教育大学院のハワード・ガードナー博士がつくった、「知能は1つではなく、複数ある」という考え方で、ガードナー博士は知能を8つに分類しました。

これまで知能というと、ＩＱテストにより診断される読み書き、計算の能力だけが重視されがちでした。これらの能力が低い人は「自分は頭が悪い……」と思わされてきた面があるかもしれません。

ガードナー博士は、**人によって得意な知能、苦手な知能があり、異なった8分野の知能が合わさって成り立っているものと捉えました**。それが、ＭＩ理論です。8つの知能とその知能を持っている人の特徴を153ページにまとめているのでぜひ、参考にしてみてください。

どうでしょうか。人には得意なことや苦手なことがあるのは、皆さんも感じていると思いますが、こうして整理されてみると、子どもがどの分野が強いか、弱いか、客観視できるのではないでしょうか。ちなみに、「8つもある」のだから「もっとあるかも」と考えられていて、この研究はまだ続いています。

## MI理論が定める8つの知能

### 言語的知能
〔 Verbal - Linguistic Intelligence〕

**話をする、文字や文章を書くなど、言語を効果的に使いこなす知能。**

言葉を使って人を説得したり、情報を記憶したりすることが得意。議論や文章の生成、外国語の習得などで力を発揮する。

### 論理・数学的知能
〔 Logical-mathematical Intelligence 〕

**数学的な問題解決、抽象的な議論、仮説検証や因果関係の発見などを司る知能。**

数字の意味をとらえて操作したり、何かを論証したりすることが得意。

### 音楽・リズム的知能
〔 Musical Intelligence 〕

**音やリズム、音調、音楽などに対する感受性にあたる知能。**

演奏したり、作曲したり、リズムをつくり出したり、リズムを再現したり、音程を聞き分けたりすることが得意。

### 空間的知能
〔Spatial Intelligence 〕

**大きさや距離の測定などの空間把握、視覚に関する知能。**

色・線・姿・形・距離・場所などの要素や、それらを複合的に組み合わせたものにも敏感に反応することが得意。

### 身体運動感覚的知能
〔 Bodily-Kinesthetic Intelligence 〕

**考えや気持ちを自分の身体を使って表現したり、自分の手でものをつくったり、つくりかえたりする知能。**

手先を器用に使ったり、身体を使って取り組んだりすることが得意。

### 対人的知能
〔 Interpersonal Intelligence 〕

**他人の気持ちや感情、モチベーションなどを見分ける知能。**

他人の感情を読み取り、それに合わせた対応を取ることができ、表情・声・ジェスチャーに反応したり、人間関係におけるさまざまな合図を読み取ったり、その合図に効果的に反応したりすることが得意。

### 内省的知能
〔 Intra-personal Intelligence 〕

**自分自身の分析・理解、それに伴う正確な判断に関する知能。**

自分を尊重したり、律したり、大切にすることで、自分の行動スタイルをつくることが得意。

### 博物学的知能
〔 Naturalist Intelligence 〕

**自然環境をはじめとする、多様な物事を分類し、関連付ける能力を担当する知能。**

自然現象にとどまらず、分類する視点を自らつくり出したり、一度分類したものを違った視点で再分類してみたりすることが得意。

## 「できないところ」より「できるところ」を伝えよう

子どもがどの分野に強いか見えてきた後は、そこをより強化する手伝いをしていきましょう。ちなみに、人に自分の子どものことを話すときに、「うちの子は、こんなところがよいところだ」と話しますか？　それとも「うちの子は、こういうところがダメなんです」と話すことが多いですか？

**私たち親は、無意識に子どものできていないところに目がいって、そこをなんとかできるようにしようとしがちです。**

あるお父さんは、引っ込み思案の息子さんのことがどうしても気になって、積極的になってほしいと思っていました。さらに男の子なので、強くなってほしいと少林寺拳法にも通わせています。しかし、子どもは行きたがらず、毎週習いごとの日は、嫌がる子どもの説得のために、すごいエネルギーを使っていると嘆いていました。

でも子どもにしてみたら、自分が好きではないことをやらされ、その上お父さんからダメ出しを受けているのです。その結果、どんな気持ちになるでしょう。

内閣府が13~29歳の男女に行った「令和元年版　子供・若者白書」の国際比較調査によると、「自分自身に満足している」「自分には長所がある」と感じている日本人の割合は諸外国と比べて最も低いのです。

私たちは、学校で他人と比較され、できないところをできるようにして、平均点が取れるように訓練されてきました。その結果がこうした数字に表れてきているように思います。このお子さんも、できないところばかりを指摘され続けたら、自分に自信を持てなくなるかもしれません。


**実は、弱みの周辺に強みが隠れていることもあります**。なぜなら、弱みだと思っていたことが、見方を変えれば強みになることはいくらでもあるからです。たとえば、引っ込み思案で困るということを、慎重に物事を見極める力があると言い換えることもできます。そういう子が、何か興味があることに出合って、その特性を生かしたら、優秀な研究者になるかもしれません。でも、引っ込み思案でダメな子だと決めつけられたら、自信を持てず、自己肯定感も、パフォーマンスも上がらず、可能性も狭まるという負の連鎖に陥ってしまいます。でもそれは、とても残念なことです。

子ども自身が、「自分はできる！」と思えなければ、好きなことを見つけて、探究しようという意欲が湧いてくるはずはありません。**探究力を伸ばすためには、子どもの得意なこと・強みを見つけることと同時に、できていないところではなく、できているところを伝えて自信を持たせることが大切です。**

ちなみに私は、子どもが小学生のとき、先生から「お子さんは、何をやるときもとにかく一生懸命やりますね。それはすばらしいことです」と言ってもらって、初めて子どもの強みに気がつきました。もちろん、積極的だとは思っていたのですが、ちょっとでしゃばりすぎではないかと心配こそすれ、そこが強みだとは意識していなかったのです。

でも、そう言ってもらってすごく子どものことが誇らしくなりました。皆さんは、子どものよいところ、得意なこと、できているところをどれだけ言えますか？　一度書き出してみてください。そして、それをお子さんに伝えてみましょう。きっとお子さんは、変わります。

## 決めつけない子育てで、子どもの可能性がぐんぐん広がる

子どもが、自分のやりたいことを見つけて、いきいきしている。親としては、そんな姿を見られることほど、嬉しいことはありません。

でも、やりたいことって、そんなに簡単に見つかるものでもないですし、見つかったかなと思っても、時間と共に変わったりしますよね。ましてや、成長中の子どもならなおさらです。ですから、親である皆さんには、子どもの中にある可能性の種をじっくりと育ててほしいと思います。

そのためには、**（やりたいことを見つけて頑張っていそうな）よその子と比較してダメ出ししたり、子どもが本当はやりたいことを禁止したり、ありのままの子どもを受け入れず、親の「こうあってほしい」という理想の子ども像に当てはめたりして、子どもの可能性を潰さないでほしい。**そう願っています。

# 第4章 まとめ

☑ 子どもが「やりたいこと」を見つけるために
大事なことの2つ目は、決めつけないこと。
親の「決めつけ」は、子どもの可能性の芽を潰す。

☑ 子どもは遊びながら探究しているから、
遊びなんてくだらないと決めつけない。
遊びは、これから特に必要とされている
「何かをつくり出す力=たくらむ能力の基礎」にもなる。

☑ 夢中になって遊んだ体験は、
学ぶ意欲やへこたれない力も育てる。

☑ ゲームは頭ごなしに禁止するのではなく、
よりよく使う方法を考える。
また、ゲームやネットは依存の危険性があるからこそ、
うまく使えれば、自己コントロール力を育てる機会にもなる。

☑ ゲームを与えるときには、
その使い方やルールを最初に親子で考え、
子ども自身が使い方を守りながら楽しめるように、
親がサポートすることが大切。

☑ やりたい! という気持ちがあれば子どもは自分から
学びだす。そのためには好奇心を潰さないこと。

☑ 人には得意な分野がある。弱みより強みを。
できないところではなく、できているところに注目し、
それを伝える。

# 第5章

# 自分で考え、動ける子になる「コントロールしない育て方」

## 自分で自分をコントロールできる大人になるために

自分の好きなこと・やりたいこと・得意なことを見つけられる子に育てるために知っておきたい**3つ目のポイントは「コントロールしない」ということ**です。

子育てスタイルとして、よく過保護と放任どちらがいいのかということが話題になります。どちらも偏りすぎれば当然弊害が出ますが、それ以前に、私たち親は、ついつい子どもをコントロールしがちではないでしょうか。それも子どものためと言いながら、無意識に……。もちろん多くの人は、コントロールしようなんて思っていないし、よかれと思って指示や命令をしているはずです。でも、**結果として、子どもの自発的な育ちを支えるのではなく、子どもの育ちを大人の価値観でコントロールしていることが、多々あるように思います**。

私は命に関わる危険な行為や自分や他を傷つけることは厳しく律しても、それ以外は子ども自身に考えさせたほうがよいと考えています。

**本当に大事なのは、親が子どもをコントロールするのではなく、子どもが自分で自分をコントロールできるように育てることです。**

人には本来、成長したい！　もっとよくなりたい！　という欲求があるといわれています。でも「心からそうありたい！」と本人が願わなければ、それが実現する可能性は低いですし、たとえ実現したとしても、それが人から押し付けられた願いだったら、他人から見たら成功しているように見えても、幸せにはなれません。

なので、ここからは、**子どもが自分で「やりたいこと」を見つけ、自分の人生をしっかりと歩くための、親の関わり方を紹介していきます。**

## 自分の人生の舵を切るための能力「非認知能力」って？

非認知能力という言葉を聞いたことがありますか？　ＩＱ（知能指数）などの、テストで測ったり、数値化したりできる知的な能力（認知的能力）とは異なり、意欲や、好奇心、意思、やり抜く力、目標に向かって頑張る力、自制・自律性、自己肯定感、他者への配慮、コミュニケーション能力、論理的な思考力など数値化できない能力のことを指していて、教育関係者の間でとても注目されています。

なぜ今、非認知能力が注目されているかというと、冒頭でお伝えしたように、社会がものすごい勢いで変化していて、複雑化し、必要な能力も変わってきているから。**実際、子どもたちが社会に出たとき、どんな変化にも柔軟に対応し、活躍できるような資質や能力を育成するためには、特に幼少期に非認知能力を伸ばすような働きかけをすることが、効果的であるという研究結果が多く出ています。**

言い換えれば、非認知能力は、子どもたちが自分の好きなこと・得意なこと・やりたいことを探究していくために、なくてはならない力と言ってもいいでしょう。

非認知能力が世界的に注目されるようになったきっかけは、ノーベル経済学賞を受賞したジェームズ・ヘックマン教授が行った「ペリー幼稚園プログラム」です。このプログラムでは、経済的に恵まれない3〜4歳のアフリカ系アメリカ人の子どもたちを対象に、午前中は学校で教育を施し、午後は先生が家庭訪問をして指導にあたりました。

この就学前教育は、2年間ほど続けられ、就学前教育の終了後、この実験の被験者となった子どもたちと、就学前教育を受けなかった同じような経済的境遇にある子どもたちとの間では、その後の経済状況や生活の質にどのような違いが起きるのかについて、約40年間にわたって追跡調査が行われました。その結果、高校卒業率や持ち家率、平均所得などで、教育を受けた方が「高くなる」という結果が出たのです。

しかも、このプログラムで行われたのは、子どもの自発性を大切にする活動が中心で、教師は子どもが自分で考えた遊びを実践し、毎日復習するように促すなど、主に非認知能力を伸ばす内容でした。

さらにおもしろいことに、このプログラムを受けた子どものIQは、4〜5歳時点では、明らかに高かったものの、10歳になるとプログラムを受けなかった子との差はなくなっていたのです。それでも、大人になってからの経済状況や生活の質に大きな差が生まれました。

つまり、**幼少期に培われた「IQや学力試験などでは計測できない非認知能力」が、その後の人生の成功や豊かさに影響していたということです。**

自分らしい幸せな人生を切り開くためにも、子ども時代に、非認知能力を育てておくことは欠かせないのです。そして、非認知能力を育てるためには、自分からやってみようと思い、失敗を恐れずにチャレンジしていく経験が必要ですが、まさにそれは、自分の好きなことを探究していく上でも欠かせないことだとも言えるのです。

## 諦めずに頑張れる子の親がしていたこと

日本でも、幼児期から児童期にかけての子どもの育ちや保護者の関わりを明らかにすることを目的として、同じ子どもの7年間（3歳〜小学4年生）の変化を捉える追跡調査が行われています。

その結果、幼児期に「物事を諦めずに挑戦する」といった「頑張る力」が高い子どもほど、小学校低学年（1〜3年）で「大人に言われなくても自分から進んで勉強する」などの学習態度や「頑張る力」も引き続き高い傾向にある。さらに、小学校低学年で学習態度や「頑張る力」が身に付いていると、小学4年生での言葉のスキルや思考力が高くなる……ということがわかりました。

「物事を諦めずに挑戦する」とか、「頑張る力」は、非認知能力です。

そして、幼児期から児童期にかけての「頑張る力」に影響を与えているのは、母親が働いているか働いていないかとか、子どもが保育所に通ったか幼稚園に通ったかといった家庭環境の違いではなく、**「子どもの意欲を大切にする態度」**や**「子どもが自分で考えられるように働きかける」といった親の関わり方**だったのです。

つまり、幼児期から周囲の大人、特に親からどのような関わり方をされたかが、その後の子どもの育ちに大きな影響を与えるということです。

この研究では、幼児期に親が子どもの意思を尊重し、思考を促すことが年長児の頑張る力につながり、それが小学校に入っての能動的な学習態度やさらに言葉の力や思考力につながったと結論づけていますが、具体的にどんな関わり方をすれば「やってみよう」「頑張ろう」という気持ちが育つのでしょうか。

## 探究力を育むしなやかマインド、探究力を潰す硬直マインド

アメリカのスタンフォード大学の心理学者キャロル・S・ドウェック教授は、同じような能力を持っていても、一度の失敗で諦めてしまう人と、失敗の原因を究明して次につなげる人がいる。一度の成功体験にとらわれて次につなげられない人と、何度も成果を達成できる人がいる。問題が難しいとやりたがらない子、難しい問題ほど目を輝かせる子がいる。それらの違いはどこから生まれるのかを解き明かすために、30年以上にわたってあらゆる研究をしてきました。

そして、**学問・スポーツ・芸術・ビジネスなどさまざまな分野で、大きな功績を上げた人の共通点は、「能力に対する考え方」であるということがわかったのです**。

できるかどうかわからないことにチャレンジすることになったとき、ワクワクするか、それとも、うまくいくかどうか心配になって尻込みしてしまうか。

その分かれ目は、次の2つの考え方によります。

**1 「持って生まれた能力は変化することはないという考え方」**
**↓硬直マインドセット**

**2 「自分の才能や能力は、経験や努力によって向上できる。やればできるという考え方」**
**↓しなやかマインドセット**

お子さんは、そして、この本をお読みのあなたは、どちらのマインドセットを持っているでしょうか？

硬直マインドセットの人は、新しいことに挑戦するのを避ける傾向があり、しなやかマインドセットの人は、学ぶことが大好きで何にでも挑戦しようとする傾向があります。しなやかマインドセットって、まさに「探究力がある」ということですね。

また、どちらのマインドセットを持つようになるかは、幼児期からの親の関わり方や、声かけによって影響を受けることもわかっています。

ここで、「わかった！　とにかく肯定してほめればいいんでしょ」と思ったあなたは要注意です。

子どもはほめて育てたほうがいいともいわれますが、ほめ方によっては、かえって子どもを萎縮《いしゅく》させることもあるのです。

**「頭がいいね」とか「すごいね」という言い方は、一見よさそうですが、子どもの生まれつきの特徴、能力をほめることになり、硬直マインドセットを植えつけてしまいます**。すると、次にうまくできなかったときに、ほめてもらえない、頭が悪いと思われるのではないかという恐れを抱かせ、できるかどうかわからないことにチャレンジしなくなってしまうのです。

反対に、「よく頑張ったね。嬉しいよ」というように、子どもが努力したことや頑張ったプロセスに目を向けて声かけをすれば、もしうまくいかなくても、「まだできないだけだ！　また頑張ろう」というしなやかマインドセットで、新しいことにもチャレンジするようになるのです。

親からもらうメッセージが子どもに与える影響は、親が思う以上に大きいものです。ぜひ結果ではなく、プロセスに目を向けてしなやかマインドを育てましょう。

# 言われなくても、自分から動く子になる方法

親の言葉がけひとつで、子どものマインドセットが変わるなんて、責任重大ですが、**親が子どもに対して、最も多く投げかけていて、子どもの探究心を潰しかねないのが、「早く早く」という言葉がけです。**

実際、脳科学的にも「早く」と急《せ》かせば急かすほど、子どもの考える機会や、脳が成長する機会を奪うことがわかっています。

医師で発達脳科学・MRI脳画像診断の専門家である加藤俊徳先生によると、脳が動いている時間を増やすほど脳の成長につながるのだそうです。「早くしなさい」という指示は「今やっていることを、脳を使わずにさっさとやりなさい」と言っているようなもので、「早く！」と子どもを急かすほど、脳は働かなくなり、成長に影響を及ぼすとのこと。効率を求めれば求めるほど、脳が育つチャンスを奪っていたなんて、

怖いですね。

## こんな声かけで、子どもの行動が変わりだす

では、早くと言わないでも自分からやるようにするには、どうしたいいのでしょうか。

そんなときには急がばまわれ。**子どもが何かに集中していて、親の声かけも耳に入らないというときには、「何をしているのかな。おもしろそうだね」とその集中していることに興味を持って、声をかけてあげたほうが、子どもの耳に届きます。**

その上で、親が今やってほしいことを伝えたほうが、頭ごなしに怒ったり、急かしたりするより早く行動を変えることができます。小さい子どもなら、遊び仕立てにして行動を変えるように促すというやり方も効果的です。

私はよく運動会でかかる行進曲を歌って盛り上げたり、数を数えたり、「そろそろ閉店でーす。シャッター閉まりまーす」などと声をかけて、子どもをのせていました。

人を動かすのは、恐怖ではなくユーモアです。遊びが大好きな子どもならなおさらですね。

マザークエストの企画で、家庭でできる「子どもの行動を促す工夫」を募集したら、いろんな答えが集まったので紹介します。

**宿題をいつやるかは自分で決めるようにしたら、自分からやるようになったという人がいます**。「早くやりなさい」「時間ないよ」と言うと、かえって遊び始めるので、「いつやるかを自分で決めない？」と提案したら、言われなくてもやるようになり、宿題のことで言い争いがなくなったそうです。やはり、自分で決めたことは実行する可能性が高いのですね。

また、食が細くて、食べるのが遅い子どもに困っているというお父さんは、「食べなさい」「早く」「いつまで食べているの」と言うと元気がなくなって、ご飯がよけい進まなくなるので、**好きなおかずで早く食べられたときに「食べる力ついてきたね」とほめていたら、早く食べられる日が増えてきたと言います**。ほめられると嬉しそうに、見せつけるように食べるので、こっちも大げさに「おー」と、よいリアクションを返すとのってくると話してくれました。

これは、できていないことではなく、できているところを見て、具体的に伝えることで、行動につながったのですね。

子どもは自分とは別の人格を持っている一人の人間です。「親から言われたことは守るべきだ」という考えで指示命令をしてコントロールするのではなく、一人の人として敬意をはらって丁寧に接するということを心がけてみてください。そう思うだけでも、多分接し方が変わってくると思いますし、それによって子どもの行動も変わるはずです。子どもの行動にてこずったときは、「早くしなさい」をちょっと封印して、子どもの話を聞いてみませんか。

## 「大人が大切にしたいのは「よいリアクションを返す」こと

子どもによいリアクションを返す。この重要性について、自分の才能を発揮して何かを成し遂げた人はよく口にします。**書道家の武田双雲さんは、子どもたちの持っている力を引き出すために親にしてほしいこととして、よいリアクションをすることを**

**あげていました**。

双雲さんは、教室に通ってくる子どもたちに、「この大っていうときの右のハネがすごくいいね」と具体的にちょっと大げさによいリアクションをするそうです。そうすると、自信がなかった子どもたちの表情が一変し、書く字もどんどんよくなっていくのです。これは、本当にそう思っていなければ伝わらないことですが、双雲さんは人のよいところを見つけることの達人です。

実は私も生徒の一人でしたが、自分ではちょっとどうかなと思っていた作品でも、その中でよいところを見つけて指摘してくださいました。見つけてもらえると、もちろん嬉しかったですし、もっと練習してよりよい作品をつくりたい！　という気持ちが湧いてきたものです。

私たちは、長い間できていないところをできるようにするのが教育だと思ってきたところがあると思います。しかし、**実はできているところを伸ばすほうが、全体として伸びていく**という考え方があります。心理学者のバーバラ・フレデリクソンが提唱した拡張形成理論です。

人は、ポジティブな感情が高まると、心がリラックスして脳の働きが活発になります。その結果、視野が広がり、創造性も高まり、健康状態もよくなり、行動が広がり、成長していくというプラスのスパイラルが起こるのです。

ですから、**人を育てる立場の人は、ダメ出しをするのではなく、よいところを見つけてあげてよいリアクションをしたほうがいいのです**。そうすれば、この拡張形成サイクルが起こり、自分で伸びていきます。

前述の孤独を解消するロボット・オリヒメを開発したオリィさんも、親たちに伝えたいこととして、「大人は子どもに教育してやるという意識ではなく、子どものすることに、いいリアクションを返してあげてほしいです。よいリアクションをもらえれば、子どもたちは『もっと頑張ろう！』という気持ちになります。学校も同じです。テクノロジーが進化し、これからは、子どもたちが大人に教える時代になるのですから」と話してくれました。

そう、親も先生も、子どものことを「一人では何もできない存在」として扱い、正しいことを教えて導かなくてはという思い込みに縛られているところがあるような気がします。かつて私も、そう思っていました。でも、今は、それは違うと確信しています。

どんな子どもにも潜在的な能力があり、その能力が花開いていくのを手助けする、そして「子どものやりたいことを見つける手伝いをする」のが親の役割だとしたら、私たち親は、どのような関わり方をすればいいでしょうか。

オリィさんが言うように、テクノロジーの進化を支えて、未来をつくっていくのは子どもたちです。**教えてあげるという上から目線ではなく、その子どもたちが持っている力を十分に発揮できるように、自信を持たせることがとても大切です。**

そのためにも、子どものよいところを見つけて、よいリアクションを返してあげましょう。

## 「子どもの世界を広げ、思考力を高める「きっかけ」の与え方」

子どもが自分のやりたいことを見つけていくために大切なのは、好奇心です。なぜなら、**興味や好奇心を持つことが、子どもが一歩を踏み出すエネルギー源になる**からです。

125ページで紹介したラーンネット・グローバルスクールの炭谷俊樹さんは、長年の経験から、「探究学習で最も重要なことは、子ども本人が、自分で何を学ぶかを選べる環境にすることだ」と言います。

なぜなら、自分で選んだことは、「やるぞ！」という気持ちが生まれて一生懸命やるからです。すると、集中できるので、根気強く取り組めて達成できるのです。**自由選択→集中→達成感を回す**。これを炭谷さんは、「好奇心爆発・探究サイクル」と名付けてスクールでも実践しています。

とことんやり尽くして達成感が得られると、子どもはさらに、他のことにも自分から取り組むようになります。

そうなればしめたもの。大人があれこれ言わなくても、このサイクルをぐるぐる回し始め、子どもは自分で考えて行動するようになります。

その最初の一歩が、好奇心を大事にすること。

そして、親として心がけたいのは、「子どもを信頼して、この子はどんなことが好きなのか。何が得意なのか。どんな言い方をするとやる気を出すのか、反対にやる気をなくすのかなどを、よく観察して、知る・感じることが大切」ということでした。

前述の昆虫食の篠原祐太さんもロボット制作の小助川晴大さんも、親が子育てで心がけてきたことは、本人がやりたいと思ったこと、興味があることは、全力でサポートすることでした。

小助川さんは、体験によって視野が広がると思っていたそうです。子どもがやりたい気持ちを発見するための材料を提供する一方、子どもには自ら考えて行動できるようになってほしいと考えてもいたので、答えを教えるのではなく、調べ方を教えたり、ヒントを与えたりして、子どもが自分で見つけていくきっかけを与えるようにしていました。

たとえば、子どもがネットで検索していたら、「他にどんな方法があるかな?」と問いかける。「直接話を聞きに行ってみようかな」となれば、そのサポートをする。「フードロスの取り組みをやっている工場があるみたいよ!」など、関連する情報をつぶやき、「行ってみたい」となったら一緒に行くというような関わり方です。

WRO出場の準備をしているときは、家庭での会話もそのテーマに関すること一色になり、ホワイトボードを囲んでディスカッションをしていたそうです。その結果、晴大君はWRO出場という経験を通して、親も驚くほど成長していきました。

このように、子どもが何かに興味を持ったときに、周りの大人がどう関わるかで、その先の世界の広がり方が全然違ってきます。

**子どもが、何が好きか、何が得意か、何をしたいかを見つけるためには、まず子どもをよく観察すること。そして、子どもが何かに興味を持ったときに、その世界を深めたり、広げたりする環境を用意してあげることが大事なのです。**

## 「どうして」を「どうしたら?」に変えるだけで育つ考える力

「子どもには、何か困ったことが起きても、自分で考えて解決できるようになってほしいと思っているのですが、うちの子すぐに私にどうすればいいのか聞いてきて、自分で考えようとしないんです」と話してくれたお母さんがいました。

考えて解決する力は、探究力と深いつながりがあります。

第3章でもお話ししましたが、何かを探究する上で、問題はつきもの。壁にぶつかったときに、それをどう解決するか、それを考える力がないと、探究対象を深めることはできません。

でも、**実は日常生活の中に、子どもの考える力を育てる機会はたくさんあります。**

**しかも、子どもの困った行動の中にその種があるのです。**

たとえばお子さんが、忘れ物が多いとします。何度も言っているのに、直らない。

今日も、体育があるはずなのに、体操服を玄関に置き忘れている。そんなとき、皆さんだったらどうしますか？

もしかしたら、学校に届ける？　あるいは帰宅後「まったく、どうしてあなたはいつも忘れるの！　あれほど、夜のうちに用意しなさいって言ってるじゃない」と怒ってしまう？　怒っているうちにだんだんボルテージが上がって、「そんなだらしない子は、ろくな大人になれないわよ」と呪いをかけたり、「今度忘れ物したら、おやつ抜きだからね」とバツを与えたりするケースもあるでしょう。でも、それで忘れ物をしなくなったという話はあまり聞きません。

だって、忘れ物をした子どもの気持ちになって考えれば、「どうして」と言われても、忘れたから忘れたのであって、理由なんて答えられませんよね。そもそも、理由がわかっていたら、忘れ物はなくせるはずです。

この**「どうして」とか「なんで」という問いかけは、過去に向かって原因を追求する言葉。つまりマイナスの言葉かけです**。言われた人は責められたと感じ、言い訳を考え始めます。

## 思考がグッと深まる「たら」活用術

とはいえ、「忘れ物をするのは仕方ない」とばかりも言っていられません。
では、この問題を解決するには、どうすればよいのでしょう。

**それは、「て」を「たら」に変えることです。**

「どうしていつも忘れ物をするの！」と怒る代わりに、「どうしたら忘れ物しなくなるかな」と聞くということです。

「どうしたら」というのは、未来に向かって解決を促す質問なので、「どうしたらいいかな？」と聞かれると、頭の中では自動的に「どうしたらいいかな」と小さい子どもでも考え始めます。それがまさに、思考力を育てていくチャンスなのです。

そして、具体的な解決方法を考えられるように促し、自分で決められたら（判断力が成長）、それを言葉にさせましょう（表現力が育つ）。自分で決めたことはやる可能性が高いから、お母さんの困りごとも解決する可能性が高くなります。

こうすれば、家庭の中でも32ページで紹介した学力の三要素を育めるのです。

もちろん1回ですべてが解決するわけではありません。子どもに解決策を考えさせるには、親の忍耐力も必要です。

でも、この忘れ物問題一つとっても、こういう解決を促すアプローチをするかしないかは、大きな差になります。

子どもがテストで同じ間違いをする、思うように成績が伸びない……そんなときも、「どうして」と責めるのではなく、「て」を「たら」に変えて、お子さんに考える機会を与えてください。この話は、保護者講演会などでもお話ししているのですが、実際に親子関係がよくなり、子どもが自分で考えるようになったと喜ばれているのでぜひやってみてください。

ちなみに私も、充電していた携帯を忘れて出かけて困ったことが何回かあったので、どうしたら忘れないかとセルフコーチングをして、翌日持っていくかばんの中に入れたまま充電することにしました。以来、充電していた携帯を忘れることはなくなりました。

# 課題解決力の高い子は、家で何をしていたか

子どもが自分で考える力を身に付けるにはお手伝いも役に立ちます。お子さんに、何かお手伝いをさせていますか?

「子どもに頼むと、かえって時間がかかってめんどうだからやらせない」という人がいますが、お手伝いは子どものさまざまな能力を伸ばす上で、大きな役割があります。

国立青少年教育振興機構が行っている「子供の生活力に関する実態調査」によると、保護者が、勉強以外のさまざまなことをできるだけ体験させているほど、その子どもの生活スキルが高い傾向が見られるという結果が出ているのです。

**特に注目したいのが、お手伝いをたくさんしている子ほど、課題解決スキルが高くなるという結果です。**

この調査では、コミュニケーションスキルとして、「人の話を聞くときに相づちを

打つこと」「自分と違う意見や考えを、受け入れること」「一つの方法がうまくいかなかったとき、別の方法でやってみること」「目標達成に向けて努力すること」などを課題解決スキルとして、あげています。どれも何かを探究するときに欠かせない力ですよね。

しかし、「お手伝いを頼んでも、めんどうがってなかなかやってくれない」という人もいます。そうですよね。お手伝いって、何か楽しくないことを押し付けられるというイメージがありますからね。

でも思い出してください。お子さんが小さいときに、親のまねをしていろいろなことをやりたがりませんでしたか？　それが実はお手伝いの始まりでした。

**子どもには本来、できるようになりたいという気持ちや、人の役に立ちたいという気持ちがあります**。家族の一員として、子どもにも何か仕事を任せてみましょう。そのときに大切なのは、子ども自身がやってみたいという気持ちになることです。

そのためには、子どもができそうなことで、やってみたいと思うことを、子どもと話し合いながら決めて任せてみましょう。お仕事のリストをつくって、どれならできそうか、子ども自身に選んでもらうというやり方もいいですね。

また、お手伝いを仕事として捉えるという考え方もあります。実際、これを実行していた人がいます。

佐々木あや（仮名）さんは、一人息子の彰（仮名）さんが小学生の頃から、必要なお金はお手伝いで稼ぐという方針でお手伝いをさせてきました。鉄道好きだった彰さんは、小学生から鉄道博物館に通うためのお金を稼ぐために、お手伝いをしていたそうです。そして、中学生になってからは、月1回食事をつくることにしました。メニューを考え、冷蔵庫にない材料を買い、料理をして片付けるまでが仕事です。手伝いをするまでは、食材にどのくらい費用がかかるかわからなかったけれど、買い物をすることが市場調査になって生活力もつけることができたそうです。

先の調査でも、保護者が「もっと頑張りなさい」とか、小言をいう「叱咤《しった》激励」的な関わりをしても、子どもの生活スキルは上がらないという結果も出ています。親のやってほしいことを押し付けるのではなく、子どものやってみたいという気持ちを大切にして、ぜひお手伝いを習慣にしてみましょう。

# 「察しの悪い親」になりなさい

今学校でも、「思考力・判断力・表現力」が、子どもに身に付けさせたいスキルとして注目されています。自分で考え、判断し、そしてそれを表現する……。これらは、社会に出て自立して生きていくためには、欠かせない力だとも言えるでしょう。ただ、実際に、これら3つの力に自信を持っている大人は少ないように感じます。特に、表現力に関しては、苦手とする方が多いのではないでしょうか。

現に社会人の84%が、人前で話すことに苦手意識があるという調査結果があります。この数字を見て、「やはりなー」と思いました。日本ではこれまで学校教育の中で、プレゼンテーションを経験する機会はほとんどなかったからです。しかし、社会人になると人前で話す機会が圧倒的に増えます。いきなり本番で失敗をして、苦手意識を持ってしまう人が多くなるのかもしれません。

しかし、苦手だからと逃げてばかりはいられません。グローバル化した社会に出ていく子どもたちは、仕事上での改まったプレゼンだけでなく、**自分が思っていることを相手にきちんと伝えることは、読み書きそろばんと同じくらい大事なこと**です。なぜなら、外国の人に「あうんの呼吸」とか、「空気を読む」は通用しないからです。

## 子どもの言語能力を奪う無意識の習慣

自分が考えていることを筋道立てて伝えられるようになるには、どうすればいいのでしょうか。

**私は、表現力は、日常生活の中で育てることができると思っています。**

お家でのお子さんとの会話を振り返ってみてください。「お水」「イヤ」「おやつ」……。そんな1単語（ワンワード）でほとんどの会話が終わっていませんか？

それは、小さいときからの習慣がそうさせてしまっているのではないでしょうか。

なぜなら、子どもが小さくてまだ言葉をじょうずに話せない時期に、親たちは子どもの気持ちを察してお世話をしてあげました。それが習慣化し、大きくなっても、先回りして、子どもが何か言う前に、あれこれ世話をやいてしまうということが起きがちだからです。

親は、無意識にやっていることがほとんどですが、子どもにしてみたら、何も言わなくても自分の目の前にほしいものや食べたいものが出てくる、そんな経験を繰り返していたら、自分の考えや気持ちをちゃんと言葉にして伝える必要がありません。

**察しのいい親の過干渉が、子どもの言語能力を奪っているのです。なので、察しの悪い親になることをおすすめします。**

これは、子どもの話を聴かないということではありません。むしろ、ちゃんと聴いていないとできないことです。

表現力はスキルなので、練習をすれば必ずじょうずになりますが、基本は、家庭での会話を子どもが小さい頃から工夫することによって身に付けられます。

## 親も子も表現力が上がる「脱ワンワード週間」

親子で楽しみながらできる「子どもの伝える力を育てる方法」を、ここでご紹介しましょう。それは、「脱ワンワード週間」です。これは元外資系の経営コンサルタントで、社会人から小学生を対象に次世代のリーダーを育成している三谷宏治さんが広めていらっしゃる方法です。

「脱ワンワード週間」というのは、

**1 「わかんなーい」「べつに」「ヤバイ」「あとで」など、わが家のNGワードを親子で決めて（複数可）、それを1週間使わないことを約束する**

**2 「これから1週間、NGワードを使わず、きちんと文章で話す」という宣言をする**

**3 毎日夜に反省会をして、宣言が守れたらごほうびシールを貼ってあげる**

というもの。

NGワードは、家庭によって、「子どもがすぐ使うけれどやめてほしいワンワード」「親がすぐに言ってしまうけれど子どもはやめてほしいと思っているワンワード」を親子でお互いに出し合って決めます。

NGワード禁止！　ワンワード禁止！　にすることで、文章で話すように意識することになります。

また、親のほうも「早く！」「だめ！」「宿題は！」など、1日のうちでワンワードを連発していることに気づくという結果が出ています。

実際、マザークエストでも、脱ワンワード週間にトライしたことがあります。その結果、親自身が、子どもより自分のほうが、ワンワードで話していたということに気づきました。一方、子どもからは、「お母さんやお父さんが自分の話を聴いてくれるようになって嬉しかった」という感想がありました。

そうなんです。**親が文章で話すことを心がけることで、子どもは親が自分に関心を持ってくれていると感じるんです。**

私は2歳の孫が「お水！」と言ったとき、わざと「お水がどうしたの」と聞き返しました。すると、ちょっと考えて「お水飲みたい」と言うので、さらに、「お水が飲みたいんだね。それでどうしてほしいの」と聞くと、「お水ちょうだい」と言いました。2歳でもこのように、質問をすることで、自分のしてほしいことを言葉にして伝えることができるようになるのです。

こういうやり取りを何度か繰り返しているうちに、語彙力も増えていきました。ぜひ、ちょっと察しの悪い親や祖父母になって試してみてください。

# 子どものうちに、あえて「大人」と交ぜてみよう

子どもたちにとって、家庭と学校（幼稚園や保育園）は1日の大半を過ごす場所です。あとは、塾や習いごとなどが加わったとしても、家庭→学校→課外活動のループをぐるぐる回っている限り、その中で出会う家族以外の人といえば、同年代の友達と先生くらい。

考えてみれば、子どもたちは限られた狭い人間関係の中で生きているんですね。

しかし、大人になれば、当然いろいろな人との関わりの中で生きていかなくてはなりません。さらに、これからはグローバル化もますます進み、変化のスピードも速くなります。**子どもたちは私たち親が経験してきた以上に、いろいろな価値観や背景を持つ人たちと一緒に仕事をする機会が増えていくでしょう**。

そうなると、多様な価値観への理解とコミュニケーション力がますます重要になっ

ていきます。

でも、多様な価値観への理解やコミュニケーション力って、教えてできるようになるものではなく、経験から学んでいくことです。社会に出るまでに、少しでも多くの人と触れ合う機会があるといいのですが、そういう機会って案外少ないですよね。

なので私は、家庭や学校以外の、第3の場所を親子で持つことをおすすめしています。

子どもにとって家庭は、第1の場所。安心できる環境であることが大事ですが、経験値を広げるという意味では、限りがあります。

学校は、家庭以外で多くの時間を過ごす第2の場所。そこで子どもたちが出会うのは、先生か同年代の友達です。家庭以外の世界を広げてくれる場所ではあるのですが、決まった場所で出会う同じ人たちですから、合わなければかえって逃げ場のない、窮屈な場所にもなってしまいかねません。

やりたいことがある子が、その夢を諦めず形にしていく居場所をつくりたいと、起業の準備をしている、狩野詩歩さん（中2）も、学校という枠組みでは居づらさを感じ、自分自身が第3の場所を探していました。**第3の場所とは、「親以外の相談できる大人と接点を持てる場所」であり、「学校以外で仲間がつくれる場所」です。**

詩歩さんの場合は、それが探究系の塾のオンラインコミュニティでした。学校では話しにくい起業の夢を応援してくれる人たちの存在があったから、思いきってやってみようと思えたといいます。

もう一つ、事例を紹介しましょう。鎌倉ジュニアオーケストラという取り組みです。このオーケストラは、専門的に音楽を学ぶ場ではなく、音楽を通して子どもたちを育てる社会的教育の場として1984年に一人の小学校音楽教諭、田辺四郎さんによってつくられた歴史のある団体です。オーディションなし、音楽が好きな子ならば、楽譜が読めなくても、楽器に触ったことがなくても、誰でも入れる、そして人間教育にも役立つオーケストラです。小2から高3までの異年齢の子どもたちが交じることで、上の子が下の子の面倒をみたり、学び合ったりして成長していきます。

小学生3年生から参加していたあるお子さんは、学校があまり心地のよい場所ではなかったのですが、ジュニアオーケストラという場所で、学年も立場も違う大人や子どもたちと一緒に、好きな音楽に触れ合うおかげで学校にもなんとか通えたそうです。しかも、プロのオーケストラと一緒に演奏をする機会を得て、自分もその世界に進みたいという夢を持つようになり、とうとう芸大に進学を果たしました。お母さんは、この場所がなかったら、娘はそんな道に進むことは決してなかっただろうと振り返っていました。

お母さん自身も、この活動を通して、我が子だけでなくよその子の成長を見ることができ、地域も立場も違うさまざまな親たちとつながることができる第3の場所になっていたそうです。

また、人口3万人未満の町村では、子どもたちがいろいろな大人や生き方を含めた多様な情報に触れる機会がなかなかないので、子どもたちと世界をつなぐハブになるような学びと出会いの場をつくっていこうという志のもと、「あしたの寺子屋」という取り組みも全国に広がろうとしています。

大人向けの活動に子どもと参加するのもおすすめです。私は外国人が母国の料理をふるまう会に参加していました。皆さんの周りにも、子どもにとっても自分にとっても居心地のよい第3の場所はあると思うので、ちょっとアンテナを立てて情報を収集し、第3の場を持ってはどうでしょうか?

# 探究力を育てるための親の仕事は「ネタ出し」です

子どもたちが、自分の「好きなこと」「やりたいこと」「得意なこと」を見つけていってほしい。これは、ほとんどの親の願いだと思います。その一方で、職業としてやりたいことを見つけるという意味ではなく、「自分は何が好きなのか、何がやりたいのかわからない」という子どもたちも多いのではないでしょうか。

生きる力の強い子の取材で出会った福井洋将さんも、かつてそんな子どもでした。受験勉強でやる気をなくし、うつうつとした日々を送るごく普通の中学生だった洋将さん。今では、バングラデシュのストリートチルドレンのための学校を訪ねたり、さまざまな分野で活躍する大人たちとつながってワークショップを開いたり、見違えるように活動のフィールドをどんどん広げています。

なぜそのように変わったのか、お母さんの牧子さんに話を聞きました。以前は偏差値偏重ママだったという牧子さんが受験を前にあえてしたことは、子どもの世界を広げるためにできるだけいろんな大人に会わせる機会をつくるということ。

親が与えられる情報には限りがあるので、さまざまな大人とつなぎたいと、考えたそうです。そのさまざまな大人との出会いが、心が柔らかい時期の子どもの成長の栄養になったことは間違いありません。

**子どもが何かやりたいことを見つけていくために親にできるのは、子どもが自分で選んでいける力を育てることと、ネタ出しだと私は思っています。**ネタ出しとは、広い世界に何があるかを知らない子どもたちに、「こんなものがあるよ」ということを、いろいろなチャンネルを通して紹介することです。

でも、くれぐれも強制しないこと。ケミクエの米山維斗さんも「きっかけを与えてくれるが、その後はほっといてくれた。だから知りたかったら自分で調べる力がついた」と言っていましたね。さりげなく置くくらいがちょうどいいのです。

子どもによって、どのネタに食いつくかはわかりませんが、食いついたらそこを掘り下げればいいし、食いつかなかったら、固執せず他のネタを出せばいいのです。

それでも親の影響はこちらが思う以上に大きいので、後になって案外影響を与えていたんだと感じるときがくると思います。

福井君のケースは、進路選択という時期でのネタ出しでしたが、もっと小さい頃から、いろいろな世界があることを見せていくことは、子どもの成長の栄養になっていきます。

## 親自身が探究し続けることが、子どもの未来につながる

子どもは最初から自分だけで環境を選ぶことはできませんし、何かしら親や周囲が与える影響を受けて育ちます。それだけに、できるだけ、いろいろな種類のネタを出したほうがいい。そのためには、**親自身がさまざまな方面にアンテナを張り視野を広げていくことです。**福井さんも、多くの大人の会話を聞くうちに、洋将さんはもちろんのこと、お母さん自身の意識が変わり、今では自分自身の学びに目覚め、学習歴の更新に没頭しています。

時代が大きく変わり、教育も変わっていく中で、親が何を考えて、どのような世界を見せるのか、アンテナの張り方や方向が問われます。親の目利き力も上げることが

これまで以上に大事になってくるでしょう。そのためには、親自身が学び続け、自分のやりたいことをしている姿を見せること、つまり**親自身が探究し続けることが大切なのです**。

それは何も難しいことではなく、自分の好きなことや興味があることを情報収集したり、イベントに参加したり、気になる人がいればSNSなどでつながっていけばいいのです。今は場所を選ばず、いろいろなことができるようになってきているのですから。マザークエストもそんな場所の一つです。

親自身が好奇心を失わないこと。それが子どもの探究力を育てる最大のコツです。

**子どもは生まれながらに力を持っているし、無限大の可能性を持っています**。子どもがしなやかマインドで自分らしく生きられるように、子どもの無限大の可能性にワクワクしながら、今しかない子育てのときを、楽しみながら探究してください。

# 第5章 まとめ

☑ 「やりたいこと」を見つけられる子になるために
大事なこと3つ目は、「コントロールしないこと」。
自分でコントロールできる力が育てば、
「やりたいこと」を見つけて、自分の足で歩んでいける。

☑ 非認知能力は、子どもたちが自分の好きなこと・
得意なこと・やりたいことを探究していくためには、
なくてはならない力。

☑ 「やればできる！」という、
しなやかマインドが探究心を育む。

☑ 自分から動く子にするには、
「早くしなさい！」と言うのをやめる。

☑ 好奇心は、探究のはじめの一歩。
子どもをよく観察し、興味を持ったものを深める・
広げる手伝いをするのが、親の役目。

☑ 日常生活の中に、子どもの考える力・表現する力を
育てる機会はたくさんある。

☑ 第3の場所でいろいろな大人と交ぜる。
学校以外で仲間をつくれる場所、親以外の大人と接点を
持てる場所があると、子どもが探究する機会が広がる。

☑ 親自身が探究する気持ちを忘れないことが
子どもの「探究力」の成長につながる。

# おわりに

本書を最後までお読みいただき、ありがとうございました。

「これからは、教育熱心な家庭の子どもほど伸び悩む」そんな断定的なメッセージにさぞや驚かれたことでしょう。でも、ここまで読んでくださったら、その意味を理解していただけたのではないかと思います。


最初にこの本を企画した当時、私は「はじめに」で書いたように、さまざまな教育関係者や子育てをしている人に話を聞く中でとても危機感を感じていました。

なぜなら、時代は大きな曲がり角を迎えているのに、学校で行われていることと、社会で必要とされることのギャップは広がる一方で、その狭間で親も子も振り回されていたからです。でも、今回の教育改革が目指している「探究」は、身近にいる親がちょっと意識を変えれば、できることはたくさんあります。

しかし同時に、親が意識を変えることの難しさも感じていました。なぜなら私自身がたくさん失敗してきた親だからです。何を隠そう、私自身けっこう教育熱心なママでした。中学受験も経験し、子どもの成績に一喜一憂する危うさも体験。また、思春期には、子どもとの関係にも悩みました。「なんとかしなくては」と試行錯誤しているとき、子どもに「もっと信用して放っといてくれる、肝っ玉母さんだったらよかった」と言われたことがあります。そのとき「子どもをなんとかしよう」という考えが間違っていたことに気づいたのです。

子どもは、独立した一人の人間だという当たり前のことに気づいて、私の役目は、子どもの自立をサポートするだけと決めてから、子どもとの関係はがらりと変わりました。

それから20年――。すでに子どもたちは自立し、母親として奮闘しながら自分のやりたい仕事も楽しんでいるようです。親としては「この先、何があってもへこたれず、自分らしく人生を切り開いていってくれるだろう」と思えることが何より嬉しいです。

そこで、私は、今子育てに奮闘しているお母さんが探究する、マザークエストというコミュニティを開き、母親自身がアップデートしていく機会をつくってきました。

新型コロナウイルス感染症の出現で、人々の意識は、随分変わってきたと感じています。

「好きなことを仕事にするなんて甘い」これがこれまでの常識だったかもしれませんが、これからは「好きなことを仕事にしていく」が当たり前の世の中になっていくのではないでしょうか。

そんな未来を生きていく子どもたちを育てている皆さんに、このタイミングでこの本を上梓できたことを、本当に嬉しく思っています。

その機会をくださったのが青春出版社の手島智子編集長です。打ち合わせの度に子育てについてお話しするのが楽しみで、執筆の励みになりました。宮島菜都美さんには、編集作業で大変お世話になりました。

また、「本を書く」ことの本質と覚悟を教えてくださった株式会社ブックオリティの高橋朋宏さん、陰ながらサポートしてくださった平城好誠さん、ありがとうございました。

そして、これまで学びの機会を与えてくださった方々や、自身の体験をお話しくださった方々、マザークエストで、一緒に思いを形にしてくれるスタッフの皆のおかげで、ここまでたどり着くことができました。ありがとうございます。

最後に、2人の娘と、新たな気づきを与えてくれる3人の孫たち、執筆が進むようにご飯づくりをしようと努力してくれた夫にも、この場を借りて感謝を伝えます。

親にとっては子育てこそが『探究』です。子どもたち一人ひとりの可能性が開かれるように、自分らしい子育てを探究してください。この本がそのお役に立てたら嬉しいです。

２０２１年　６月吉日

## 参考文献


■『幸福感と自己決定—日本における実証研究』(西村和雄、八木匡)
■『やり抜く力 GRIT(グリット)——人生のあらゆる成功を決める「究極の能力」を身につける』(アンジェラ・ダックワース:著、神崎朗子:訳/ダイヤモンド社)
■『世界に通用する子どもの育て方』(松村亜里/WAVE出版)
■『健常小児における海馬体積と睡眠時間との相関』(瀧靖之他)
■『子どもが幸せになる正しい睡眠』(成田奈緒子、上岡勇二/産業編集センター)
■『脳科学からみた8歳までの子どもの脳にやっていいこと悪いこと』(成田奈緒子/PHP研究所)
■『睡眠を中心とした生活習慣と子供の自立等との関係性に関する調査の結果』(文部科学省)
■『平成26年版　子ども・若者白書』(内閣府)
■『平成25年全国学力・学習状況調査<長崎県児童生徒の質問紙調査及び学校質問紙調査結果と教科正答率との相関資料>』(長崎県)
■『僕はこうして科学者になった 益川敏英自伝』(益川敏英/文藝春秋)
■『子供の頃の体験がはぐくむ力とその成果に関する調査研究　報告書』(「体験の風をおこそう」運動)
■『本当に頭がいい子の育て方』(高濱正伸/ダイヤモンド社)
■『青少年のインターネット利用環境実態調査　令和二年度』(内閣府)
■『MI:個性を生かす多重知能の理論』(ハワードガードナー:著、松村暢隆:翻訳/新曜社)
■『令和元年版　子供・若者白書』(内閣府)
■『マインドセット「やればできる!」の研究』(キャロル・S・ドゥエック:著、今西康子:翻訳/草思社)
■『ポジティブな人だけがうまくいく3:1の法則』(バーバラ・フレドリクソン:著、植木理恵:監修、高橋由紀子:翻訳/日本実業出版社)
■『親と子の「伝える技術」』(三谷宏治/実務教育出版)
■『家庭学習調査2020』(株式会社公文教育研究会)
■『子供の生活力に関する実態調査』(国立青少年教育振興機構)

## 参考ホームページ


■～中学受験を成功に導く情報サイト～中学受験ナビ　マイナビ学生の窓口…「自分のやりたい！」がある子はどう育ったのか
■HARVARD SECOND GENERATION STUDY
■しまじろうクラブ…3～6歳の幼児期の子を持つ親1,000人に聞いた子育てに関する意識調査
■しまじろうクラブ…プレイフルラーニング～幼児の「遊びと学び」プロジェクトとは～
■しまじろうクラブ…意欲を育む遊ばせ方
■やる気ラボ…運動オンチは遺伝しない。スポーツは、適切な練習で、誰でもうまくなる──東京大学大学院・深代千之名誉教授
■Gakkenキッズネット…からだを使った遊びが、子どもの脳を育てる/AI時代を生き抜くために「失敗力」を育てる6つの栄養素【第7回】
■@Press…20歳代の社会人の子どもを持つ親1,000人に聞いた 子育てに関する実態調査
■博報堂 広報室…こそだて家族の「ママが実感する子どもの疲れとその理由」レポート
■DIAMOND online…「本当に頭がいい子の育て方」
■ベネッセ教育総合研究所　乳幼児・子育て研究…小さな子どもとメディア/メディアと上手につきあうために大切にしたい３つのこと
■子育て世代がつながる東京すくすく…2歳児の1割超がもう「スマホ依存」　母親2000人の調査で判明　専門家「リスクは未解明、ほどほどに」
■PRTIMES…子どもが勉強のやる気を出す言葉とは？～小中高生の勉強に関する意識調査～
■PRTIMES…社会人の84%は人前で話すことが苦手？！ 今の社会人は圧倒的に自信が持てない人が多い！ 自信をつけるためには慣れや練習が必要？
■ベネッセ教育研究開発センター…第4回子育て生活基本調査
■Benesse…「幼児期から小学４年生の家庭教育調査・縦断調査」同一の子どもについて、７年間（３歳～小学４年生）の変化をとらえる追跡調査結果・第５弾
■ベネッセ教育総合研究所…就学前教育の投資効果から見た 幼児教育の意義──就学前教育が貧困の連鎖を断つ鍵となる──
■日経ビジネス…「5歳までのしつけや環境が、人生を決める」ノーベル賞経済学者、ジェームズ・ヘックマン教授に聞く
■lifehacker…700人を75年間追跡した研究からわかった「幸せな人生を送る秘訣」
■ずっと、音楽と一緒に。ON-KEN SCOPE…『耳育て』は『脳育て』　教えて！　加藤先生

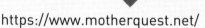

## 著者紹介

**中曽根陽子** 教育ジャーナリスト。マザークエスト代表。出版社勤務後、女性のネットワークを生かした編集企画会社を発足。「お母さんと子どもたちの笑顔のために」をコンセプトに、数多くの書籍をプロデュースした。現在は、教育ジャーナリストとして、紙媒体からWEB連載まで幅広く執筆する傍ら、海外の教育視察も行う。20年近く教育の現場を取材し、偏差値主義の教育から探究型の学びへのシフトを提唱。「子育ては人材育成のプロジェクトであり、キーマンのお母さんが探究することが必要」とマザークエストを立ち上げた。お母さんの気持ちがわかるポジティブ心理学コンサルタントとしても活躍。本書は教育界でも注目される「探究力」の育て方を科学的エビデンスと膨大な取材から導き、まとめた一冊である。

成功《せいこう》する子《こ》は「やりたいこと」を見《み》つけている

2021年6月25日　第1刷

著　　者　中《なか》曽《そ》根《ね》陽《よう》子《こ》

発 行 者　小澤源太郎

責任編集　株式会社 プライム涌光
電話　編集部　03(3203)2850

発 行 所　株式会社 青春出版社
東京都新宿区若松町12番1号 〒162-0056
振替番号　00190-7-98602
電話　営業部　03(3207)1916

印　刷　中央精版印刷　製　本　フォーネット社

万一、落丁、乱丁がありました節は、お取りかえします。
ISBN978-4-413-23207-4 C0037